BURT FRANKLIN: BIBLIOGRAPHY & REFERENCE SERIES 375
Essays in Literature & Criticism 94

NOTICE BIOGRAPHIQUE

SUR JEAN RACINE

NOTICE BIOGRAPHIQUE

SUR

J. RACINE

PAR M. PAUL MESNARD

BURT FRANKLIN
NEW YORK

842
R12xmes

Published by LENOX HILL Pub. & Dist. Co. (Burt Franklin)
235 East 44th St., New York, N.Y. 10017
Originally Published: 1885
Reprinted: 1970
Printed in the U.S.A.

S.B.N.: 8337-2374X
Library of Congress Card Catalog No.: 75-135179
Burt Franklin: Bibliography and Reference Series 375
Essays in Literature and Criticism 94

Reprinted from the original edition in the University of
Illinois Libraries.

71-2086

NOTICE BIOGRAPHIQUE

SUR JEAN RACINE.

Dans l'été de l'année 1638, une honnête et pieuse famille de la Ferté-Milon donnait asile à quelques hommes qui fuyaient la persécution. Les hôtes qu'elle avait recueillis dans sa maison firent dans la petite ville de la Ferté un séjour d'un peu plus d'un an. Ils la quittèrent au mois d'août 1639, un peu trop tôt pour y avoir vu naître, dans la famille de leurs charitables amis, l'enfant qui devait être le grand poëte Jean Racine. Mais, comme des Génies de sa destinée, ils avaient apparu bien près de son berceau. Leur influence fut grande sur presque tout le cours de cette vie au seuil de laquelle nous les rencontrons. L'éducation littéraire qu'ils donnèrent à Racine, et qui contribua tant au développement de son génie, l'éducation religieuse et morale, dont, après les jours de la légère jeunesse, les traces profondes se firent reconnaître dans son âme, les scrupules qui, l'arrêtant au milieu de sa brillante carrière, nous ont sans doute privés de plus d'un chef-d'œuvre semblable à son *Andromaque* et à sa *Phèdre*, et, comme pour compenser cette inappréciable perte, la pieuse inspiration à laquelle nous devons *Esther* et *Athalie*, tout cela peut se rattacher au séjour des solitaires à la Ferté-Milon, à cette hospitalité des Vitart, qui étendit et noua avec plus de force des liens déjà formés avant cette époque entre Port-Royal et les parents de Racine. Dire quelques mots de cette hospitalité ne sera donc pas une oiseuse digression. Nous trouverions d'ailleurs difficilement une occasion plus naturelle d'introduire le lecteur au milieu de la famille de notre poëte.

Le 14 juillet 1638, deux mois après l'arrestation de Saint-Cyran[1] et son emprisonnement au donjon de Vincennes, les solitaires de Port-Royal des Champs étaient chassés de leur pieuse retraite. Lancelot se rendit alors à la Ferté-Milon, avec un jeune enfant de cette ville dont l'éducation lui avait été confiée. Il allait s'établir au logis du père de son élève, pour y continuer ses leçons. Nicolas Vitart était le nom du jeune écolier de Port-Royal. Il était alors âgé de près de quatorze ans[2]. Son père était Nicolas Vitart, contrôleur au grenier à sel de la Ferté-Milon, et sa mère Claude des Moulins. C'est du côté de Claude des Moulins que la famille des Vitart se trouvait alliée à celle des Racine. Une des sœurs de Claude était Marie des Moulins, femme de Jean Racine, aïeul du poëte; une autre sœur, du nom de Suzanne, étant devenue veuve, s'était retirée à Port-Royal, où elle avait fait profession en 1625. Au temps dont nous parlons, elle y était cellérière[3]; et c'était elle pro-

---

1. Le 14 mai 1638.

2. Voyez aux *Pièces justificatives* de la notice (n° I) son acte de baptême.

3. « Mme Suzanne-Julienne de Saint-Paul des Moulins, morte en la maison de Paris le 30 juillet 1647. Elle exerça pendant plus de seize ans l'office de cellérière. » (*Nécrologe de l'abbaye de Port-Royal des Champs*, Amsterdam, 1723, p. 281.) Dans un *factum pour Robert Passart contre maître Jean Racine et consorts*, qui est à la Bibliothèque nationale, nous apprenons que Suzanne des Moulins, née vers 1592, avait épousé le 15 janvier 1609 Guillaume Passart, marchand teinturier à la Ferté-Milon, qu'elle était restée veuve en 1614, et qu'en 1625 elle avait fait profession à Port-Royal. Louis Racine, dans ses *Mémoires*, dit que sa bisaïeule Marie des Moulins eut à Port-Royal deux sœurs religieuses. Nous ne trouvons que Suzanne; mais il est vrai que Claude des Moulins (Mme Vitart) se dévoua pendant plusieurs années au service de Port-Royal. En outre, une belle-sœur de Suzanne des Moulins, Marie Barillon, veuve de Claude Passart, après avoir été aux Filles du Saint-Sacrement, devint tourière à Port-Royal, où elle mourut en 1640. Enfin le *Nécrologe* (p. 349) considère comme faisant partie de la maison de Port-Royal Anne Passart, veuve d'Antoine Desseaux, bourgeois de la Ferté-Milon, laquelle pendant vingt-cinq ans s'occupa du ménage des deux monastères de la ville et des champs, mais n'y fut point religieuse. Morte en 1651, elle dut arriver à Port-Royal vers le même temps que Suzanne des

bablement qui avait fait admettre son neveu Vitart dans les petites écoles.

Lancelot et son élève étaient depuis quelques jours seulement à la Ferté-Milon, lorsqu'ils y furent rejoints par d'autres fugitifs : M. Antoine le Maître, qui fut plus tard, avec Lancelot, un des maîtres de Racine, et M. de Séricourt, son frère, tous deux amenés par M. Singlin. Ils avaient en vain demandé un refuge aux chartreux de Paris, à ceux de Bourg-Fontaine, et aux religieux de Saint-Germain des Prés. Ne trouvant partout que des amis craintifs, on leur conseilla d'aller chercher un asile chez les Vitart, « parce que, dit Fontaine dans ses *Mémoires*, on étoit entièrement assuré de ces bonnes gens[1]. » La maison était bien étroite pour y loger tant de monde ; mais la charité sut y trouver place pour les proscrits. Lancelot, avec son élève, prenait ses repas à la table de famille. MM. le Maître et de Séricourt vivaient en ermites dans leur petite chambre. Longtemps ils ne sortirent que pour aller, les jours de fête, entendre la messe au prieuré de Saint-Lazare, maison de cisterciens, située dans ce faubourg de la ville qu'on appelle la Chaussée. Ce fut seulement dans l'été de 1639 qu'ils sortirent quelquefois après leur souper. Ils allaient alors dans le bois voisin et sur la montagne, où ils s'entretenaient des choses du ciel. Vers neuf heures ils revenaient, marchant l'un derrière l'autre, en disant leur chapelet ; et les habitants de la ville qui étaient sur leurs portes se levaient par respect et faisaient grand silence pendant qu'ils passaient[2]. Enfin au mois d'août de cette même année, comme nous l'avons déjà dit, l'orage soulevé contre eux paraissant s'apaiser un peu, ils retournèrent à Port-Royal. « Ce fut, dit Fontaine, un deuil dans toute la ville, quand le bruit se répandit que ces Messieurs s'en

---

Moulins, dont son nom de Passart fait conjecturer qu'elle était la parente par alliance, peut-être la belle-sœur. Son fils, le jeune Desseaux, était élevé dans les petites écoles, en même temps que Nicolas Vitart.

1. *Mémoires pour servir à l'histoire de Port-Royal* (à Utrecht, M.DCC.XXXVI, 2 vol. in-8º), tome I, p. 86.

2. *Mémoires* de Fontaine, déjà cités, tome I, p. 86-100 ; et *Mémoires touchant la vie de M. de Saint-Cyran* par M. Lancelot (à Cologne, M.DCC.XXXVIII, 2 vol. in-12), tome I, p. 118-125.

alloient. Les dames de piété qui les avoient retirés chez elles
furent frappées jusqu'au fond du cœur lorsqu'elles se virent sur
le point de perdre de tels hôtes.... J'admire ici la conduite de
Dieu et la force si attirante de la bonne odeur qui sortoit de
ces solitaires. Car qui ne fut pas attiré à Dieu par leurs bons
exemples? Et que de personnes ont pris alors la résolution
de le servir! Il m'en revient maintenant presque une vingtaine
dans la mémoire; mais, sans parler d'eux en particulier, l'admirable abbesse, qui gouverne aujourd'hui avec tant de vigi-
lance, ne vient-elle pas de là, comme de sa première source? »
Cette sainte mère, qui fut abbesse, pendant dix ans, du 2 février 1690 jusqu'à sa mort (19 mai 1700), est Agnès Racine,
Agnès de Sainte-Thècle, tante de notre poëte. Elle était née au
mois d'août 1626[1]. Le *Nécrologe*, qui semble en désaccord avec
Fontaine, la fait entrer au monastère à neuf ans : ce serait
en 1635, trois ans avant l'arrivée des solitaires chez les Vitart. Quoi qu'il en soit, nous avons une preuve authentique
de la présence d'Agnès Racine à la Ferté-Milon, pendant le
séjour des hôtes de sa famille. Cette preuve se trouve dans un
acte de baptême, très-intéressant d'ailleurs à faire connaître
ici, et qui complète l'histoire des relations si affectueuses
établies en ce moment entre les parents de Racine et Port-
Royal. Il n'y avait pas tout à fait trois mois que la maison
des Vitart s'était ouverte à ses hôtes, lorsqu'un enfant y naquit, un frère du jeune élève de Lancelot. Le 12 octobre 1638,
un fils de Nicolas Vitart et de Claude des Moulins fut baptisé
dans l'église de Saint-Vaast; on le nomma Antoine Vitart.
« Il fut tenu sur les fonts, dit l'acte de baptême, par M. Pierre
Sconin, président et grènetier à la gabelle, et par Agnès Ra-

---

1. Son épitaphe par M. Tronchai la fait naître en 1627; mais cette
date est contredite par l'acte de baptême que nous donnons aux *Pièces
justificatives* (n° II). — D'après le *Nécrologe*, elle fit profession à Port-
Royal en 1648, fut plus de vingt ans cellérière, quinze ans prieure,
et douze ans abbesse. Il faut dire : six ans prieure, dix ans abbesse.
Son élection comme abbesse est du 2 février 1690, suivant le *Gallia
christiana*, tome VII, p. 922; mais en général, dans les Mémoires,
Nécrologes et Histoires de Port-Royal, on la fait remonter plus haut,
au 6 août 1689.

cine, pour et au nom de damoiselle Catherine Arnauld, femme
de noble homme Isaac le Maître, ci-devant conseiller du Roi
et maître ordinaire'en sa chambre des comptes[1]. » Catherine
Arnauld était, comme l'on sait, la mère de MM. Antoine le
Maître et de Séricourt, les deux hôtes des Vitart. Cette
bonne mère, qui, avec tant de sollicitude, « avoit cherché,
dit Fontaine, un asile à ses enfants exilés, qu'elle eût voulu
cacher dans son cœur, » payait sa dette de reconnaissance
aux *bonnes gens* de la Ferté-Milon ; et la jeune tante de Racine avait l'honneur de la représenter au baptême de son
cousin germain. Si le *Nécrologe* n'est pas toujours exempt
d'erreurs, il pourrait cependant n'y en avoir point dans l'âge
qu'il donne à Agnès Racine, lorsqu'elle fut reçue pour la
première fois dans le monastère. Il n'est pas invraisemblable
qu'y étant dès l'âge de neuf ans, elle ait été, en 1638, envoyée
à la Ferté-Milon par Catherine Arnauld, pour la représenter
au baptême d'Antoine Vitart. A quelque moment d'ailleurs
qu'Agnès Racine soit entrée à Port-Royal, elle en fut un des
plus chers enfants, et l'on n'y oublia jamais qu'elle avait souvent reçu la bénédiction de Saint-Cyran, sorti de captivité.

Ce fut sans doute sous la conduite de Claude des Moulins,
mère de l'enfant levé par elle sur les fonts, qu'elle vint ou
revint à Port-Royal, où, quelques années après, elle fut re-
jointe par sa mère Marie des Moulins. Mme Vitart, qui avait
résolu de vivre près des pieux solitaires, emmena aussi avec
elle ses trois filles et deux fils[2], dont l'un, nous l'avons dit,
venait de naître. On leur donna à Port-Royal des Champs,
dit Fontaine, « un petit logis qui étoit sur la porte. » M. Vitart
abandonna lui-même la Ferté-Milon, et vint prendre soin, en
qualité de receveur, de tout le ménage du monastère. C'était
là qu'il devait bientôt mourir, le 11 août 1641[3], « après s'être
acquitté de son office, dit le *Nécrologe*, avec une affection
toute chrétienne. »

Mais nous n'avons fait qu'entrevoir la famille de Racine du

1. Registres de la paroisse Saint-Vaast à la Ferté-Milon.
2. *Mémoires* de Fontaine, tome II, p. 217.
3. C'est la date donnée par le *Nécrologe*. Lancelot (*Mémoires*,
tome I, p. 125) dit qu'il mourut au mois d'août 1642.

côté de ses relations avec Port-Royal. Il faut aborder directement la généalogie de notre poëte.

Un vieux manuscrit conservé à la Ferté-Milon fait mention d'un Jean Racine, notaire en cette ville au commencement
du seizième siècle[1]. Ce Racine est le quadrisaïeul du nôtre.
Jean Racine, son petit-fils, fut receveur pour le Roi et la
Reine du domaine et duché de Valois, et des greniers à sel de
la Ferté-Milon et de Crespy en Valois[2]. Il était marié à Anne
Gosset. Voilà ce que Louis Racine avait appris sur lui d'après
l'inscription tumulaire qu'il nous a conservée dans ses *Mémoires*[3], et qu'on ne retrouve plus aujourd'hui dans l'ancienne église de Notre-Dame et Saint-Vaast. Anne Gosset
survécut longtemps à son mari, et même à un second, qui
était un André Forgeot. Nous trouvons son nom jusqu'en
1625, dans des actes de baptême où elle fut marraine. Il paraît que les emplois qu'avait le bisaïeul de Racine étaient
assez importants pour lui avoir fait obtenir l'anoblissement,
et qu'il fut le premier de cette famille à qui furent données
des armoiries devenues célèbres. Malgré cet anoblissement
et ces armoiries, qui ne paraissent avoir récompensé que des
fonctions très-modestes, son illustre descendant avait bien
raison, si, comme Brossette l'avait entendu dire à Boileau[4],
« il ne faisoit pas façon de dire qu'il n'étoit pas d'une grande
naissance. »

1. Ce manuscrit relate un acte passé par-devant ce maître Jean
Racine, le 18 décembre 1508. — Avant d'être notaire, il avait été
substitut du procureur du Roi.

2. Son nom se trouve dans les registres de la paroisse Saint-
Vaast, au 21 octobre 1582, avec le titre de greffier au grenier à
sel, et, au 22 février 1583, avec la qualification de « Monsieur l'ar-
gentier. »

3. Louis Racine avait sans doute mal lu dans l'inscription 1593,
au lieu de 1595, pour la date de la mort de son trisaïeul qui, d'après
un acte de vente, conservé dans cette ville, acheta une maison
le 9 décembre 1594.

4. *Recueil des Mémoires touchant la vie et les ouvrages de Boileau Despréaux* (par Brossette), manuscrit de la Bibliothèque nationale, p. 42.
Il a été publié par M. Laverdet, en *Appendice* à sa *Correspondance
entre Boileau Despréaux et Brossette*, Paris, Techener, 1858.

Un des enfants assez nombreux nés de Jean Racine et d'Anne Gosset, fut un nouveau Jean Racine, qui devint contrôleur du grenier à sel de la Ferté-Milon. Il épousa Marie des Moulins, sœur, comme nous l'avons vu, de la cellérière de Port-Royal et de cette dame Vitart qui donna l'hospitalité aux solitaires. On connaît bien aujourd'hui encore la maison qu'il avait fait bâtir rue de la Pescherie (actuellement rue Saint-Vaast, n° 14) et qu'il vendit deux mille trois cents livres, en 1640, à M. de la Clef. Cette maison est devenue historique, parce que Racine en parle dans une de ses lettres écrite le 16 janvier 1697 à son beau-frère M. Rivière. Nous apprenons par cette même lettre que les armes de Racine étaient peintes sur les vitres de cette maison. Racine se souvenait d'avoir entendu conter que son grand-père avait fait un procès au peintre, qui, dans ces armes, avait métamorphosé le rat en sanglier. L'artiste, à qui sans doute ce rat avait paru faire mauvaise figure dans un blason, n'aurait probablement pas trouvé notre poëte aussi sévère que son aïeul. Nous voyons du moins qu'à son tour Racine, sans se faire scrupule de détruire le rébus héraldique, en usa librement avec les armes parlantes de sa famille, le rat et le cygne, ou le *cyne*, comme on prononçait en ce temps. Le *vilain rat* grimpant sur un chevron le choquait beaucoup, et lorsqu'en 1697 ses armoiries furent enregistrées[1], il n'y resta que le cygne, emblème vraiment prédestiné de son doux et harmonieux génie, un cygne frère du cygne de Mantoue.

Du mariage de Jean Racine et de Marie des Moulins naquirent huit enfants. Deux nous intéressent particulièrement : Agnès Racine, dont nous avons déjà parlé (c'est la mère Agnès de Sainte-Thècle), et Jean Racine, plus âgé qu'elle de onze ans ;

1. « Jean Racine, écuyer, gentilhomme ordinaire et conseiller secrétaire du Roi, maison et couronne de France et de ses finances, et Catherine de Romanet sa femme, portent d'azur au cygne d'argent becqué et membré de sable, accolé d'azur au pal d'argent, chargé de trois chevrons de sable et accosté de deux lions affrontés d'or, armés et lampassés de gueule. » (*Armorial général de France, Généralité de Paris*, tome II, p. 795, n°s 592 et 593.) — L'écu décrit, à la suite du mot *accolé*, est celui de Catherine de Romanet.

il était né en 1615[1]. Ce père du grand poëte fut élevé dans le régiment des gardes en qualité de cadet, d'après l'auteur du Supplément au *Moréri*[2]. Il s'établit ensuite à la Ferté-Milon, où le même biographe et Louis Racine disent qu'il posséda la même charge que son père, celle de contrôleur au grenier à sel. C'est une erreur : il ne fut que greffier du grenier à sel et procureur au bailliage. Le 13 septembre 1638, il épousa Jeanne Sconin[3]. Il entrait dans l'alliance d'une famille très-considérée à la Ferté-Milon[4], et qui mérite de nous arrêter un moment. C'était, ce semble, une race d'une sève assez vigoureuse. L'aïeul maternel de Racine, Pierre Sconin, fut d'abord procureur du Roi des eaux et forêts de la forêt de Retz, puis commissaire enquêteur et examinateur, garde du sceau de la Ferté-Milon, et président au grenier à sel[5]. Marié deux fois, d'abord à Marguerite Chéron, grand'mère de Racine, puis à Claude Jolly, il eut une lignée de patriarche, fils et filles. Trois de ses fils (Antoine, Charles et Jacques) furent religieux de Sainte-Geneviève. Un d'eux, Antoine, y fut abbé

1. Voyez son acte de baptême aux *Pièces justificatives* (n⁰ III).

2. Voyez l'article RACINE au tome II du *Supplément au Grand dictionnaire historique de Moréri* (par l'abbé Goujet), à Paris, M.DCC.XXXV. — Nous pouvions citer également ici Nicéron, mais il fait moins autorité dans ces détails sur la famille de Racine.

3. Voyez l'acte de mariage aux *Pièces justificatives* (n⁰ IV).

4. Suivant une tradition de famille, les Sconin de la Ferté-Milon descendaient d'une noble maison d'Allemagne, dont ils avaient conservé les armes : *au cerf issant à senestre et à mi-corps d'un rocher de sable placé à dextre.*

5. Nous l'avions d'abord cru l'auteur de la *Vie de saint Vulgis, prêtre et confesseur, patron de la Ferté-Milon* (sans autre titre, sans indication de lieu ni d'imprimeur), 29 pages in-8⁰. Elle est précédée d'une épître de l'auteur à l'évêque de Soissons, signée *P. Sconin*. Cet évêque, à qui le livre est dédié, au nom de tous les habitants de la Ferté, est Charles de Bourlon, qui monta sur le siége épiscopal le 31 octobre 1656. — Pierre Sconin avait un fils qui portait le même prénom que lui. Dans des *Essais historiques* (manuscrits) sur la ville de la Ferté-Milon, il est dit que la *Vie de saint Vulgis* est de P. Sconin, procureur et subdélégué, titres qui ne paraissent convenir qu'au fils. Le père, d'ailleurs, à la date présumée de l'impression de l'ouvrage (1660) avait quatre-vingt-quatre ans.

et supérieur général de la congrégation de France. Nous aurons occasion de reparler de cet Antoine Sconin, qui dirigea
pendant deux ans la jeunesse de Racine. Qu'il nous suffise de
dire ici que dans l'article qui lui est consacré par le *Gallia
christiana*[1], on parle de lui comme d'un homme doué de
grands talents[2]. Racine le jugeait « fort sage et fort habile
homme, peu moine et grand théologien[3]. » Son frère Charles,
génovéfain aussi, fut prieur de Beaugency[4]. Parmi cette nombreuse tribu des Sconin, il y eut même un poëte, nous pourrions ajouter, un poëte tragique, qui sans doute était, lui
aussi, un des parents de la mère de Racine. Malheureusement
ni les poésies latines, ni l'*Hector*, tragédie française de ce
Sconin, qui était principal du collège de Soissons, ne sont
dignes d'un des proches de l'illustre fils de Jeanne Sconin[5].
Tenons-lui du moins quelque compte de son ambition litté-

1. Tome VII, p. 794-796.
2. *Magnis a natura dotibus ornatus brevi præluxit.*
3. *Lettre à M. Vitart*, 30 mai 1662.
4. Il fut présent, en cette qualité, au chapitre qui se tint pour
l'élection de son frère comme abbé de Sainte-Geneviève, en 1650,
et à celui qui se tint en 1653, pour l'élection du successeur de ce frère
(*Actes touchant la réformation de plusieurs monastères des chanoines
réguliers de la congrégation de France.* Manuscrit in-4° de la bibliothèque Sainte-Geneviève, tome XXIII, fol. 339 et 353, et tome XXIV,
fol. 214). Dans un acte du 6 octobre 1654, il est encore qualifié
prieur claustral de l'abbaye de Notre-Dame de Beaugency. — Quant
à un autre frère, religieux aussi de Sainte-Geneviève, Jacques Sconin,
né le 15 septembre 1615, nous trouvons son nom, avec la date de 1641,
dans un petit livre manuscrit de la bibliothèque Sainte-Geneviève,
qui a pour titre : « Ici sont écrits les noms des religieux de céans. »
5. Nous avons lu de lui : 1° une élégie latine, avec la traduction
en vers français : *Soissons à la France* (*Suessio Galliæ*), à Soissons,
chez Nicolas Asseline, M.DC.LXVIII. Cette pièce de poésie est signée
Sconin. A la suite sont deux autres petites pièces : « *Monseigneur le Roi
au Dauphin* » et « *Le Roi à Monseigneur le Dauphin*, » signées : *Sconin*,
principal du collège de Soissons ; — 2° *Hector*, tragédie, à Soissons,
chez Louis Mauroy, M.DC.LXXV. C'est une pièce en cinq actes et
en vers. La dédicace au cardinal d'Estrées, où l'auteur lui rappelle
les obligations particulières que lui a sa famille, est signée *A. Sconin*,
principal du collège de Soissons.

raire. A tout prendre, cette nombreuse famille, revêtue de
dignités ecclésiastiques ou pourvue d'honorables emplois,
avait certainement quelque distinction. Mais il faut tout dire,
son trait particulier n'était point l'amabilité du caractère, si
Racine ne l'a pas jugée trop sévèrement. Dans une lettre du
6 juin 1662, écrite, il est vrai, *ab irato*, et que jusqu'ici tous
ses éditeurs avaient bien altérée, il drape ainsi les Sconin, ne
faisant grâce qu'à son oncle Antoine, l'ancien abbé de Sainte-
Geneviève : « Il est tout à fait bon, je vous assure, et je crois
que c'est le seul de sa famille qui a l'âme tendre et généreuse ;
car ce sont tous de francs rustres, ôtez le père qui en tient
pourtant sa part[1]. »

Il y avait quinze mois que Jean Racine, le procureur au
bailliage, et la fille de Pierre Sconin étaient mariés, lorsqu'un
fils leur naquit. Ce fils reçut, comme son père, son aïeul et
son bisaïeul, le nom de Jean. Il fut tenu sur les fonts, le
22 décembre 1639, par son grand-père maternel, Pierre
Sconin, et par son aïeule paternelle, Marie des Moulins[2]. On
voit aujourd'hui à la Ferté-Milon, rue Saint-Vaast, n° 3
(ancienne rue de la Pescherie), une maison où, si l'on en croit
l'inscription placée au-dessus de la porte, est né cet enfant
destiné à tant de gloire. Ce que l'on sait avec certitude, c'est
que cette maison appartenait à Pierre Sconin, qui y mourut.
Il se peut que la tradition ne mente pas, et qu'habitée aussi
par la fille et le gendre de Pierre Sconin, cette maison ait vu
naître Jean Racine et sa sœur.

Il ne serait pas exact de dire que le jeune Racine fut un de
ces enfants « à qui ni leur père ni leur mère n'ont souri ; » ceux-
là étaient aux yeux de Virgile les disgraciés des Dieux. Mais ce
doux sourire des parents ne put rester dans sa mémoire ; et
leur tendresse manqua à l'enfance du plus tendre des poëtes.

1. Dans le texte donné par Louis Racine et suivi par les précé-
dents éditeurs, tout a été, par égard pour la famille, rejeté charitablement sur *la communauté* (des chanoines de Sainte-Geneviève sans
doute) : « Il est tout à fait bon, et je crois que c'est le seul de sa
communauté qui ait l'âme tendre et généreuse. » La suite de la
phrase est supprimée.
2. Voyez l'acte de baptême aux *Pièces justificatives* (n° **V**).

Au mois de janvier 1641, Jeanne Sconin avait donné le jour à
un second enfant, à une fille, dont la naissance lui coûta la vie.
La jeune Marie Racine fut baptisée le 24 janvier[1]; quatre jours
après, le 28 du même mois, sa mère était morte. Jeanne Sconin
n'avait pas encore vingt-neuf ans[2]. Un peu moins de deux
ans après la mort de sa femme, le père de Racine se remaria.
Le 4 novembre 1642 il épousa une jeune femme de vingt-trois
ans, Madeleine Vol, fille de Jean Vol, notaire à la Ferté-Milon[3].
Il devait survivre bien peu de temps à ce second mariage,
trois mois seulement : il mourut le 6 février 1643[4], âgé de
vingt-huit ans. Racine avait donc treize mois quand il perdit sa
mère, un peu plus de trois ans à la mort de son père. Ce père
ne laissa point d'héritage à ses deux jeunes enfants. Sa charge
de procureur fut vendue quatre cents livres à Nicolas Sconin,
neveu de son premier beau-père, Pierre Sconin. C'était toute
la succession ; et une si faible somme ne suffisait pas à couvrir
les dettes. La veuve de Jean Racine, Madeleine Vol, renonça à
son douaire et à la communauté[5]. Dans les lettres de Racine

1. Voyez aux *Pièces justificatives* (n° VI). — Le *Supplément au Nécrologe de Port-Royal* (M.DCC.XXXV), p. 634, parle d'une autre
sœur de Racine : évidente erreur, puisqu'il n'y a point place pour sa
naissance : « Le trente et unième jour de mai 1687 mourut à Port-
Royal la sœur Marie de Sainte-Geneviève Racine, religieuse professe
de ce monastère. Elle étoit nièce de la mère Agnès de Sainte-Thècle
Racine, et sœur de l'illustre poëte de ce nom. » Il eût fallu dire :
nièce de la mère Agnès de Sainte-Thècle, et cousine germaine du
poëte ; car il s'agit de Marie-Geneviève Racine, fille de Claude Racine,
qui était frère d'Agnès de Sainte-Thècle. Un ancien tableau généalogique, conservé dans la famille de Racine, dit qu'elle fut religieuse
à Port-Royal.

2. Voyez aux *Pièces justificatives* (n°s VII et VIII) son acte de baptême et son acte d'inhumation.

3. Voyez aux *Pièces justificatives* (n°s IX et X) l'acte de baptême
de Madeleine Vol et son acte de mariage.

4. Voyez aux *Pièces justificatives* (n° XI) son acte d'inhumation.

5. Nous tenons ces détails de M. Médéric Lecomte, membre de la
Société historique de Soissons, auteur d'une *Notice généalogique sur
la famille de Racine*, insérée dans le dixième volume des *Mémoires de
la Société académique de Laon*. M. Lecomte a tiré ces renseignements
d'actes déposés chez un notaire de la Ferté-Milon. Nous devons à

il n'est jamais question d'elle. Depuis son veuvage elle devint
une étrangère pour les deux orphelins[1]. Louis Racine, dans
ses *Mémoires*, ne parle même pas du second mariage de son
aïeul. Mais il restait au jeune Racine une autre mère, celle à
qui il donna toujours ce nom, Marie des Moulins, son aïeule.
On tient de lui-même un témoignage des soins que son enfance
reçut d'elle. « Il faudroit, disait-il dans une lettre à sa sœur[2],
que je fusse le plus ingrat du monde, si je n'aimois une mère
qui m'a été si bonne, et qui a eu plus de soin de moi que de
ses propres enfants. » Il ajoutait : « Elle n'a pas eu moins
d'amitié pour vous, quoiqu'elle n'ait pas eu l'occasion de vous
la témoigner. » Et dans une autre lettre[3] : « Je vous assure
qu'elle vous aimoit tendrement, et qu'elle vous auroit traitée
comme ses propres enfants, si elle avoit pu faire quelque chose
pour vous. » On peut bien induire de là que des deux orphelins, l'un (c'était Racine) fut recueilli dans la maison de Jean
Racine, son aïeul, et confié surtout à la tendresse de « sa bonne
mère » Marie des Moulins, tandis que Pierre Sconin se chargea
de l'autre. Les lettres écrites par Racine, dans sa jeunesse, à sa
sœur Marie, lui sont adressées *chez M. le Commissaire*, c'est-à-
dire chez Pierre Sconin. Il est vrai qu'alors Marie des Moulins
n'était plus à la Ferté. Mais on voit par les citations que nous
avons faites des lettres de Racine, que même avant ce temps
elle n'avait pas eu l'occasion de faire pour Marie Racine ce
qu'elle faisait pour son frère.

Ce fut donc sous le toit de Jean Racine[4], son grand-père,
que Racine passa la plus grande partie de son enfance. Il per-

son obligeance beaucoup d'autres éclaircissements sur la famille de
Racine, qui nous ont été fort utiles pour cette biographie, et que
M. l'abbé Hazard a complétés, qu'il a, en quelques points, rectifiés.

1. Après la mort de Jean Racine, elle alla demeurer chez son
père, jusqu'au 12 février 1646, jour où elle épousa en secondes noces
Henri Chéron, prévôt de Neuilly-Saint-Front.

2. *Lettre* du 23 juillet 1663.

3. *Lettre à Marie Racine*, 13 août 1663.

4. La maison qu'habitait alors l'aïeul paternel de Racine était
dans la Grande-Rue, aujourd'hui rue de Reims, en face de la ruelle
du Four banal.

dit ce grand-père en septembre 1649[1]. Très-peu de temps sans doute après cette mort, Marie des Moulins, devenue veuve, alla rejoindre à Port-Royal sa fille Agnès, et le jeune Racine fut envoyé au collége de Beauvais. Cette séparation de la famille ne peut en tout cas avoir eu lieu plus tard qu'au commencement de 1652; car, au mois de mai de cette année, Marie des Moulins était au monastère des Champs : c'est à cette date que la mère Angélique Arnauld, dans une lettre à M. le Maître[2], disait : « La pauvre Mme Racine m'écrit que vous lui avez fait la charité de lui parler, dont elle est très-consolée.... C'est une très-bonne femme, vous le verrez. » Et, d'un autre côté, nul doute que dans le même temps Racine ne fût déjà au collége de Beauvais; car ce ne peut être plus tard que cette année, pendant la seconde guerre de la Fronde, que le jeune enfant, prenant sa petite part aux discordes civiles, reçut, dans une bataille d'écoliers, les uns frondeurs, les autres *mazarins*, cette glorieuse blessure enregistrée par Louis Racine dans ses *Mémoires*.

Le collége de Beauvais où Racine fut envoyé par ses parents, et demeura jusqu'en 1655, ne doit pas être confondu avec le célèbre établissement qui, à Paris, portait le même nom, ou encore le nom de Dormans-Beauvais, qui compta Boileau parmi ses écoliers, et où étudia aussi Louis Racine, sous la direction de Rollin. L'honneur d'avoir donné les premières leçons à notre poëte appartient au collége établi dans la ville de Beauvais. C'était une maison florissante, et qui, d'après d'anciens documents, paraît avoir eu dans ce temps-là une population d'écoliers égale à celle de nos meilleurs lycées d'aujourd'hui. Le célèbre docteur Godefroy Hermant, si étroitement lié avec Port-Royal, y avait été régent de seconde, puis de rhétorique, de 1636 à 1639. Lorsque Racine y entra, Choart de Buzanval, encore un ami des solitaires, y avait, comme évêque de Beauvais, une part d'autorité. Ce collége devait donc, ce nous semble, être en bonne renommée à Port-Royal. Il se peut que

1. Non en 1650, comme l'a dit Louis Racine, et comme on l'a répété après lui. Voyez aux *Pièces justificatives* (nº XII).

2. Citée par Sainte-Beuve, dans son *Port-Royal* (3ᵉ édition), tome VI, p. 85.

les parents de Racine aient reçu de ce côté-là, d'Antoine
le Maître, par exemple, grand ami de M. Hermant, ou de
M. de Beaupuis, ancien élève de Beauvais, le conseil de choisir pour leur enfant cette maison d'éducation. Remarquons
qu'au sortir de Beauvais, Racine entra aux écoles de Port-
Royal, à un âge où l'on n'avait pas coutume d'y recevoir des
élèves, et que, pour avoir dérogé à leur règle, il fallait que
ses nouveaux maîtres eussent quelque confiance dans les premiers enseignements qu'il avait reçus. On aimerait à savoir
le nom de ses régents à Beauvais. Tout ce qu'il nous a été
possible d'apprendre, c'est qu'au temps où il y étudiait, le
principal était un prêtre nommé Nicolas Dessuslefour.

Louis Racine dit que son père sortit de ce collége le 1er octobre 1655. Il allait avoir seize ans. Avec un esprit si heureusement doué, il devait, à cet âge, être fort avancé dans
ses études, et se trouver en état, pour les achever, de mettre
à profit les meilleures leçons de Port-Royal, où il fut alors
admis à l'école des Granges que dirigeaient Nicole et Lancelot.
Ici nous rejoignons le récit, que nous avons fait en commen-
çant, des relations qui s'étaient établies à la Ferté-Milon entre
les solitaires exilés et la famille de Racine. Ce furent sa bonne
aïeule Marie des Moulins, sa tante Agnès de Sainte-Thècle, sa
grand'tante Vitart, qui l'attirèrent vers la sainte maison, où
l'attendaient leurs anciens hôtes, Lancelot et le Maître. Il est
très-vraisemblable qu'il fut, comme on l'a dit[1], au nombre
des enfants qui n'y payaient point de pension ; car « ses fa-
cultés étoient fort médiocres, » suivant l'expression de Louis
Racine.

Dans un passage de son *Abrégé de l'histoire de Port-Royal*,
Racine a rendu cet hommage à ceux dont les leçons for-
mèrent sa jeunesse : « Ces maîtres n'étoient pas des hommes
ordinaires. Il suffit de dire que l'un d'entre eux étoit le célèbre M. Nicole. Un autre étoit ce même M. Lancelot à qui
on doit les *Nouvelles méthodes* grecque et latine, si connues
sous le nom de *Méthodes de Port-Royal*. »

Lancelot était chargé de l'enseignement de la langue grecque ; il y était consommé, et vraiment le chef de ce que les

1. *Port-Royal*, par Sainte-Beuve, tome III, p. 497, à la note.

Jésuites ont appelé « la secte des Hellénistes de Port-Royal. »
Si de tous nos poëtes Racine est, avec André Chénier, celui
qui a puisé le plus directement aux sources vives de la Grèce,
il le dut surtout à Lancelot. Pour le diriger dans les autres
parties des humanités, il avait Nicole, esprit judicieux, métho-
dique, exact, et très-bon latiniste. Ce ne furent point cependant ses seuls guides. Il recevait aussi des leçons d'Antoine
le Maître et de M. Hamon. Un des *Nécrologes* de Port-Royal,
celui qui a fait de Racine un solitaire[1], dit que « M. le Maître,
et après lui M. Hamon, prirent un soin tout particulier du
jeune Racine, dans l'intention de le pousser au barreau. » Le
Maître surtout put bien (et Louis Racine le dit aussi) avoir
cette ambition pour un élève qu'il aimait, lui qui se souvenait
toujours de sa première profession, jusqu'à revoir ses plai-
doyers même après le temps de sa conversion. Le jeune orphe-
lin était traité par lui en fils ; il lui donnait ce nom de fils dans
l'intéressant billet qu'on a conservé, et dans lequel Racine
nous paraît comme son Éliacin. « Aimez toujours, lui écrivait-
il, votre papa comme il vous aime. » Racine trouvait donc
près d'Antoine le Maître et l'affection paternelle et un enseignement très-animé, où il y avait un feu et un enthousiasme littéraire qui manquaient aux autres instituteurs. On se représente
facilement le Maître, tel avec ses écoliers qu'un autre de ses
élèves, Thomas du Fossé, nous l'a dépeint, commentant dans
un enseignement plein de chaleur et d'éloquence les beautés
des orateurs et des poëtes, et, avec sa belle voix et son savant
débit, donnant pour la récitation des discours et des pièces
de poésie, d'excellentes leçons, qu'il ne destinait certes pas à
être un jour répétées à la Champmeslé. Il y eut un moment où
ses élèves furent séparés de lui ; ce fut au mois de mars 1656,
lorsqu'on dispersa les écoliers et leurs précepteurs, et que le
Maître se réfugia à la chartreuse de Bourg-Fontaine. Racine
demeura aux Champs, où il avait sa famille. Alors seulement,
suivant toute vraisemblance, en l'absence de ses autres maîtres, il passa aux mains de M. Hamon. Placer le temps des

1. *Nécrologe des plus célèbres défenseurs et confesseurs de la vérité*,
M.DCC.LXI (sans nom de lieu ni d'imprimeur. Il est de l'abbé
Cerveau), 7 vol. in-12. Voyez le tome III, p. 310.

leçons de celui-ci après la mort d'Antoine le Maître, comme
l'a fait Louis Racine, n'est pas possible : quand M. le Maître
mourut (4 novembre 1658), Racine, depuis quelques semaines,
n'était plus à Port-Royal. Il semble que M. Hamon

> Tout brillant de savoir, d'esprit et d'éloquence[1],

mais surtout vrai chrétien, plein d'aimable candeur, de pieuse
sensibilité et de charité admirable, ait su mieux que tout autre
toucher le cœur de Racine, puisque le jour où celui-ci se mit
à songer à la tombe, ce fut aux pieds de l'humble et savant
médecin de Port-Royal qu'il demanda à reposer.

C'est à ce même temps de la persécution de 1656 et de la
dispersion des solitaires qu'il faut rapporter (Louis Racine
est de cet avis[2]) la composition de l'élégie latine *ad Christum*,
où, comme les jeunes Israélites de ses chœurs d'*Esther* et
d'*Athalie*, Racine gémit sur un Israël ruiné par les méchants.
Ceci n'est point, dans notre esprit, un vain rapprochement : il
y a un rapport frappant, non d'expression sans doute, ni de
force ou de charme poétique, mais de sentiments, entre ces
premiers bégaiements de la muse enfantine du poëte, et les
dernières, les plus magnifiques inspirations de son génie :

> *Quem dabis æterno finem, Rex magne, labori?*
> *Quis dabitur bellis invidiæque modus?*

> « Combien de temps, Seigneur, combien de temps encore
> Verrons-nous contre toi les méchants s'élever[3]? »

Cet enfant, « élevé, comme le lui disait Boileau, dans le sanc-
tuaire de la piété, » en un temps de cruelles épreuves pour ses
maîtres, au milieu des Joad tonnants et des colombes gémissantes de Port-Royal, amassait là dans son âme des souvenirs
et des impressions qu'il devait fondre plus tard avec la grande
poésie de la Bible. Quels qu'aient été, bientôt après, son
oubli et son infidélité, on peut croire que, tant qu'il respira
l'air de la pieuse solitude, il ressentit assez vivement les dou-

---

1. Boileau, *Vers pour mettre au bas du portrait de M. Hamon.*
2. Dans une note de l'exemplaire de ses *Mémoires* corrigés par
lui. On la trouvera plus loin en son lieu.
3. *Athalie*, vers 810 et 811.

leurs qui la frappèrent. Nous l'avons déjà comparé à un jeune
Éliacin nourri dans le temple, « sous l'aile du Seigneur. » Ses
vers *au Christ*, où il parle des ennemis de ses maîtres avec
une singulière ardeur d'indignation, nous transportent au milieu de ces lévites zélés qui *cultivaient déjà la haine* des enfants :

> Sa mémoire est fidèle, et dans tout ce qu'il dit,
> De vous et de Joad je reconnois l'esprit.

Il ne se contentait pas, à Port-Royal, de composer des vers
latins. Il s'essayait aussi à la poésie française. Dans ces « saintes
demeures du silence, » il composa les sept odes sur Port-Royal,
où sans doute il s'égare beaucoup en de faibles lieux communs,
mais dont on peut citer des vers qui laissent entrevoir et l'abon-
dance facile d'une source vive et quelques douces flammes de
ce foyer de tendresse religieuse qu'il portait en lui. On a parfaitement dit[1], et il nous reste seulement à le répéter, que dans
ces strophes : « Je vois ce cloître vénérable, » et « Sacrés palais
de l'innocence, » il y a déjà de l'accent des chœurs d'*Esther*.
Rien, dans ces vers de sa jeunesse, ne l'a aussi heureusement
inspiré que les chastes vierges du cloître qu'il appelle des
« anges mortels, » et qui dans leurs retraites, derrière ces murs
au pied desquels il errait en rêvant, lui apparaissaient comme
une céleste vision « en un trône de lis. » Ineffaçable impression
des premières années, qui put former dès lors dans son imagination l'idéal des suaves peintures que Saint-Cyr devait un
jour faire admirer.

D'autres poésies, infiniment supérieures, rappellent aussi
ces années des études de Racine à Port-Royal, mais ne sauraient avoir ici pour nous le même intérêt historique. Que *les
Hymnes du Bréviaire romain* aient été non-seulement retou-
chées, mais refaites par Racine dans la maturité de son talent, cela ne fait pas question pour qui les compare aux *Odes*
sur Port-Royal. Il reste seulement ce fait pour l'époque dont
nous parlons, qu'il y eut alors une première ébauche de ces
hymnes tentée par le jeune poëte[2].

---

1. *Port-Royal*, tome VI, p. 89.
2. Voyez pour plus de détails la *Notice* qui précède la traduction
des Hymnes du Bréviaire romain.

A côté des essais d'une muse encore bien novice sans
doute, mais dans lesquels se révélait l'instinct poétique, on
trouve vers la même date quelques petits vers écrits en badi-
nant. Ces enfantillages devraient être passés sous silence, s'ils
n'étaient des marques de caractère, et d'assez curieux indices,
au milieu d'une éducation si sévère, d'un tour d'esprit dont
les maîtres de Racine auraient pu déjà s'effrayer. C'étaient des
échappées frivoles qui, malgré leur innocence, faisaient pres-
sentir l'heure prochaine de l'émancipation. De la sainte et studieuse retraite où il ne faudrait pas croire le jeune Racine trop
enseveli, il trouvait moyen de porter au dehors des regards
curieux. Son imagination si vive était attirée dès ce temps
par le peu qu'il entrevoyait du monde : il prêtait l'oreille à
ses bruits. Tandis qu'on le tenait sous la discipline des petites
écoles, un de ses parents, cet Antoine Vitart qui avait eu pour
marraine, nous l'avons dit, la mère d'Antoine le Maître, et
était d'un an plus âgé que Racine, suivait à Paris les cours de
philosophie du collège d'Harcourt. Les deux jeunes gens
étaient en correspondance. Ils échangeaient des pièces de
vers latins, dont quelques-unes ont été conservées. Racine,
dans ce commerce poétique, ne se contentait pas toujours de
la docte langue : il envoyait aussi à son ami quelques rimes
françaises. Un jour, comme Antoine Vitart le négligeait depuis trop longtemps, il lui écrivait pour gourmander sa paresse. Citons ses vers, moins parce qu'ils sont inédits, que
parce qu'il s'y peint assez bien, ce nous semble, tout prêt à
se dissiper, et s'y montre moins disposé peut-être que dans
ses vers latins *au Christ*, à prendre au tragique les malheurs
« des pauvres Augustiniens. »

> Quoi donc! cher cousin, ce silence,
> Ces froideurs, cette négligence
> Ne pourront point avoir de fin?
> Soit en françois, soit en latin,
> Soit en poésie ou en prose,
> Tout au moins j'écris quelque chose.
> Pouvez-vous manquer de sujets
> En lieu plein de tant d'objets,
> Où tous les jours mille merveilles
> Frappent les yeux et les oreilles?

Quand vous n'iriez de vos fauxbour
Que jusqu'au collége d'Harcour,
Ce qui se fait, ce qui se passe
En ce grand et ce long espace,
Ne pourroit-il pas vous fournir
Assez de quoi m'entretenir?
Là l'on voit crier les gazettes
Des victoires et des défaites,
Les combats du roi Polonois
Contre le prince Suédois;
Ici l'on entend la censure,
La honte et la déconfiture
Des pauvres Augustiniens
Sous le nom de Janséniens;
D'autre part on crie au contraire
La sentence du grand vicaire,
L'hymne, l'histoire et le journal
Des miracles de Port-Royal.
Enfin l'on ne voit que nouvelles,
Que livres, qu'écrits, que libelles.
En tous quartiers, de tous côtés
On ne trouve que raretés.
Comment peux-tu donc, cher Antoine,
Sinon par mépris, ou par haine,
Vivre comme un silencieux
Dans le règne des curieux?

Les nouvelles que la voix des crieurs faisait à ce moment
retentir dans les rues donnent la date de cette lettre rimée.
Elle doit être de la fin de 1656[1]. Ne trouve-t-on pas que l'élève
des solitaires avait une curiosité fort éveillée?

Louis Racine a donné, dans ses *Mémoires*, un fragment d'une
autre de ces lettres en vers écrites à Antoine Vitart, qui commence ainsi :

Lisez cette pièce ignorante;

mais il l'a arrangé et défiguré. Il le dit du temps où Racine

1. La victoire de Charles-Gustave sur les Polonais en juillet 1656,
la censure de la Sorbonne du commencement de cette même année,
la sentence de M. de Hodencq, grand vicaire, rendue le 22 octobre
1656, le miracle de la Sainte Épine, tout cela fixe à peu près le moment où Racine écrivait.

étudiait en logique au collége d'Harcourt; cela n'est point :
c'était Vitart qui était alors le jeune philosophe. Racine lui
disait :

> Je crains même que cette lettre
> Ne soit trop longue pour paroître
> Devant des yeux tant occupés,
> En d'autres soins enveloppés ;
> Car quel temps peut être de reste
> Dans une philosophe teste
> Qui ne respire qu'arguments,
> Qui doit passer toutes les heures
> Aux majeures et aux mineures
> Par où les subtils logiciens
> Sont craints comme des magiciens [1] ?

On voit que cela est très-différent, même pour le sens, de la
citation plus qu'inexacte de Louis Racine :

> Je ne respire qu'arguments, etc.

Ce qui pourrait, plus que ces petites gaietés d'écolier, faire
croire à une certaine dissipation de Racine dès ce temps, ce
seraient, s'ils avaient été écrits aussi de Port-Royal, quelques
madrigaux et vers galants, qu'à vrai dire l'inexpérience poétique qui s'y montre, et des fautes de prosodie nous induiraient

---

[1]. Il n'est pas douteux que ces vers n'aient été écrits à Port-Royal,
et ils sont peut-être d'une date antérieure à ceux que nous avons
cités les premiers. L'inexpérience du versificateur y est plus visible
encore, et il y aurait quelque raison de les croire de 1655, à en
juger par les lectures qui amusaient alors Racine. Il disait en effet :

> J'ai aussi le manche agréable
> D'une étrille qui sent l'étable
> Où le baudet de Molina
> A reçu ce qu'il mérita.

On avait publié en 1654 une satire en vers intitulée *l'Étrille du
Pégase janséniste. Aux rimailleurs du Port-Royal*. Si, comme il semble
bien, *l'Étrille* ou *le Manche de l'Étrille* dont parle Racine est une réponse à cette satire, elle ne doit pas avoir été faite très-longtemps
après. — Nous donnons au tome IV, dans un *Appendice*, les petites
pièces inédites de la jeunesse de Racine.

à rapporter à ce temps; mais il n'y a pas entière certitude.
Si même les madrigaux sont écartés, le jeune homme semblait
par ses petits vers s'annoncer dès lors tel que nous le verrons
bientôt. En dépit des austères leçons de ses instituteurs, il y
avait en lui quelque légèreté; mais cette légèreté était beaucoup à la surface : le fond ne manquait pas de sérieux; ou
plutôt, dans cette nature si riche et si variée tout s'alliait, les
penchants du bel esprit agréable et railleur, et des instincts
plus sévères et plus graves, l'amour des solides études, le goût
du vrai beau, la faculté de le sentir dans les plus grandes
œuvres de l'antiquité. Boileau, dans la grande lettre qu'il écrivait en 1700 à Charles Perrault, détracteur des anciens,
disait : « Ce sont Sophocle et Euripide qui ont formé M. Racine. » Qui n'a présente à l'esprit cette poétique image que
Valincour, autorisé sans doute à parler ainsi par les récits
de son illustre ami lui-même, nous a laissée[1] du jeune Racine,
s'enfonçant, les tragédies grecques à la main, dans les bois qui
entouraient l'étang de Port-Royal? Dans ses studieuses pro-
menades il passait les journées à lire et à apprendre par cœur
les chefs-d'œuvre de ces grands tragiques, bientôt après ses
modèles. Souvent aussi il y relisait à la dérobée, dans le texte
grec (péché dont nul écolier ne voudrait se rendre coupable
aujourd'hui), ce roman des *Amours de Théagène et de Chariclée*, qui le charmait par ses belles aventures, et qu'il finit,
dit-on, par confier tout entier à sa mémoire, de peur que
Lancelot ne le lui brûlât encore.

Naturellement, à Port-Royal, on était sévère dans le choix
des livres d'étude. Toutefois on y aimait trop les belles-lettres
et les chefs-d'œuvre de l'antiquité pour ne pas tomber en quelque inconséquence. Dans cette maison de rigoristes où Saint-
Cyran avait un jour averti les enfants que Virgile s'était damné
en faisant tous ses beaux vers, on nourrissait de ces mêmes
vers de Virgile et de ceux des tragiques grecs un jeune esprit
qu'on prétendait détourner de la poésie. On y poussait la hardiesse naïve jusqu'à traduire Térence, ce que Racine, aux jours
de sa révolte, ne manqua pas de reprocher ironiquement à ses

1. Dans sa lettre à d'Olivet, *Histoire de l'Académie françoise*,
tome II (1729), p. 328.

maîtres. Ceux-ci voulaient cultiver l'esprit, admettre même dans cette culture ce qui aurait dû à leurs yeux en être le luxe inutile, et en même temps enchaîner l'âme à leurs mortifications. C'était trop tenter. Malgré eux, les fleurs qu'ils avaient semées, croyant que la terre du saint désert les désarmerait de leurs poisons, donnèrent chez leur plus illustre élève leurs fruits naturels. Racine fit bientôt, dans le monde, plus d'honneur à leurs écoles qu'ils n'eussent voulu ; et sa gloire profane leur parut comme un serpent qu'ils avaient réchauffé dans leur sein.

En tête de plusieurs petits écrits qui nous sont restés comme un témoignage des sérieuses études de la jeunesse de Racine, et dont son fils Louis, en 1756, a légué le manuscrit à la Bibliothèque du Roi, on lit : *Brouillons et extraits faits presque à la sortie du collége*, avec cette date : *de 1655 à 1658.* Ce sont les années de Port-Royal. Il est très-vraisemblable en effet que ce fut alors que Racine fit ces traductions de Diogène Laërce, de Philon et d'Eusèbe, par lesquelles il s'exerçait à la fois à l'étude de la langue grecque et à celle de la langue française. Les corrections dont les manuscrits de ces versions sont chargés nous attestent les efforts qu'il faisait pour assouplir sa plume. Il ne se fiait pas trop à sa facilité naturelle, et, docile à la sévère discipline de ses maîtres, apprenait laborieusement son métier d'écrivain.

Avant de quitter les écoles de Port-Royal, disons que leur enseignement serait loin de pouvoir expliquer Racine tout entier. Port-Royal était bien sévère, bien dédaigneux de l'éclat et souvent de l'élégance, bien ami du style lent et diffus, pour avoir le droit de tout revendiquer dans un talent qui a eu au suprême degré la grâce, le charme, la perfection de la forme ; mais du moins par sa solidité, par sa gravité, par son excellence morale, cet enseignement a laissé sur le génie qui s'en est nourri une empreinte impossible à méconnaître.

Au mois d'octobre 1658, Racine sortit de Port-Royal, deux ans avant la destruction des petites écoles. Il avait dix-neuf ans. On l'envoya faire son cours de logique à ce collége d'Harcourt[1]

---

1. Nous avons vu plus haut que lorsque Racine écrivait ses lettres rimées, ce n'était pas lui, mais Antoine Vitart qui était écolier à

où son ami Antoine Vitart l'avait précédé. Le collége d'Harcourt était aux mains de très-doctes théologiens et professeurs en philosophie. Pierre Padet était alors proviseur, Thomas Fortin principal. Ce fut par les soins de M. Fortin qu'en 1656 plusieurs des *Lettres provinciales* furent, dit-on, secrètement imprimées dans le collége. C'était donc une maison où Port-Royal pouvait, sans trop d'inquiétude, voir entrer un de ses élèves. Les renseignements nous manquent sur la manière dont se passa pour Racine cette année d'études plus libres, où il dut faire le premier essai de son indépendance, et apprendre à connaître ce monde qui du fond des pieuses solitudes lui paraissait tout plein de « mille merveilles. » On n'a retrouvé jusqu'ici aucune des lettres qu'il écrivit sans doute en ce temps[1]. Il n'est pas probable qu'on l'eût abandonné seul à Paris. Dès lors, sans doute, son oncle[2] Nicolas Vitart, frère d'Antoine, et intendant du duc de Luynes, s'était chargé de le surveiller ; mais ce n'était pas un Mentor trop sévère. Le neveu et l'oncle ne paraissent pas avoir tout d'abord vécu sous le même toit ; car, dans les premiers mois de 1660, lorsque Vitart logeait sur

Harcourt. La confusion que Louis Racine a faite à ce sujet pourrait inspirer des doutes sur son témoignage, lorsqu'il nous dit que son père étudia dans ce collége. Mais ce témoignage n'est pas le seul, ni le plus ancien que nous ayons. Dans la *Vie de Racine*, qui est en tête de ses *Œuvres*, édition de 1722, il est dit (p. 1) : « Ce fut là (à Port-Royal) que M. Racine fit ses humanités, après quoi il revint à Paris et étudia la philosophie au collége de Harcourt. » Le *Supplément au Grand dictionnaire de Moréri* (1735) dit également : « En sortant de Port-Royal, il vint à Paris, et fit sa logique au collége de Harcourt. »

1. Parmi celles qu'a publiées M. l'abbé de la Roque (*Lettres inédites de Jean Racine*, Paris, Louis Hachette, 1862, 1 vol. in-8°), il y en a une qu'on avait cru pouvoir dater de 1658 ou 1659. Mais elle est du commencement de 1660. La naissance prochaine de Marie-Charlotte Vitart donne la date.

2. Les deux frères Vitart étaient cousins germains du père de Racine. Louis Racine ne s'est donc pas trompé, comme on l'a cru, quand il a parlé de Nicolas Vitart comme de l'oncle de son père, l'oncle à la mode de Bretagne. Racine cependant donnait aux Vitart le nom de *cousins*, qui convient aussi à ce degré de parenté, et qui est, pour l'exprimer, assez d'usage dans les familles.

le quai des Grands-Augustins, au coin de la rue Gît-le-Cœur,
à l'hôtel de Luynes, Racine écrivait à sa sœur de lui adresser
ses lettres à l'image Saint-Louis, près de Sainte-Geneviève.
Plus tard, dans une lettre à la Fontaine, il rappelle ce temps
où du quartier de Sainte-Geneviève il courait à la rue Galande,
c'est-à-dire chez son ami le Vasseur, que nous allons bientôt
rencontrer[1]. Il était donc lié déjà avec le galant abbé, et certainement aussi avec la Fontaine, qui eût difficilement com-
pris son allusion, s'ils n'eussent été en relation dès ce temps,
comme le rendait naturel, d'ailleurs, une alliance de famille.
Avec de tels compagnons l'élève de Port-Royal devait beaucoup apprendre et beaucoup désapprendre.

Les lettres que nous avons de la jeunesse de Racine vont
beaucoup nous guider pour cette partie de sa vie où nous
sommes arrivé. Peu de temps après qu'il eut achevé ses études
au collége d'Harcourt, une lettre de septembre 1660 nous le
montre établi à l'hôtel de Luynes, près de Vitart. L'hôtel de
Luynes fait d'abord penser à quelque Thébaïde au milieu de
Paris et du monde, ayant, autant que le permettaient les gran-
deurs du rang, gardé la physionomie des cloîtres du désert.
On se remet en mémoire une autre demeure du duc de Luynes,
le château de Vaumurier, dont le solitaire du Fossé nous a
laissé la sévère image : « La vie qu'on y menoit étoit presque
aussi régulière que celle d'une communauté. Tout le monde
mangeoit en commun dans une salle avec le duc même. Chacun lisoit à son tour quelques bons livres, et les autres gar-
doient le silence pendant le repas. On y entendoit la messe,
et on y faisoit sa prière régulièrement dans la chapelle[2]. »
Mais les lettres de Racine ne nous permettent pas de nous
former de l'hôtel de Luynes, à Paris, un tableau tout à fait
semblable. Port-Royal est bien loin. Pour tout souvenir de
l'austère abbaye, Racine ne peut rencontrer là « qu'une vieille
servante, janséniste comme son maître. » Du reste, on passe
le temps gaiement, on se moque des gens graves, on parle vers

1. Les lettres de Racine à l'abbé le Vasseur sont adressées rue
Galande.

2. *Mémoires pour servir à l'histoire de Port-Royal*, par M. du Fossé;
à Utrecht, M.DCC.XXXIX, 1 vol. in-12 : voyez aux p. 113 et 114.

et comédies, on lit l'Arioste plus que les saints Pères, on rime des madrigaux pour de jeunes dames à qui de petits abbés font la cour; c'est un M. d'Hoüy qui boit à s'enivrer, c'est le Vasseur qui vient conter fleurette, ou chercher les essais dramatiques de Racine pour les porter à des comédiennes. Nicolas Vitart, entre deux baux à faire ou deux comptes à régler, sourit aux premiers-nés de la muse de son jeune parent, et se charge de leur faire faire leur chemin dans le monde; sa bourse est ouverte à Racine, qui s'endette envers lui. C'est à qui aidera l'élève émancipé de Port-Royal à secouer le joug de sa première éducation et à suivre la pente qui l'entraîne vers la liberté d'une vie dissipée et dans tous ces amusements poétiques ou autres, que M. Tronchai, dans l'épitaphe de Racine, a appelés « l'ensorcellement des niaiseries du monde, *fascinatio nugacitatis sæculi.* »

Ce ne sera pas là, si l'on veut, l'hôtel de Luynes : le maître est absent, il est à Vaumurier ou à Chevreuse; mais ce sera la maison Vitart. L'oncle Vitart et le jeune abbé le Vasseur, avec qui Racine passe alors presque tout son temps, et à qui sont écrites les lettres de sa jeunesse, sont pour nous, à ce moment de sa vie, des personnages intéressants. Nous dirons d'eux ce que nos recherches nous en ont appris.

Nicolas Vitart est cet élève de Lancelot que nous avons vu, au commencement de cette biographie, arriver avec son maître à la Ferté-Milon, pendant l'exil des solitaires. Il était né, nous l'avons dit, en 1624, et par conséquent de quinze ans plus âgé que Racine, dont il n'avait nullement pu être le condisciple, mais qu'il avait de longtemps précédé aux écoles de Port-Royal. Cette différence d'âge lui permettait, quand Racine sortit du collége, d'être une espèce de tuteur pour lui, tuteur, nous le savons déjà, fort peu gênant. Le *Nécrologe de Port-Royal* nous apprend que son père, qui s'appelait Nicolas comme lui, quitta, pour administrer les affaires du monastère, « le service d'une personne de condition[1]. » Dans des actes

___

1. Nous avons dit (p. 5.) qu'il avait abandonné en 1639 la Ferté-Milon pour aller à Port-Royal; il n'y avait pas d'abord trouvé vacant l'emploi de receveur du monastère qui lui était destiné. Il entra, en attendant, chez M. de la Ville-aux-Clercs, Henri-

de 1657, nous trouvons le fils qualifié secrétaire du duc de Luynes, et aussi « intendant de Mme la duchesse de Chevreuse et de Monseigneur le duc de Luynes, son fils. » La charge qu'il exerça dans cette maison doit même remonter plus haut. Charles Perrault, dans ses *Mémoires,* parle de lui comme demeurant à Port-Royal, près de M. de Luynes, dont il administrait les biens dès l'année 1656, lorsqu'il prit quelque petite part à la naissance des *Lettres provinciales,* confident, et, ce semble même, un des inspirateurs de la première pensée dont elles sortirent. Son éducation à Port-Royal l'avait naturellement mis en faveur chez le duc de Luynes, et, par lui, toute sa famille[1]. C'est ainsi que Racine, introduit dans cette maison, y fut lui-même quelque peu intendant en sous-ordre, pour s'y rendre utile à quelque chose.

Nicolas Vitart paraît avoir été sur un très-bon pied et traité avec distinction dans la noble famille qu'il servait. Ses deux premiers enfants eurent pour parrain et marraine, l'un le duc de Luynes et la duchesse de Chevreuse, l'autre le jeune marquis de Luynes (depuis duc de Chevreuse) et Anne de Rohan qui allait devenir duchesse de Luynes[2]. La considération dont il jouissait dans son emploi de confiance rejaillissait sur le jeune Racine, qui, dans ses lettres, parle de ses longs et familiers entretiens avec le marquis de Luynes et des grands témoignages d'amitié qu'il recevait de lui. Bien des choses rapprochaient d'ailleurs ceux entre qui le rang mettait tant de distance. L'ancien maître de Vitart et de Racine, Lancelot, était en ce temps-là précepteur du jeune marquis : on était donc presque condisciple : ce qui comptait à Port-Royal surtout, pays de respect, mais en même temps d'égalité

Auguste de Loménie, comte de Brienne, en qualité de maître d'hôtel.

1. Saint-Simon parle d'un Sconin (les Sconin étaient alliés aux Vitart) qui plus tard fut intendant du duc de Chevreuse, fils du duc de Luynes, et qui se mit par la suite « à choses à lui plus utiles. » (*Mémoires,* tome X, p. 273.) Ce pourrait être un Antoine Sconin, avocat au Parlement, que nous trouvons dans l'*Armorial de France,* *Généralité de Paris,* tome II, p. 1272.

2. Voyez aux *Pièces justificatives* (nos XIII et XIV) les actes de baptême des enfants de Vitart.

chrétienne. On voit que si Vitart était à l'hôtel de Luynes un serviteur, il y était autant peut-être un ami. Tout administrateur qu'il était des biens du duc, dont, bien des années après, nous le trouvons encore intendant, il se trouvait être lui-même un petit seigneur. Il possédait en 1659 le fief de Brumiers, dépendant de Moloy[1], qu'il avait acheté d'Antoine Poignant[2]. En 1667, il fit encore l'acquisition de plusieurs seigneuries[3], entre autres de celle de Passy-sur-Marne, qui lui furent vendues au prix de cent soixante-dix mille livres. Cela suppose en ce temps une assez belle fortune. Depuis lors, il porta toujours les titres de seigneur de Brumiers et de seigneur de Passy. Il avait pris femme dans une famille qui possédait d'honorables charges. Marguerite le Mazier, qu'il avait épousée au commencement de 1658[4], était fille d'un procureur au Parlement, et sœur d'un avocat général au Châtelet de Paris, conseiller du Roi en ses conseils. On trouve aussi parmi les proches parents de Mlle Vitart (Marguerite le Mazier) un greffier en chef des requêtes ordinaires de l'hôtel, et un avocat général de Monsieur, duc d'Orléans, tous deux conseillers du Roi[5].

L'idée que nous nous faisons de Nicolas Vitart est celle d'un homme bien établi dans le monde, à qui sa fortune et l'administration des biens d'une très-noble maison donnaient un certain poids, d'un galant homme aussi et assez mondain, ou, comme on disait alors, d'un honnête homme, resté sans doute en de bons termes avec Port-Royal, ainsi qu'il appartenait à l'intendant du duc de Luynes et au fils de la pieuse

1. D'anciens actes ajoutent : « au hameau de Saint-Vulgis, près de la Ferté-Milon. »

2. Cela résulte d'un acte passé le 24 septembre 1659, par-devant maître Saint-Vaast, notaire à Paris.

3. Nous en trouvons la mention dans des actes passés le 14 et le 15 septembre 1667, en l'étude de Noël le Maistre, notaire à Paris.

4. Voyez l'acte de mariage aux *Pièces justificatives* (n° XV).

5. Un de ces le Mazier est nommé deux fois, et nullement à sa gloire, par Boileau (*Satire* I, vers 123, et *Épître* II, vers 36) : ce qui étonne un peu, Racine étant lié si intimement avec cette famille. Un passage de Brossette, dans son manuscrit sur *Boileau* (p. 41), ne permet pas de douter que l'avocat le Mazier en butte aux traits du satirique ne fût un des parents de Mlle Vitart.

Claude des Moulins, mais n'ayant pas tout retenu de l'éducation qu'il y avait reçue, et paraissant avoir été d'une dévotion
modérée ; car, apparemment, Racine savait à qui il parlait, et
ne craignait pas de le scandaliser, quand il lui expliquait avec
tant de franchise pourquoi il négligeait un peu le saint monastère, ne voulant pas « écrire des lettres où il ne faut parler que
de dévotion et ne faire autre chose que de se recommander
aux prières[1]. » Les plus grandes familiarités de Racine, dans sa
correspondance, ne sont point pour Vitart, ni ses plus grands
épanchements littéraires non plus; cependant à lui aussi il écrit
avec une libre confiance, comme à un ami; et s'il l'entretient
volontiers de ses chances d'obtenir des bénéfices, c'est-à-dire
quelque bon revenu, s'il a soin de lui marquer que le drap
d'Espagne, à Uzès, coûte vingt-trois livres, que le blé est
enchéri et vaut vingt et une livres la salmée, il ne renonce
pas toujours pour cela à orner les lettres qu'il lui envoie de
quelque badinage rimé ou d'une citation latine. Vitart n'était
pas uniquement homme d'affaires : ce n'était pas pour rien
qu'il avait étudié à Port-Royal. On pouvait lui parler comme à
quelqu'un qui n'ignorait pas les belles-lettres; un poëte pouvait lui montrer ses poésies et ses pièces de théâtre; mais il
aimait mieux les recommander et les colporter, comme il faisait autrefois *les Provinciales*, que de les juger, d'indiquer les
corrections à y faire, surtout de les lire plus d'une fois; car
un homme si affairé « étoit rarement capable de donner son
attention à quelque chose[2]. »

La longue lacune qui, après 1663, est restée dans la correspondance de Racine, nous aurait fait perdre toute trace de ses
relations avec Vitart, si quelques actes, dont les mentions
sommaires sont cependant significatives, ne nous avaient remis
sur la voie. Ils nous ont servi à constater que les liens de cette
ancienne amitié, presque fraternelle, ne s'étaient jamais rom-
pus. Et d'abord, nous avons reconnu que, dans leurs changements d'habitation, l'oncle et le neveu se logeaient con-
stamment dans le voisinage l'un de l'autre, quand ce n'était
pas sous le même toit, jusqu'au temps du mariage de Ra-

1. *Lettre* écrite d'Uzès, le 16 mai 1662.
2. *Lettre de Racine à le Vasseur,* 13 septembre 1660.

cine[1]. Dans l'acte de ce mariage, Vitart, comme nous aurons
à le dire, fut avec Boileau le témoin de Racine; et il n'est pas
invraisemblable qu'il ait préparé cette union contractée avec
une parente des le Mazier. Enfin il tint sur les fonts la seconde
fille de Racine, et ce fut deux mois tout juste avant sa mort. Racine perdit cet ami de sa première jeunesse le 8 juillet 1683[2].

L'autre correspondant, l'autre ami du jeune Racine était,
nous l'avons dit, l'abbé le Vasseur : celui-là lié, sinon plus étroitement, du moins plus familièrement avec lui, le confident le
plus intime de toutes ses pensées, de toutes ses productions
poétiques; celui à qui, dans une lettre, il appliquait ces paroles

---

1. Lorsque Vitart quitta l'hôtel du quai des Grands-Augustins il
s'établit d'abord rue du Bac, où était, en 1661, la demeure du duc
de Luynes; puis, en 1662, au nouvel hôtel de Luynes, rue de la
Butte (ancien nom de la rue Saint-Guillaume). Un peu plus tard, nous
avons trouvé, dans plusieurs actes, l'oncle de Racine logé depuis 1667
jusqu'en 1672 à l'hôtel de Chevreuse, magnifique demeure bâtie
par le Muet rue Saint-Dominique, en face des Jacobins. D'un autre
côté, en 1671 et 1672, c'est la même rue Saint-Dominique que Racine habite, d'après des actes notariés passés à Paris. Un acte passé
à la Ferté-Milon, le 26 octobre 1667, désigne, il est vrai, son domi-
cile à Paris, comme étant alors rue de Grenelle-Saint-Germain; mais
c'est du moins dans le voisinage de Vitart. En 1675 et 1676, Vitart
demeurait sur la paroisse Saint-Landry, à l'hôtel des Ursins, qu'on
avait alors divisé en un grand nombre d'habitations particulières.
Un acte passé à Paris, en 1677, indique la demeure de Racine sur
la paroisse Saint-Landry; et une procuration du 12 juin 1674, rap-
pelée dans un acte passé à la Ferté-Milon le 10 décembre suivant,
nous apprend qu'il était alors logé à l'hôtel des Ursins. Valincour dit
qu'il y était au temps des premières représentations des *Plaideurs*,
c'est-à-dire en 1668; mais ne confond-il pas les époques? Un acte
de baptême de la paroisse d'Auteuil, que nous aurons plus loin à
citer, et qui est du mois de mai de cette même année 1668, constate que Racine demeurait alors sur la paroisse Saint-Eustache.
Même après le mariage de Racine, il semble que les deux amis aient
encore cherché à être l'un près de l'autre. De 1680 à 1684, Racine
est logé rue du Cimetière-Saint-André-des-Arcs; en 1681 et 1683,
Vitart est rue Saint-André-des-Arcs.

2. Voyez aux *Pièces justificatives* (n° XVI) l'acte d'inhumation de
Vitart.

si vives et si cordiales par lesquelles Cicéron déclare à son
cher Atticus que, loin de lui, il est seul, et ne trouve plus une
oreille, un cœur où verser ses secrets. Louis Racine, dans ses
Mémoires, nomme en passant « le jeune abbé le Vasseur, qui
n'avoit pas, dit-il, plus de vocation que Racine pour l'état ecclésiastique, dont il quitta l'habit dans la suite. » Nous lisons de
plus dans une de ses notes sur les lettres de son père : « Ce
M. le Vasseur, si intime ami alors de mon père, et environ
du même âge, étoit un parent de M. Vitart » : à quoi Germain Garnier ajoute que le Vasseur était ami de collége de
Racine, ayant eu, comme celui-ci, Lancelot pour maître dans
les écoles qui se tenaient aux Granges. Un renseignement
donné par G. Garnier, éditeur consciencieux et généralement
bien instruit, n'est jamais à dédaigner : il avait sous les yeux
des notes manuscrites du fils aîné de Racine sur la vie de son
père, que nous ne retrouvons plus aujourd'hui ; mais il ne doit
pas échapper pour cela à toute critique, non plus que Louis
Racine lui-même. Que l'abbé le Vasseur ait été parent des
Vitart, cela est probable, puisqu'ils le disent, quoique nous
n'ayons pas rencontré la preuve de cette parenté. Nous avons
seulement trouvé sur les registres de Saint-Vaast à la Ferté-
Milon, un le Vasseur (nom d'ailleurs très-commun) qui avait
épousé une Sconin. Si le nôtre est de cette famille, il était par
là parent non-seulement des Vitart, mais aussi de Racine. Nous
voulons bien croire aussi qu'il avait été élevé par Lancelot à
l'école des Granges ; le fait peut être exact, sans qu'il y ait à
s'étonner qu'il ne soit pas question de lui dans les divers passages des Mémoires de Port-Royal où l'on parle des écoliers :
le Vasseur n'était pas de ceux que leur fidélité aux principes
d'une éducation austère engage à nommer. Mais qu'il ait été
ami de collége de Racine, qu'il ait étudié dans le même temps
que lui, cela ne se peut admettre. Il nous est tombé sous les
yeux un acte du 7 septembre 1658[1], par lequel nous avons

---

1. Passé par-devant maître Saint-Vaast, notaire à Paris. Cet acte
est une transaction entre le Vasseur et un sieur de Baudretan, au
profit duquel le Vasseur abandonne les provisions qu'il tenait du
duc de Luynes, moyennant une pension viagère de deux cents livres
tournois sur l'hôtel de ville.

appris que le 15 avril précédent, M. François le Vasseur, bachelier en théologie, demeurant à Paris, rue Galande (c'est bien notre abbé), avait été pourvu par Monseigneur le duc de Luynes du régime et administration de l'hôpital Saint-Jean-des-Ponts de la ville de Tours. On n'avait point ce grade de bachelier sans avoir fait deux ans de philosophie et trois de théologie dans une université. Le Vasseur ne pouvait donc être encore à Port-Royal lorsque Racine y entra; et il était certainement plus âgé que lui de quelques années. Ce même acte, en attestant la faveur avec laquelle le duc de Luynes traitait le Vasseur, ajoute quelque probabilité à ce qui a été dit sur la parenté du jeune abbé avec les Vitart. Son intimité dans leur maison était grande, et il abusait des priviléges qu'elle lui donnait. D'un caractère fort aimable, mais des plus légers, c'était un de ces jeunes abbés sans vocation qui de leur état n'avaient que le petit collet, et tels que souvent on s'imagine à tort n'en rencontrer qu'au dix-huitième siècle, à la toilette des dames. Boileau sera plus tard pour Racine le véritable et solide ami des années plus graves, l'Aristarque sévère très-utilement consulté pour les grandes œuvres; le Vasseur est le camarade frivole de la première jeunesse, l'admirateur complaisant des petits vers. Il ne laissait pas d'être d'un assez dangereux exemple. Racine l'accusait ou plutôt le louait d'avoir « le cœur très-tendre et très-disposé à recevoir les douces impressions de l'amour. » Le fait est qu'à Paris, comme aux bains de Bourbon, le Vasseur avait toujours quelque belle passion. C'était tantôt une demoiselle Lucrèce, dont il est si souvent question dans la correspondance des amis, tantôt une *toute jeune mignonne*, ou quelque chambrière, que dans leur langue poétique ils appelaient *Cypassis*, en souvenir de cette belle esclave de Corinne, qu'Ovide a aimée et chantée[1]; ou bien c'était la femme même de Vitart, sur laquelle une lettre de Racine a un passage bien compromettant et bien étrange, qu'on avait fort atténué. Il est clair qu'on ne doit pas se former de la sagesse et des mœurs de le Vasseur une aussi bonne opinion que de son esprit. L'agrément de cet esprit ne nous semble pas douteux, bien que les lettres de le Vasseur lui-même nous manquent. Mais Racine les goû-

---

1. Voyez le livre II des *Amours*, élégies vii et viii.

tait beaucoup; il demandait à en recevoir souvent, lorsqu'il
était loin de Paris, pour ne pas oublier le bon français. « Vos
lettres, disait-il à le Vasseur, me tiendront lieu de livres et
d'académie ; » et il les faisait courir de main en main à Uzès,
où chacun voulait les lire. A l'imitation de son jeune ami, le
Vasseur tournait quelques vers galants ; il était poëte un peu
novice, et Racine ne louait pas sans réserve ses premiers essais ; toutefois il y trouvait du naturel. Il fallait qu'il lui re-
connût du goût, pour que ce fût à lui le premier qu'il aimât à
communiquer ses sonnets, madrigaux, odes et comédies, et
pour qu'il réclamât de lui des conseils. Les *Bains de Vénus*,
qui paraissent avoir été la principale des petites pièces ga-
lantes composées par Racine en ce temps, et que nous re-
grettons de n'avoir plus, avaient été écrits pour l'abbé le
Vasseur. Cet abbé était donc un bel esprit ; il recevait chez
lui, Racine nous l'apprend, beaucoup de beaux esprits. Il
continua sans nul doute à cultiver les lettres, et il y a lieu de
penser que plus tard ce fut plus sérieusement. Assez longtemps
après les années de cette correspondance qui nous le fait surtout connaître, nous avons rencontré de lui quelque trace ; et
ce n'a pas été sans plaisir que nous avons pu retrouver au jeune
ami de Racine un titre littéraire fort honorable. Dans l'*Histoire
de l'Académie de Soissons* par Julien d'Héricourt[1], nous lisons
qu'en 1681 M. le Vasseur, prieur d'Ouchies, fut nommé membre
de cette académie[2]. Quand ce passage du livre de d'Héricourt
nous est tombé sous les yeux, nous avions pu déjà constater,
avec une certitude presque entière, que l'abbé le Vasseur avait
été prieur d'Ouchies. Il est dit, en effet, dans une histoire de
l'abbaye de Saint-Jean-des-Vignes, qu'en 1671 M. François
le Vasseur fut pourvu du bénéfice d'Auchy-le-Château[3]. Nous

1. *De Academia Suessionensi, cum epistolis ad familiares Juliani He-
ricurtii....* (Montalbani, apud Samuelem Dubois, M.DC.LXXXVIII,
1 vol. in-8°), p. 118.

2. « Sequente anno (1681) Academia aucta est N. Vassorio, Ul-
chiensi cœnobiarcha. » Et en marge du texte latin : *M. le Vasseur,
prieur d'Ouchies.*

3. *Histoire de l'abbaye royale de Saint-Jean-des-Vignes de Soissons,*
par M. Charles Antoine de Louen (à Paris, chez Jean de Nully,
M.DCC.X, 1 vol. in-12), p. 196.

avons reconnu notre abbé à son prénom, et aussi à d'autres
indices. Racine parle beaucoup dans ses lettres de ce prieuré
qu'il nomme Ouchies, comme le fait d'Héricourt, et qu'on appelle plus ordinairement Oulchy ou Auchy-le-Château; il est
dans le Soissonnais[1]. Quelque temps Racine espéra lui-même
l'obtenir, promettant à ses amis d'en partager les avantages
avec eux, particulièrement avec le Vasseur. « Vous y serez,
disait-il à celui-ci, Monsieur l'abbé ou Monsieur le prieur[2]. »
Quand, après cela, on voit un abbé François le Vasseur prieur
d'Ouchies, comment croire que la prédiction ne s'est pas ac-
complie, et qu'il s'agit de quelque autre que l'ami de Racine?
Dès que l'on reconnaît dans le possesseur du bénéfice d'Oul-
chy-le-Château notre galant abbé, c'est bien lui aussi, resté
bel esprit, qui est l'académicien de Soissons. Être admis dans
cette académie, qui se faisait gloire d'être fille de l'Académie
française, doit paraître la preuve d'un mérite réel. Elle ne se
composait alors que de vingt membres; et lorsque le Vasseur
y entra, il n'y avait pas longtemps qu'elle était régulièrement
établie par lettres patentes du mois de juin 1674.

Si les vraisemblances les plus fortes ne nous ont pas four-
voyé dans une confusion de personnes, Louis Racine a été plus
charitable qu'exact, quand il n'a pas voulu qu'un abbé si mondain ait gardé l'habit ecclésiastique. Au contraire, de 1671 à
1700, année de sa mort[3], l'abbé le Vasseur ne quitta pas cet
habit, l'habit blanc de Saint-Jean-des-Vignes. Son prieuré
d'Oulchy n'était pas un de ces prieurés simples qui n'avaient
pas charge d'âmes, mais bien un prieuré-cure; et pendant
de longues années il y a signé, comme prieur-curé, les actes de
baptême et de mariage.

Louis Racine, avec les illusions de la piété filiale, a vu dans
les lettres de son père à le Vasseur bien des choses qu'il nous
est plus difficile d'y trouver : le meilleur moyen d'abord,
ce sont ses expressions, « pour détromper ceux qui s'ima-

1. Les annotateurs des lettres de Racine disent qu'Ouchies était
un prieuré en Anjou; c'est une erreur.
2. *Lettre à le Vasseur*, 30 avril 1662.
3. Le Vasseur fut inhumé dans l'église d'Oulchy le 22 mai 1700,
d'après les registres de cette église.

J. RACINE. I   3

ginent que celui qui a si bien peint l'amour dans ses vers, en
étoit toujours occupé; » il y a vu aussi un badinage d'une
grande innocence, l'enjouement d'un jeune homme qui « pa-
roissoit content de n'être plus sous la sévère discipline de Port-
Royal, mais conservoit toujours néanmoins des sentiments de
piété dans le cœur, qui fuyoit le monde et les plaisirs pour se
livrer à l'étude[1]. » Naïve prévention d'un bon fils, ou plutôt
respectueux aveuglement, quelque peu volontaire. Louis Racine se félicite de n'avoir jamais été obligé à la suppression
d'une seule lettre, parmi ces *juvenilia;* mais il se garde de
dire que s'il ne supprime pas les lettres, souvent il supprime
les phrases; et dans son texte même, quoique fort altéré, ce qui
subsiste ne présente pas très-naturellement le sens qu'il y a
découvert. Ce que nous y voyons pour nous, n'est sans doute
pas fort criminel, mais sans être tout à fait édifiant. Rien assurément n'y révèle ni la moindre corruption du cœur, ni le
désordre de la vie. La passion littéraire domine; et s'il y a quelque libertinage, c'est un libertinage d'esprit. Cependant si l'on
se met à songer au bon Lancelot et à M. Hamon, comme toute
leur peine et leurs soins paternels pour former cette âme sem-
blaient perdus! Quel oubli de la direction austère donnée par
eux aux études de Racine, de leurs recommandations de fuir
les pièges du monde et sa dissipation, et de la piété qu'ils avaient
enseignée! Au point de vue de la religion et de la sévère morale, l'égarement, quelque passager qu'il fût, était déplorable.
Au point de vue littéraire, il n'y avait pas autant de dommage.
Voilà bien des petits vers frivoles, des lectures peu solides, de
la recherche d'esprit, au mépris de si graves leçons. Après la
sérieuse éducation de Port-Royal, digne de former un grand
génie, il semble que nous n'ayons plus maintenant sous les
yeux que les exercices d'un agréable bel esprit; mais il y a, à
cette heure, comme une mue un peu ingrate, après laquelle
nous trouverons, dans sa pleine croissance, un admirable talent
auquel alors la grâce ne manquera pas plus que la force. Tout
se sera mêlé harmonieusement, le génie sérieux et plein d'é-
lévation, l'esprit aimable et délicatement orné, les sentiments
profonds qui ne s'apprennent guère au milieu des futilités du

1. *Avertissement* en tête du premier recueil des lettres.

monde, dans le commerce des le Vasseur, les sentiments tendrement galants, la science des faiblesses du cœur, l'élégance
ingénieuse et charmante, ce *molle atque facetum* qui ne s'apprennent pas dans les cloîtres. Le grand monde et la cour ajou-
teront beaucoup à cette seconde éducation de Racine sitôt
commencée après sa sortie de Port-Royal, et, pas plus que les
années de l'hôtel de Luynes et d'Uzès, ne détruiront jamais
le fonds inébranlable de la première éducation.

Il ne faudrait pas, dans un autre sens que Louis Racine,
s'éloigner du vrai, à propos de ces écarts, très modérés après
tout, de la jeunesse de notre poëte. Dans les badinages de ses
lettres, où les paroles vont quelquefois un peu loin, il y a visi-
blement beaucoup de concessions faites au bel air de la jeunesse et à la mode littéraire. On entrevoit que, sous cette
légèreté qui lui semblait séante et en quelque sorte de *style*
entre jeunes gens, il gardait beaucoup de raison. Faisons attention aussi que le monde où il vivait avait sa langue, qu'on peut
mal interpréter en la prenant trop à la lettre. Dans les galan-
teries qui s'y débitaient, il y avait beaucoup de licences poétiques. Toute dame était une Amarante ou une Parthénice,
pour qui l'on eût été mal appris de ne pas brûler. On était
familier avec elles, mais non sans un mélange de respectueuse
courtoisie : tel est le ton des lettres de Racine à Mlle Vitart.

En général, le respect de soi-même et des autres est bien
marqué dans cette correspondance du jeune Racine. Vitart y
était traité en ami, mais avec une évidente déférence. Avec
le Vasseur même, l'habitude de Port-Royal « de se prévenir
d'honneur » en se donnant le nom de *Monsieur*, y était ob-
servée. Tout cela, si différent de nos mœurs d'aujourd'hui,
avait des avantages moraux, qu'il ne faut pas contester, sans
les exagérer.

Au milieu de la vie dissipée que Racine menait à l'hôtel de
Luynes, sa vocation poétique se prononçait de plus en plus.
Quoiqu'on l'envoyât de temps en temps au château de Chevreuse, commander à des maçons et à des menuisiers, et qu'il
se vantât d'aller, dans l'intervalle de ces occupations peu littéraires, deux ou trois fois le jour au cabaret, il donnait aux
vers presque tous ses moments. Il en faisait beaucoup qui
avaient les défauts des petits vers du temps ; il écrivait les-

tement sonnets, madrigaux, où ne manquaient pas les faux
brillants et les pointes ; cela ne nuisait point à sa réputation
littéraire, tout au contraire : c'est ainsi qu'on prenait rang
parmi les beaux esprits. Beaucoup d'hommes d'un vrai et
sérieux mérite, Pellisson, par exemple, ont alors débuté de
même. Les lettres familières, émaillées de vers faciles et cava-
liers, et où, pour chercher l'esprit, on s'écartait souvent du
naturel, étaient aussi fort à la mode. Celles de Racine avaient un
grand succès, et étaient certainement des meilleures ; car dans
ce genre de correspondance, qui presque toujours sent trop
son auteur, il est rare de trouver aussi peu d'affectation. Elles
sont agréables et fines, et l'on voit que celui qui les écrivait
savait déjà bien sa langue, et était curieux de la parler purement.

La première production qui le mit en vue hors du cercle
de ses amis fut son ode *la Nymphe de la Seine*, composée à
l'occasion du mariage du Roi et imprimée en 1660. Avant
cette ode, il avait déjà célébré la paix des Pyrénées par un
sonnet au cardinal Mazarin. La Fontaine, à l'occasion des
mêmes événements publics, écrivait aussi des ballades, des
madrigaux et des odes. On n'eût pas été poëte, si l'on ne fût
entré dans ce concours. Chapelain et Perrault furent les premiers consultés sur l'ode de Racine par l'obligeant Vitart, qui
les connaissait comme des amis de Port-Royal. Tous deux,
ayant la confiance de Colbert, étaient pour un jeune poëte
d'utiles protecteurs ; ils avaient aussi alors, parmi les beaux
esprits, une grande autorité d'hommes de goût. Le morceau
lyrique de Racine n'était point un chef-d'œuvre, tel surtout
qu'on le trouve dans la première édition, avant les nombreuses retouches qui l'ont amélioré ; mais il y avait déjà des
vers heureux, et, dans plusieurs strophes, de la facilité et
de l'élégance ; et généralement on le jugea supérieur à tous
ceux que le même événement avait inspirés. Les deux con-
naisseurs à qui Vitart le présenta le goûtèrent beaucoup, et
l'honorèrent de leurs remarques, demandant au jeune auteur
quelques corrections. Plus tard, Perrault, quand il écrivit
ses *Hommes illustres*, n'oublia pas, dans son article sur Racine,
cette ode qui avait eu autrefois son approbation : il en parla
comme d'une poésie très-belle, « d'un épithalame très-fin et

très-ingénieux[1]. » Chapelain, l'oracle alors, non pas seulement de M. Vitart, mais de tout le Parnasse, Chapelain, le
rimeur tutélaire, qui était en possession de distribuer la renommée et tenait la feuille des pensions littéraires, fut si
satisfait, qu'il voulut qu'on lui présentât l'auteur. Aujour-
d'hui nous trouvons piquant de voir les débuts de Racine
se faire sous une telle protection, et l'auteur de la *Pucelle*
si bon prince avec celui qui sera bientôt l'auteur d'*Andromaque*, et voulant bien lui enseigner les secrets du métier.

Racine, à ce moment, tenta d'autres essais, qui ne parvin-
rent pas de même aux honneurs de la publicité, mais qui le
mettaient plus près de la voie où il devait s'illustrer. Il commençait à avoir l'ambition du théâtre. Il fit en 1660 une pièce
intitulée *l'Amasie*, dont le sujet ne nous est pas connu, et
qu'il destinait aux comédiens du Marais. Ceux-ci d'abord
l'avaient bien accueillie, puis se ravisèrent. Racine se résigna
à la condamnation de *l'Amasie*, sans y souscrire, persuadé
que ses juges auraient été moins sévères pour son ouvrage,
s'ils y avaient trouvé le galimatias qu'ils aimaient tant. L'année
suivante, ayant l'espoir d'être plus heureux à l'Hôtel de Bourgogne, il entreprit une nouvelle pièce, dont le sujet était *les
Amours d'Ovide*. Il recevait les encouragements de Mlle de
Beauchâteau, comme il avait reçu pour *l'Amasie* ceux d'une
comédienne du Marais, Mlle Roste. La Beauchâteau lui donnait pour son plan des idées qu'il suivait, et il la remerciait
galamment en l'appelant « la seconde Julie d'Ovide. » Le
voilà déjà en commerce avec les comédiennes. Nous ne savons s'il acheva jamais cette pièce; dans la lettre où il en
parle, il dit qu'il en avait arrêté le dessein, et commencé quelques vers. Qu'il l'ait abandonnée ou continuée, elle ne vit pas
le jour. On reconnaît, au sujet qui l'avait séduit, l'instinct de
son talent qui le portait à la peinture de l'amour, et, au guide
qu'il avait choisi parmi les anciens poëtes, les lectures qu'il pré-
férait, depuis qu'il se délassait de plus graves études. Mais ce

1. *Les Hommes illustres qui ont paru en France pendant ce siècle*, par
M. Perrault de l'Académie française (à Paris, chez Antoine De-
zallier, 2 vol. in-folio), tome II, p. 81 (ce IIe tome est de
M.D.CC).

qui est plus digne de remarque, c'est le soin qu'il paraît avoir
mis *à faire et refaire* son plan, et surtout « à lire et à remarquer
tous les ouvrages d'Ovide, » avant de se mettre à l'œuvre.
C'est un des traits de Racine, qui déjà se révèle.

Il entrait donc fort décidément dans la carrière poétique ;
et parmi ceux qui étaient informés des nouvelles du Parnasse
on commençait à bien connaître ce jeune bel esprit. Il devait
être recherché des beaux esprits et des poëtes comme lui, et
les rechercher lui-même. Il y en avait alors un, presque du
même pays que lui, ayant avec lui des amis communs, et
même allié depuis 1647, par son mariage, aux Méricart, famille de la Ferté-Milon, qu'un très-curieux document généalogique nous montre descendue d'un des ancêtres de la mère
de Racine[1]. Né dix-huit ans plus tôt que celui-ci, mais tout au
plus arrivé au même âge par le caractère, cet allié des Héri-
cart cherchait semblablement sa voie dans les sentiers poétiques, et, tout autant que Racine, était marqué du sceau du
génie. Il quittait souvent sa ville de Château-Thierry pour
venir loger sur le quai des Augustins, à deux pas de l'hôtel
de Luynes, chez son oncle Jannart[2], dans la bourse duquel il
avait toujours besoin de puiser, comme Racine dans celle de
l'oncle Vitart. Parmi les concurrents si nombreux avec qui
Racine rivalisa pour célébrer Mazarin et la nouvelle reine
Marie-Thérèse, nous avons déjà nommé la Fontaine, ce poëte
dont nous parlons, rare génie, *chose légère*, toujours jeune
ou plutôt toujours enfant. De toute façon, les relations entre
lui et Racine ont dû se nouer facilement, et nous avons déjà
dit que probablement elles étaient formées dès le temps où
Racine habitait encore le quartier de Sainte-Geneviève. La
Fontaine faisait de fréquents voyages à la Ferté-Milon, depuis qu'il avait épousé la fille du lieutenant au bailliage de
cette ville ; et ce n'était pas seulement son mariage qui
sans nul doute lui avait bien fait connaître la famille de

1. Voyez au tome I des *Œuvres de J. de la Fontaine*, p. LXX et
CCIX.

2. Des actes du 12 juin et des 21 et 23 décembre 1658, passés
par-devant maître Saint-Vaast, notaire à Paris, nous apprennent
qu'en cette année la Fontaine avait là son logement.

notre poëte : celle de Pintrel, son ami et son parent, était de la Ferté-Milon, originairement de Château-Thierry, et se trouvait alliée aux Racine ; un autre de ses amis, Antoine Poignant, fils de Jeanne Chéron, belle-sœur de Pierre Sconin, était, au même degré que Vitart, parent de Racine, qu'il aimait beaucoup et choisit pour son héritier. Mais plus que tout le reste, l'amour de la poésie rapprochait la Fontaine et Racine. Nous apprenons par une lettre de celui-ci qu'avant le départ pour Uzès, les deux amis se voyaient tous les jours[1]. Poignant, si lié avec l'un et l'autre, fit aussi une connaissance très-intime avec l'abbé le Vasseur[2]. Ils étaient faits pour s'entendre : Poignant était un ancien capitaine de dragons, qui passait volontiers la plus grande partie de son temps au cabaret[3]. Dans cette compagnie d'amis du plaisir, parmi lesquels il était le plus jeune, Racine eût difficilement échappé à la dissipation. Il suivait de son mieux les bons exemples, et lorsqu'il rappelait ce temps à la Fontaine, il lui disait : « J'ai été loup avec vous et avec les autres loups vos compères[4]. »

On ne pouvait, à Port-Royal, ignorer les entraînements auxquels cédait un jeune homme dont on avait conçu d'autres espérances. Aussi le gémissement des pieuses femmes qui l'y aimaient si tendrement était-il profond. Mais elles n'avaient plus beaucoup de pouvoir sur lui. Il leur avait échappé ; et, jusqu'à un certain point, elles auraient pu s'en accuser elles-mêmes : dans l'excès de leurs scrupules, elles exigeaient trop pour ne pas amener la révolte. Dès les premiers pas que fit Racine dans la carrière où l'appelaient ses instincts poétiques, elles voulurent l'arrêter. Avant même son ode sur le mariage royal, le sonnet à la gloire de Mazarin, libertinage d'esprit assurément très-véniel, lui avait attiré « lettres sur lettres, ou, pour mieux dire, excommunications sur excommunications[5]. »

1. *Lettre à la Fontaine*, 11 novembre 1661.
2. *Lettre de Racine à le Vasseur*, 16 mai 1662.
3. *Histoire de la vie et des ouvrages de Jean la Fontaine*, par Walckenaer, 3ᵉ édition (Paris, chez Nepveu et de Bure, 1824), p. 13.
4. *Lettre à la Fontaine*, 11 novembre 1661.
5. *Lettre de Racine à le Vasseur*, 13 septembre 1660.

Nous pouvons nous faire une idée de ces terribles admonitions
de Port-Royal par une lettre qui nous reste de la sœur Agnès
de Sainte-Thècle. Si elle paraît avoir été écrite quelques années
plus tard, il y en avait certainement eu déjà de sembables ;
car depuis longtemps Racine avait mérité les reproches qu'elle
contient, et donné à sa tante d'autres sujets de larmes que ses
vers. Nous l'avons vu dès 1660, s'émancipant bien au delà du
péché de son *triste sonnet*, fréquenter ces comédiens dont la
sœur de Sainte-Thècle lui reproche le commerce comme abo-
minable. Ici même, le rigorisme de ces religieuses, ignorantes
du monde, effraye notre imperfection. Par crainte du commerce
des comédiens, fermer le théâtre à Racine nous semble impossible. Tant de chefs-d'œuvre qu'il eût été barbare d'étouffer
dans leur germe, plaident pour lui et protestent contre une
sévérité monacale, qui semblable à la serpe du vieux sage,
dans la fable du *Philosophe scythe*, pouvait devenir « instru-
ment de dommage. » Le sacrifice que demandait Port-Royal
ne s'est accompli que trop tôt. Mais si la tendresse alarmée
de ses pieuses parentes, touchante jusque dans l'exagération
de leurs réprimandes, était plutôt faite pour déchirer le cœur
de Racine que pour être obéie, elle méritait tout au moins son
respect ; et l'on doit trouver qu'il se laissa emporter bien loin
par l'ardeur de son âge et par cette impatience de contradiction qui fut si longtemps un des traits de son caractère. On
le voit avec peine, presque dès le début de sa nouvelle vie
mondaine, ne pas se contenter de résister à Port-Royal, mais,
avec son tour d'esprit si facilement moqueur, le railler jusque
dans ses plus douloureuses épreuves, et faire tomber ses plaisanteries cruelles sur la mère de Vitart, sur la bonne Claude
des Moulins. Dans le temps même où cette veuve charitable
donnait asile aux persécutés dans sa petite maison du faubourg Saint-Marceau[1] (mais alors Racine ne le savait sans
doute pas), il s'égayait sur ces proscrits, tombés du *trône
de saint Augustin ;* et l'on ne reconnaît plus l'élève de Port-
Royal qu'à cette citation qu'il y avait apprise, et qui dans
sa bouche devenait ironique : « Je frapperai le pasteur, et le
troupeau sera dispersé ; » singulière rencontre avec Fontaine,

1. *Mémoires* de Fontaine, tome II, p. 196.

qui racontant les mêmes événements, s'est, dans un tout autre esprit, souvenu des mêmes paroles des livres saints.

Le grand éclat que fit quelques années plus tard la querelle, dont nous aurons bientôt à parler, de Racine avec Nicole, ne pourra plus nous surprendre, après que nous l'avons vu, dans son irritation, décocher les traits acérés de ses épigrammes contre sa pauvre grand'tante. Il n'est pas probable cependant qu'elle fût des plus ardentes à le persécuter. Au besoin, son fils Vitart eût sans doute modéré son zèle. Elle n'était d'ailleurs point cloîtrée et étrangère au monde, comme sa sœur Mme Racine et sa nièce Agnès de Sainte-Thècle. C'était à Port-Royal comme une religieuse du dehors, tout occupée de bonnes œuvres. On a dit qu'elle exerçait la profession de sage-femme, profession bien modeste pour une femme qui était, dit Fontaine, considérée dans son pays, pour la mère du seigneur de Passy et de ces demoiselles Vitart dont une avait épousé Louis Ellies, sieur du Pin, et une autre un de Sacy. Peut-être ne s'est-on fondé que sur quelques passages des lettres de Racine ; mais là nous trouvons que les jeunes femmes assistées par elle dans leurs couches étaient sa belle-fille, Mlle Vitart, et sa propre fille Agnès Vitart, femme du bailli de Chevreuse, M. Sellyer. Du reste on était si humble à Port-Royal que, sans en faire un métier dont elle n'avait pas besoin, il se peut qu'elle eût choisi les accouchements comme un ministère de charité. Comme nous n'aurons plus occasion de la rencontrer dans cette biographie, disons qu'elle mourut en 1668 à la Ferté-Milon[1].

Racine, pendant les années que nous venons de raconter, n'était point resté sans relation avec sa ville natale. Les parents qu'il avait à Paris, Vitart, du Chesne, de Sacy, faisaient de fréquents voyages à la Ferté-Milon, et lui en rapportaient des nouvelles. Lui-même, en ce temps-là, y alla plusieurs fois. Mais il paraît que chacune de ses visites à son grand-père Sconin avait pour effet de le mettre un peu moins dans les bonnes grâces du vieillard. Pierre Sconin était d'humeur assez difficile, et n'avait jamais témoigné à son petit-fils beaucoup de tendresse. De son côté Racine le négligeait un peu. Pendant ses courts séjours à la Ferté on ne le voyait pas assez dans sa

1. Voyez aux *Pièces justificatives*, nº XVII.

famille : il trouvait moyen là aussi de courir le monde et de se
dissiper. Sa sœur elle-même lui faisait ce reproche ; et cependant c'était surtout pour cette sœur qu'il faisait le voyage : il
l'aimait tendrement, et ne voyait personne à la Ferté-Milon
avec autant de plaisir. Il est facile de s'apercevoir que Marie
Racine profitait de la confiance de son frère pour le ser-
monner de temps en temps avec douceur. Elle devait recevoir de Port-Royal des nouvelles de lui, dont elle s'inquiétait. « Je vous manderai, lui écrivait-il, tout ce que je ferai. Ne
croyez rien de moi que je ne vous le mande. » Du reste il ne
lui parlait point, dans ses lettres, de ses vers ni de ses pièces
de théâtre. On ne reconnaît plus le correspondant de le Vasseur et de la Fontaine. Pas un mot qui sente le bel esprit.
Tout cela, dans la maison de Pierre Sconin, eût sans doute
fait froncer les sourcils.

Évidemment on était inquiet à la Ferté-Milon, comme à
Port-Royal, de la route où s'engageait le jeune poëte. Il était
temps de le tirer de ce qu'on appelait son oisiveté, d'autant
plus qu'il était sans fortune. Lui-même, plus raisonnable qu'on
ne se l'imaginait, sentait bien qu'il ne fallait pas tout sacrifier à
ses goûts, et qu'il serait sage de prendre quelque parti sérieux,
qui, en attendant la gloire, lui assurât des avantages solides et
lui permît d'abord de payer les dettes qu'il avait contractées
envers Vitart. Ce fut alors que son oncle Antoine Sconin
l'appela en Languedoc près de lui, pour lui faire étudier la
théologie sous ses yeux, et, à la première occasion, lui pro-
curer un bon bénéfice.

Cet oncle qui voulait pourvoir à son avenir était vicaire
général à Uzès, et prieur des chanoines réformés de l'église
cathédrale. Il était le bras droit de l'évêque, Jacques Adhémar
de Monteil de Grignan[1], dont il avait chaudement épousé la
cause au milieu de graves embarras et de différends très-vifs
avec les chanoines, et qui, reconnaissant d'un concours si zélé,
l'avait nommé official et vicaire général, et l'avait pourvu du

1. Lorsque Antoine Sconin vint à Uzès, l'évêque était Nicolas de
Grillet. Jacques Adhémar de Grignan lui succéda en 1660, après
avoir été son coadjuteur depuis 1657. (*Gallia christiana*, tome VI,
p. 645 et 646.)

prieuré de Saint-Maximin. Un tel protecteur, qui, soit par lui-
même, soit par son évêque, devait avoir des bénéfices à sa
disposition, ne semblait pas à dédaigner, et Racine, comme
adopté par lui, faisait des jaloux dans sa famille : on le voyait
déjà sur le chemin de la fortune et des plus fructueuses dignités de l'Église ; car de loin il paraissait que son oncle
pourrait tout ce qu'il voudrait. Il y avait là quelque illusion.

Antoine Sconin avait été depuis longtemps élevé à de hauts
honneurs ecclésiastiques. Il avait porté la crosse et la mitre.
Né à la Ferté-Milon le 27 septembre 1608, il était entré, à
l'âge de vingt ans, dans la congrégation de Sainte-Geneviève[1].
S'étant bientôt distingué par ses talents, il fut élu supérieur
général et abbé triennal dans le chapitre général du 14 septembre 1650. Dans une gravure du temps, qui représente *la
magnifique procession de la châsse de sainte Geneviève de Paris,
faite l'XI juin 1652 pour la paix*[2], on le voit dans toute la
splendeur de ses habits de cérémonie, aux côtés de l'archevêque de Paris, contre lequel il soutint, en cette circonstance,
très-fermement et avec succès, les droits de sa dignité mé-
connus dans une question de rang. Ses trois ans de gouverne-
ment accomplis, il ne fut point réélu ; et immédiatement après
l'élection du nouvel abbé, en 1653, la congrégation l'envoya
à Uzès. Elle était alors dans de grandes constestations avec
l'évêque, qui, entre autres griefs, avait beaucoup à se plaindre
du prieur des chanoines. Le chapitre général adressa, le 24
septembre, une lettre au prélat, pour lui exprimer le désir
de lui donner contentement, et lui annoncer qu'on retirait
le prieur qui lui avait déplu et auquel on faisait succéder le

---

1. « Frère Antoine Sconin, vêtu le 29 septembre, et profès le
18 octobre 1628. » (Tiré du manuscrit déjà cité, qui a pour titre :
Ici sont écrits les noms des religieux de céans, p. 21.) — Suivant le
Gallia christiana, il fit profession le 9 octobre 1628. Nous donnons
aux *Pièces justificatives* (n° XVIII) l'article du *Gallia christiana* sur
Antoine Sconin. Il contient des détails intéressants sur lesquels nous
nous appuyons dans notre récit ; le séjour de Racine à Uzès n'y est
point oublié.

2. Au folio 285 du tome XXIV des *Actes touchant la réformation
de plusieurs monastères des chanoines réguliers de la congrégation de
France*.

R. P. Antoine Sconin : grande marque du désir de vivre avec lui dans une parfaite union, puisque l'on faisait choix d'un prieur de cette prudence[1]. Sous de si honorables apparences, c'était pour le P. Sconin un exil déguisé. Sa fermeté lui avait fait des ennemis, et, pour se défaire de lui, on le reléguait dans un pays où il ne devait pas cesser d'avoir à lutter contre toutes sortes de tracasseries monacales, qui, au temps même où il fit venir Racine près de lui, entravèrent tout son bon vouloir pour son neveu.

Il était à Uzès depuis huit ans lorsque le futur bénéficier y arriva, dans les premiers jours de novembre 1661. Le R. P. Sconin reçut son neveu avec beaucoup de tendresse, et le charma par sa bonté toute paternelle. Quoique Racine fût très-disposé à lui complaire et à se laisser docilement guider par lui, on s'étonnerait que cette docilité eût pu aller jusqu'à le faire renoncer à la poésie, ou même seulement au théâtre, pour lequel il travailla encore à Uzès. Un moment cependant, nous allons le voir, il parut au moins hésiter s'il ne prendrait pas de tels engagements que la carrière poétique lui eût été à peu près fermée ; mais ce sacrifice, rien n'indique que son oncle l'ait jamais exigé ; et s'il eût été bien aise de voir le jeune Racine entrer dans la prêtrise, il ne semble pas qu'il fût homme à contraindre sa vocation. Au surplus, Racine n'était pas encore dans l'âge requis : il n'avait que vingt-deux ans. Pour le moment, il ne s'agissait que de lui faire prendre la tonsure, ce qui, dès son arrivée à Uzès, n'eût souffert aucun retard, s'il eût été muni du dimissoire dont il avait besoin, étant hors de son diocèse. Mais il ne l'avait pas apporté avec lui, et longtemps on le réclama en vain à Soissons. Lorsqu'enfin le dimissoire arriva au bout de six mois, nous ne savons si l'on en fit dès lors usage[2] : rien ne

---

1. *Actes touchant la réformation*, etc., tome XXV, fol. 255-259.

2. A un moment ou à un autre, il ne nous paraît pas douteux que Racine n'ait reçu la tonsure, puisqu'il va devenir prieur de Sainte-Pétronille d'Épinay. Mais parce qu'il obtint ce prieuré, qui doit avoir été un bénéfice à simple tonsure, s'ensuit-il qu'il ait jamais pris le titre d'abbé? M. Jules de Saint-Félix, dans un article intitulé *Racine à Uzès*, qui a paru dans la *Décentralisation littéraire*, jan-

se décidait pour l'établissement de Racine; toutes les bonnes
intentions du P. Sconin étaient paralysées.

On ne suit pas toujours facilement dans les lettres de Racine,
au milieu de renseignements incomplets, cette longue histoire de déceptions sans cesse renaissantes. Ce que l'on voit
bien, c'est qu'il y avait là beaucoup de misérables conflits
d'intérêts et qu'on s'y disputait les bénéfices avec une singulière avidité. L'évêque était obsédé de gens affamés, et, ne
sachant pas résister à leurs sollicitations insatiables, ne trouvait plus à disposer de rien en faveur du protégé de son cher
vicaire général. Fatigué de ses querelles avec la congrégation
de Sainte-Geneviève, il cherchait à les faire cesser en aban-
donnant aux terribles Pères la nomination aux bénéfices va-
cants dans le chapitre d'Uzès, à laquelle le P. Sconin avait
des droits, ainsi que lui-même : de telle sorte que Racine
ne se voyait bientôt plus en perspective que quelque pauvre
chapelle de vingt à vingt-cinq écus. Son oncle, désolé de ne

vier 1864 (p. 121, à la note), dit avoir vu « dans la bibliothèque d'un
amateur de Paris un livre sur la garde duquel est écrit : *J'appar-
tiens à l'abbé J. Racine.* » Il faudrait être assuré qu'il n'a pu y avoir
erreur sur l'initiale du prénom. Le catalogue de la bibliothèque de
M. de Soleinne (tome V, *livres doubles,* n° 240) a cette note : « Le
savant M. Villenave nous a assuré avoir possédé un exemplaire de
la Thébaïde où le privilége donnait à Racine le titre d'abbé. » Tout
ce que nous pouvons dire, c'est que nous n'avons rencontré aucun
exemplaire semblable. L'extrait du privilége de *la Thébaïde*, que
nous n'avons trouvé que dans l'édition publiée par Gabriel Quinet,
donne seulement le nom du libraire Claude Barbin, sans aucune mention de Racine; il en est de même de l'extrait qui nous a été conservé
par les registres de la Chambre syndicale. Dans le catalogue des
livres de M. Hebelink de Lille (Paris, Techener, 1856), p. 116, on
fait remarquer que sur les plats d'un Quintilien, dont la reliure est
ancienne, on lit ces mots : *l'abbé Racine;* mais ce Quintilien est celui
qui a été publié à Leyde et à Rotterdam en 1665. Si jamais Racine
a eu le titre d'abbé, pouvait-il le porter encore en ce temps-là? Malgré *l'ancienneté de la reliure*, ce livre peut bien avoir appartenu à
l'abbé Racine (Bonaventure). M. Éd. Fournier, dans une note de la
comédie de *Racine à Uzès* (Paris, 1865), p. 74, a cité le témoignage
des deux catalogues : il lui paraît probant; nous croyons qu'on peut
conserver de grands doutes.

rien faire pour lui, songeait à lui résigner son propre bénéfice de Saint-Maximin, près d'Uzès. Mais il eût fallu que Racine
consentît à être prêtre, ou qu'il obtînt une dispense, matière
à procès avec des moines très-redoutables. Racine voyait d'ailleurs dans quel guêpier il se jetterait. Il ne se souciait pas d'hé-
riter des embarras du P. Sconin, qui se tuait pour payer les
dettes de ses moines, et ne rencontrait en récompense qu'ingratitude et mauvais procédés. Ce pauvre vicaire général était
le plus malheureux des hommes, le plus accablé d'inquiétudes.
Au milieu de toutes ses peines, sa sollicitude pour son jeune
neveu était touchante : il épuisait en sa faveur toutes les com-
binaisons. Toujours prêt à résigner le bénéfice de Saint-Maximin, il cherchait quelqu'un qui voulût le prendre en échange
d'un bénéfice séculier dont Racine eût bien fait son affaire.
Mais, dans l'état où se trouvaient les choses, cet échange ne
tentait personne.

Dans les moments où il désespérait de rien obtenir à Uzès,
Racine tournait ses vues d'un autre côté. Il songeait à se faire
donner, par les soins de Vitart, le prieuré d'Oulchy, sauf les
droits de son ami le Vasseur, qu'il consentait de bon cœur
qu'on préférât aux siens. Nous avons déjà parlé de ce bénéfice, que l'abbé le Vasseur obtint quelques années après ;
et l'on se souvient que le prieur y était curé. On y portait
l'habit blanc, ce qui avait longtemps inquiété Racine, comme
il en faisait l'aveu. Mais il en prenait son parti. Se résignait-il
donc alors à embrasser sérieusement l'état ecclésiastique ?
On le croirait. Il pouvait, avec d'autant plus d'espérances,
prétendre à ce prieuré, qu'il le voyait, si nous interprétons
bien une de ses lettres, entre les mains d'un de ses oncles,
qu'il appelle son oncle d'Oulchy[1]. Vitart s'occupait de la
négociation et faisait des voyages à Oulchy. Rien ne réus-
sissait. Une autre tentative était faite pour un bénéfice en

1. M. A. de Vertus, dans son *Histoire de Coincy, Fère, Oulchy....*
(1 vol. in-8°, à Laon, imprimerie de H. de Coquet et G. Stenger,
1864), p. 379 et 380, dit que cet oncle de Racine était M. Thomas.
Nous pensons que c'était Antoine de la Haye, alors prieur d'Oulchy.
M. Thomas, dont il est parlé dans une lettre de Racine, n'était que
sous-prieur. Les de la Haye, comme on peut le voir dans l'*Histoire*

Anjou, et déjà le P. Sconin avait obtenu des provisions
pour Racine ; mais le prieuré était disputé par la famille de
Bernay, qui avait eu des provisions en cour de Rome ; et
quoique ces compétiteurs ne parussent avoir aucun droit,
ils soulevaient des chicanes. Pour comble de malheur, le
P. Sconin avait confié l'affaire aux soins d'un de ses frères qui
semblait prendre plaisir à desservir Racine et à faire échouer
tout ce qu'on entreprenait pour lui. Cet homme si désobli-
geant est appelé dom Cosme dans les lettres de Racine. Était-il
bénédictin, comme l'ont dit les annotateurs de ces lettres ? Le
titre de *dom*, suivi non pas du nom de famille, mais d'un nom
de religion, ne conviendrait-il pas mieux à un feuillant ? Quoi
qu'il en soit, ce personnage nous échappe. Des recherches
persévérantes n'ont rien pu nous découvrir sur son compte ;
car, bien qu'il fût à Soissons, ou près de là, lorsque par sa
négligence il laissa Racine si longtemps privé de son dimissoire, nous ne pensons pas qu'il soit possible de le confondre
avec le Sconin qui était principal du collége de Soissons et
faisait de méchants vers ; et nous en restons sur lui à ce que
Racine nous en apprend[1]. D. Cosme était vraiment sa bête

de Saint-Jean des Vignes, p. 162, étaient depuis longtemps en possession du prieuré d'Oulchy. La parenté de Racine et des de la Haye
était très-ancienne. Elle est constatée dans plusieurs lettres de Racine, où il parle de son jeune cousin de la Haye. Un Claude de
la Haye avait épousé une tante de Marie des Moulins, aïeule de
Racine. Par d'autres alliances encore, tant du côté paternel que
du côté maternel, les de la Haye étaient parents de Racine.

1. Étonné de ne pouvoir retrouver aucune trace de ce moine parmi
les fils du vieux Pierre Sconin, que nous croyons cependant connaître
tous par les actes de l'état civil, et par d'anciens tableaux généalo-
giques, nous en sommes venu à douter de son existence. Il est remarquable que Racine l'appelle tantôt dom Cosme, tantôt M. Sconin,
dans les *Lettres à Vitart*, du 15 juin 1661 et du 25 juillet 1662.
D. Cosme y paraît comme le chargé d'affaires d'Antoine Sconin, soit
en Anjou, soit à Paris, dans tout ce qui regardait les bénéfices. D'autre
part nous allons voir que Pierre Sconin, frère aîné d'Antoine, le re-
présenta à Paris, en 1661, dans une transaction relative au prieuré
de l'Épinay. On pourrait donc soupçonner que *dom Cosme* n'aurait
été qu'un sobriquet donné par ces malins jeunes gens à Pierre Sconin,
par allusion peut-être à quelque ressemblance ou relation quelconque

noire : il lui attribue tout son guignon, et parle de lui comme
d'un traître ; tous les mirages de bénéfices s'évanouissaient à
son souffle. Chargé de l'affaire d'Anjou, il ne voulait pas s'en
dessaisir pour en remettre la direction à Vitart, et il la conduisait fort mal, tout prêt à abandonner, sous de mauvais
prétextes, le titre du prieuré à la partie adverse. Du côté de ce
même bénéfice, il y avait encore d'autres obstacles. L'aumônier de l'évêque d'Uzès le convoitait, et le P. Sconin conseillait à Racine de traiter avec lui, afin d'en recevoir en
échange un prieuré simple de cent écus : maigre dédommagement qui fut jugé inacceptable.

La patience de Racine finit par se lasser. Cet aumônier, ce
D. Cosme, ces moines suscitaient trop de difficultés à son
excellent oncle. Il fallut quitter la place à tant de petites intrigues, et revenir, les mains vides, de cette malheureuse
chasse aux bénéfices.

On ne sait pas au juste à quel moment Racine s'éloigna
d'Uzès. La dernière lettre écrite de cette ville, que nous ayons
de lui, est du 25 juillet 1662 ; mais sa correspondance ne nous
le fait retrouver à Paris qu'un an après. D'après le témoignage
des savants auteurs du *Gallia christiana*, son oncle, qu'il ne
perdit qu'au commencement de 1689[1], le suivit d'un regard
bienveillant dans la carrière de gloire qu'il parcourut bientôt,
et applaudit à ses succès. Quant à l'autre carrière moins bril-

qu'il aurait eue avec le feuillant D. Cosme, célèbre prédicateur de
ce temps, ou à toute autre circonstance qui nous est inconnue.

1. S'agit-il du chagrin que Racine ressentit de cette perte dans une
lettre qui lui fut écrite vers le même temps par la supérieure de
Saint-Cyr, et qui commence ainsi : « Je n'ai pas osé vous prier de
venir ici, Monsieur : je respecte la croix que vous portez, et je voudrois de tout mon cœur en soulager le poids. Je ne le puis qu'en
priant pour vous, et qu'en vous exhortant à ne pas vous abandonner
à de tristes et inutiles réflexions ; il faut faire diversion à votre
peine.... » ? Ce serait une très-grande preuve de l'attachement reconnaissant de Racine pour le P. Sconin. Mais le vieillard était mort
plein de jours à quatre-vingts ans passés ; il y avait plus de vingt-
cinq ans que son neveu s'était séparé de lui. Les termes de la condoléance sont trop forts pour ne pas faire supposer quelque autre
affliction.

lante, celle des bénéfices, où Racine avait débuté si malheureusement à Uzès, elle ne lui fut pas entièrement fermée. C'est un
fait bien connu qu'en 1667 il était prieur de l'Épinay; et le
privilége d'*Andromaque*, donné le 28 décembre de cette année, le constate. Sa nomination à ce bénéfice remonte plus
haut. Dans un acte notarié du 3 mai 1666, passé à la Ferté-
Milon, il est déjà qualifié prieur de Sainte-Madeleine de l'Épinay[1]. Le prieuré, ou chapelle régulière de l'Épinay, était un
bénéfice simple du diocèse d'Angers. C'était l'abbé de Saint-
Georges-sur-Loire, ordre de Saint-Augustin[2], qui en avait la
collation. A cette époque cet abbé était Jacques Adhémar de
Grignan, l'évêque d'Uzès[3]. Il est facile de voir que Racine devait ce bénéfice à son oncle, plus heureux enfin, mais pour
un moment, dans ses bienveillants efforts. Il importe d'autant
plus de remarquer combien cela est vraisemblable, que l'année 1666 étant précisément celle où notre poëte eut avec Nicole
la querelle dont nous aurons à parler, et le bruit, suivant
Louis Racine, ayant alors couru que les ennemis de Port-
Royal l'avaient encouragé à continuer les hostilités, avec pro-

1. La même qualité lui est donnée dans divers actes, conservés
également à la Ferté-Milon, du 2 juillet, du 2 août et du 26 octobre 1667. Il est seulement à noter que dans les actes de 1667 on ne
nomme plus le prieuré de Sainte-Madeleine, mais celui de Sainte-
Pétronille de l'Épinay. On croit que c'est le même sous un autre
nom. Les pouillés ne parlent que d'un prieuré de l'Épinay. Le *Correspondant* du 10 mars 1882 a donné un article de M. le baron de
Larcy, intitulé *Racine à Uzès*, où est citée une lettre adressée, le
22 septembre 1735, à un capitoul de Toulouse par un des derniers
Sconin, Honoré-Louis, seigneur d'Argenvilliers et de Saint-Maximin, fils d'un neveu du vicaire général d'Uzès. Dans cette lettre,
afin de prouver que « Racine porta d'abord le petit collet, » il
transcrit un extrait de l'acte du partage fait à la Ferté-Milon, les
7 juillet et 12 octobre 1667, entre les enfants du premier lit de
Pierre Sconin, l'aïeul maternel de Racine. L'acte, ayant à nommer
notre Jean Racine, le qualifie « prieur de Sainte-Pétronille d'Épinay,
diocèse d'Angers. » Rien là de nouveau pour nous.

2. *Pouillé général, contenant les bénéfices de l'archevéché de Tours*
(Paris, chez Gervais Alliot, M.DC.XXXXVIII, in-4°), p. 229.

3. Il fut abbé de Saint-Georges de 1654 à 1674. (*Gallia christiana*, tome XIV, p. 716.)

messe d'un bénéfice pour récompense, il ne faudrait pas croire
que le bénéfice de l'Épinay ait été le prix, honteusement ac-
cepté, d'une odieuse complaisance. Du reste, Louis Racine n'a
pas rapporté assez exactement ce que lui avaient appris les
notes manuscrites de son frère aîné, telles que nous les trouvons citées par Germain Garnier[1]. Jean-Baptiste Racine avait
entendu dire que ce fut l'archevêque de Paris, Hardouin de
Péréfixe, « qui fit solliciter son père d'écrire contre Port-
Royal, et qui lui fit même offrir pour cela un canonicat. » Or,
le prieuré de l'Épinay n'était pas un canonicat.

Non-seulement ce prieuré était à la collation de l'évêque
d'Uzès ; mais le P. Sconin le possédait, en 1661, comme nous
l'avons pu constater dans un acte passé à Paris[2] cette même
année, le 21 juillet. On le lui disputait alors, ce qui l'avait
engagé dans un procès aux requêtes du Palais. Il est clair que
c'est là ce même bénéfice d'Anjou dont Racine parle dans deux
de ses lettres à Vitart, et pour lequel, nous l'avons dit, la famille de Bernay sollicitait contre son oncle et contre lui.

Racine, en possession du bénéfice, eut-il affaire aux mêmes
concurrents, avec qui l'on n'avait pu conclure un accommo-
dement ? Est-il certain, comme on l'a cru, que ces concurrents
aient eu gain de cause, à la suite d'un procès fort embrouillé,
qui semblerait, d'après une lettre de Racine à Vitart, avoir
roulé en grande partie sur l'omission du mot *signatis* après
ceux-ci : *testibus nominatis*[3] ? Un acte de baptême signé *Jean*

---

1. *Avertissement des éditeurs* (de 1807) en tête de la *première lettre
à l'auteur des Visionnaires*.

2. Par-devant maître Saint-Vaast. Cet acte a rapport à un arbi-
trage pour terminer à l'amiable le procès pendant aux requêtes du
Palais, « en raison du prieuré de Sainte-Pétronille de l'Espinay, entre
Antoine Sconin, prieur de l'église cathédrale d'Uzès, et Valeran-
François le Féron, clerc tonsuré du diocèse du Mans. » Celui-ci était
représenté par son père, messire François le Féron ; Antoine Sconin
l'était par son frère, Pierre Sconin, avocat au Parlement, procureur
du Roi aux eaux et forêts du duché de Valois, et grènetier à la Ferté-
Milon. Les arbitres choisis par les parties étaient Monseigneur l'il-
lustrissime évêque d'Uzès, et Monseigneur le procureur général du
grand conseil » (alors M. Renaudin).

3. Voyez la *lettre* du 6 juin 1662.

Racine de l'Espinay[1] nous fait voir que Racine possédait encore son prieuré le 12 mai 1668 ; mais lorsque *les Plaideurs* furent joués peu de temps après, dans les derniers mois de la même année, d'Olivet et après lui Louis Racine prétendent qu'un arrêt l'avait déjà dépouillé de ce bénéfice, ou qu'il y avait, de guerre lasse, renoncé volontairement. Ils expliquent ainsi ce que, dans la préface de sa comédie, il dit d'un procès qui lui avait appris les termes de la chicane ; et ils veulent même qu'il n'ait écrit sa pièce qu'à l'occasion de ce procès et pour s'en consoler. Nous n'affirmons pas qu'ils aient été bien informés[2]. En tout cas, il n'y aurait pas à regretter la perte du plus riche prieuré, si c'était elle qui nous eût valu une si excellente comédie contre les juges et les avocats. Ajoutons que plus tard Racine, s'il fut vraiment dépossédé à ce moment, prit sa revanche et son dédommagement autrement encore que par cette immortelle satire de la chicane. Jusqu'ici on n'avait jamais, que nous sachions, parlé d'autres prieurés ayant appartenu à Racine que celui de l'Épinay. Cependant des actes notariés du 10 juin 1671 et du 20 mai 1672[3] nous apprennent qu'il était alors prieur de Saint-Jacques de la Ferté, et, d'après un acte de baptême du 12 novembre 1673, relevé sur les registres de la Ferté-Milon[4], il avait en ce temps-là un autre prieuré. » On pourra s'étonner qu'il ne se

1. C'est l'acte de baptême de la paroisse d'Auteuil, dont nous avons déjà fait mention à la note 1 de la page 28, et que nous citerons en son lieu aux *Pièces justificatives* (n° XXII).

2. Voici ce qui jette quelque doute sur le récit de d'Olivet et de L. Racine. M. Éd. Fournier, dans une note de sa comédie de *Racine à Uzès*, p. 75, dit avoir vu une quittance où Racine, le 11 décembre 1669, signait encore comme prieur de l'Espinay, quittance vendue à une vente d'*autographes*, faite les 12 et 13 mars 1855. Si l'authenticité de l'autographe est à l'abri de tout soupçon, et qu'on y ait bien lu la date, voilà une tradition très-accréditée à laquelle il faut renoncer. Il le faudrait surtout, s'il était certain que Racine eût conçu l'idée de sa comédie dès l'année 1667 ; mais rien n'est moins établi. Voyez la *Notice* sur *les Plaideurs*.

3. Passés à l'étude de Noël le Maistre, notaire à Paris.

4. Voyez aux *Pièces justificatives*, n° XIX, cet acte de baptême dont l'écriture sur le registre offre une difficulté. Il est, en son lieu, l'objet

soit fait si longtemps aucun scrupule de posséder des biens d'Église, abus sans doute alors très-commun, mais qui n'en était pas moins condamnable, et n'ait pas suivi sur ce point l'exemple que lui donnait Boileau[1]. Il ne faut pas du moins, confondant les époques de sa vie, chercher entre cette facilité de conscience et sa dévotion, qui n'est point de ces annéeslà, une contradiction tout à fait imaginaire. Il se conduisait encore suivant les maximes du monde.

L'histoire de la poursuite, longtemps infructueuse, des bénéfices, que nous avons voulu présenter sans l'interrompre, et qui nous a mené jusqu'au retour de Racine à Paris, puis au delà, n'a pas épuisé ce qu'on peut aimer à savoir de son séjour en Languedoc. Il en reste des souvenirs plus intéressants. Racine, à Uzès, ne s'était pas consacré tout entier et avec un zèle trop jaloux à cet apprentissage de bénéficier, dont les devoirs sérieux le touchaient médiocrement. Il était arrivé poëte en Languedoc; il en revint aussi poëte que jamais. Pour complaire à son oncle, il s'était mis, dès son arrivée, à étudier un peu de théologie dans Saint-Thomas; il se plongeait dans les Pères grecs, dont il avait commencé la lecture à Port-Royal; mais il lisait aussi Virgile, et s'il faisait force extraits d'auteurs ecclésiastiques, il avoue qu'il en faisait quelques-uns de poésie. Dans les loisirs d'une vie beaucoup moins dissipée que celle de Paris, il dut se remettre à des études un peu négligées depuis quelque temps; et plusieurs de ces livres grecs que nous trouvons aujourd'hui encore annotés par lui

d'une note où nous examinons quel peut être le prieuré de Saint-Nicolas, qu'il constate avoir été possédé par Racine et que là seulement nous trouvons mentionné comme lui ayant appartenu. — Dans la procuration du 12 juin 1674, déjà mentionnée à la note 1 de la page 29, on trouve encore Racine qualifié « prieur de Saint-Jacques de la Ferté. » Avait-il repris ce bénéfice, après l'avoir échangé, pour quelque temps, contre celui de Saint-Nicolas?

1. M. l'abbé de la Roque, dans sa *Vie de Racine*, en tête des *Lettres inédites,* dit que Racine abandonna tout ce que le prieuré de l'Épinay lui avait rapporté, et le fit distribuer aux pauvres; mais il a certainement confondu Racine avec Boileau, en lisant avec un peu de distraction le passage des *Mémoires* de Louis Racine sur cette affaire du prieuré.

avec tant de soin, paraissent l'avoir été à Uzès. Il y en a
sans doute de toutes les époques de sa vie : ce temps néanmoins put être un des plus studieux ; une note de Louis Racine nous fait connaître qu'il y faut rapporter les remarques
sur l'*Odyssée* et sur les *Olympiques*. La bibliothèque de notre
poëte avait alors, il est vrai, peu de livres, et, dit-il, pas un
français. Mais, comme on savait son goût, bien des personnes
lui en apportaient de toutes langues, et qui ne devaient pas
être toujours théologiques. Sa grande crainte dans ce *pays du
galimatias*, où il lui semblait qu'on parlait une langue barbare, était d'oublier son français. Aussi voulait-il que ses amis
de Paris, l'abbé le Vasseur, la Fontaine, l'entretinssent par
leurs correspondances dans l'habitude du beau langage. Il leur
demandait des nouvelles du Parnasse. Les lettres qu'il leur
écrivait, aussi peu graves de ton et aussi littéraires que celles
d'autrefois, continuaient à être semées de vers. Il y avait des
vers jusque dans celles qu'il adressait à Vitart. Mais ces rimes
écrites au courant de la plume, si elles marquent son goût persistant, ne méritent pas vraiment le nom d'occupations poétiques ; et ce n'était pas seulement ainsi qu'il se souvenait de
son métier. On a pensé, non sans vraisemblance, que ce fut
en ce temps qu'il composa ces agréables *Stances à Parthénice*,
un peu dans le goût du madrigal sans doute, mais si remplies
d'une tendre mélancolie. Parthénice nous paraît bien être
celle que l'abbé le Vasseur adorait sous ce nom, une certaine
demoiselle Lucrèce ; et il est douteux que Racine l'ait sérieusement chantée pour son propre compte ; toutefois, si ces
vers ne furent qu'un jeu d'esprit, le cœur de Racine et sa
douce sensibilité s'y font deviner. Le petit poëme des *Bains
de Vénus*, qui doit avoir eu quelque étendue, avait été achevé
et retouché avant le départ pour Uzès ; mais c'est de là qu'il
l'envoya à ses amis, après l'avoir montré à plusieurs personnes de la ville, où il fut mis en circulation. Ce serait se
hasarder que de croire en retrouver un fragment dans les
couplets que la Fontaine, au commencement de sa *Psyché*,
met dans la bouche d'Acante, c'est-à-dire de Racine :

> Jasmins, dont un air doux s'exhale,
> Fleurs que les vents n'ont pu ternir,

Aminte en blancheur vous égale,
Et vous m'en faites souvenir;

et tout le reste. Ces jolis vers sont peut-être de la Fontaine lui-même, bien qu'il dise que « les amis d'Acante se souvinrent de les avoir vus dans un ouvrage de sa façon. » N'est-il pas du moins permis, en pensant à ces *Bains de Vénus*, de rêver quelque chose d'à peu près semblable de ton, de nous imaginer que la Fontaine a voulu conserver au personnage mis en scène par lui sous une allusion transparente, sa véritable physionomie poétique, et qu'il nous a rendu fidèlement l'impression tout au moins qui lui était restée du talent de son jeune ami à l'époque dont nous essayons de nous faire une idée? Il est vraisemblable que bien des petites pièces de poésie, du même genre que les *Stances à Parthénice*, furent faites à Uzès. Mais Racine ne s'en contentait pas. Le théâtre était toujours sa visée. « Je cherche quelque sujet de théâtre, et je serois assez disposé à y travailler, » écrivait-il à le Vasseur dans une lettre du 4 juillet 1662. Sans regarder comme une très-sûre autorité l'inscription qu'on lisait au-dessus de la porte du *Pavillon Racine* à Uzès : « Dans ce lieu Racine a composé *la Thébaïde*, » des témoignages, qui ont plus de poids, permettent de penser que cette tragédie fut commencée en Languedoc[1]. Ce serait là aussi, d'après les *Mémoires* de Louis Racine, que le jeune poëte aurait entrepris une pièce de *Théagène et Chariclée*, tirée de ce roman d'Héliodore dont il faisait ses délices à Port-Royal, et qu'au commencement du dix-septième siècle on avait déjà essayé plusieurs fois de réduire en poëmes dramatiques. Si cela est, il faut qu'il soit resté à Uzès assez longtemps au delà de ce mois de juillet 1662, où il n'en était encore qu'à la recherche d'un sujet. Quoi qu'on en ait dit, il n'est probablement revenu à Paris que l'année suivante.

Ses inclinations poétiques, malgré le temps qu'elles dérobaient aux études de théologie, étaient moins contrariées auprès de son oncle, qu'elles ne l'avaient été par les scrupules de Port-Royal. Il avait pu tout d'abord reconnaître qu'il n'était pas tombé au milieu d'un monde aussi rigoriste. Il n'était per-

1. Voyez la *Notice* sur *la Thébaïde*.

sonne qui ne voulût avoir des exemplaires de sa *Nymphe de la Seine :* le chapitre tout entier, surtout le doyen, fort honnête homme, lui en faisait demander; son bon oncle, qui avait donné le sien à l'évêque, en réclamait chaque jour un autre pour le remplacer. Homme d'esprit lui-même, le P. Sconin n'était pas insensible à la réputation d'esprit de son neveu. Cette réputation avait précédé Racine à Uzès. Il y reçut bientôt force visites de gens qui venaient « le saluer comme auteur; » et ceux que l'amour rendait poëtes dans cette ville le prenaient pour juge de leurs vers. Tout cela, malgré la méchante poésie qu'il fallait essuyer, était fort encourageant. Racine cependant ne se plaisait pas dans ce lieu d'exil. Il avait, bien ou mal fondées, des préventions contre le caractère des habitants, et se tenait, tant qu'il pouvait, dans une solitude studieuse, fuyant les compagnies, qui le recherchaient beaucoup.

Pour un jeune homme, déjà fort émancipé, il y avait d'autres dangers que ces distractions des visites et des réunions mondaines auxquelles il échappait si volontiers. Ses débuts à Uzès pouvaient inquiéter. Dès les premiers jours qu'il y fut, et quand il avait à peine eu le temps de jeter un regard autour de lui, il croyait être, suivant son expression, « dans un vrai pays de Cythère. » L'ajustement des femmes, leur éclatante beauté le séduisaient. « Il n'y a pas une villageoise, écrivait-il à la Fontaine[1], pas une savetière, qui ne disputât de beauté avec les Fouilloux et les Menneville; » et, quoique dans une maison de bénéficier, il ne promettait pas de fermer les yeux. Vers le même temps il faisait un voyage à Nîmes, où, à la lueur d'un feu d'artifice qu'il était venu voir, bien de charmants visages lui apparaissaient, qu'il regardait sous cape, étant sous la surveillance d'un chanoine d'humeur peu galante. On s'attend à quelque prochaine aventure; mais point : rien de semblable, du moins dans les lettres que nous avons. Un moment il crut qu'une demoiselle d'Uzès lui avait donné quelque commencement d'inquiétude, « assez approchant d'une inclination. » Le charme cependant n'avait pas agi avec beaucoup de puissance : il fallut peu de chose pour le rompre. Il pouvait écrire à le Vasseur[2] avec qui il n'avait rien à dissimuler :

1. *Lettre* du 11 novembre 1661. — 2. *Lettre* du 30 avril 1662.

« Croyez que si j'avois reçu quelque blessure en ce pays, je vous la découvrirois naïvement.... Mais, Dieu merci, je suis libre encore, et si je quittois ce pays, je rapporterois mon cœur aussi sain et aussi entier que je l'ai apporté. » Il serait injuste de ne pas faire, dans cette conduite, une bonne part à la sagesse, à un grand empire sur soi-même, rare chez un aussi jeune homme. Il avait pris la résolution, dit-il lui-même, « de ne pas se laisser emporter à toutes sortes d'objets. » C'est du contraire exactement que la Fontaine se vantait, et l'un et l'autre faisaient ainsi qu'ils disaient. Deux caractères bien différents, quoique dans son langage de jeune homme Racine parût se mettre à l'unisson. Au fond, il avait déjà beaucoup de sérieux dans l'esprit; il était ardent à l'étude, et elle le défendait contre l'entraînement des plaisirs. Elle aurait pu cependant lui prêter moins de secours contre une faiblesse de cœur; mais il semble bien que le poëte des tendres sentiments n'était pas aussi vulnérable qu'on serait d'abord tenté de le supposer. Cependant le croire froid de cœur, nous ne le pouvons; tout à fait scrupuleux, il ne l'était pas alors. N'était-ce donc pas la muse jalouse qui le gardait pour son culte? L'idéal aussi est une flamme, qui dévore quelquefois les autres, une passion dont se nourrissent les âmes qui ont la poésie pour amante.

Lorsque Racine fut revenu à Paris, nous le retrouvons à l'hôtel de Luynes, sans pouvoir fixer jusqu'à quelle date il y demeura. Il y reprit bientôt, avec une nouvelle et plus sérieuse ardeur, ses travaux poétiques; mais il fut d'abord éprouvé par une grande affliction. Dans la première en date des lettres que nous avons de lui depuis son retour, il parle de l'état désespéré où se trouve sa bonne aïeule Marie des Moulins, que dans sa maladie il allait souvent visiter. Peu de jours après, elle mourait à Port-Royal de Paris, le 12 août 1663[1]. Le chagrin de

---

1. D'après le *Nécrologe de Port-Royal*, p. 336, elle mourut le 12 août 1662. Mais on a une lettre de Racine écrite d'Uzès le 25 juillet 1662, tandis que la lettre dont nous parlions tout à l'heure, où Racine annonce à sa sœur la maladie de Marie des Moulins, est datée de Paris le 23 juillet, et suppose nécessairement qu'il y était revenu depuis quelque temps déjà. Ses deux lettres de la fin de 1663 à le

Racine paraît avoir été très-vif, quelle qu'eût été dans ces dernières années la dissipation qui l'avait si fort éloigné de Port-
Royal, et le lui avait rendu redoutable. Il écrivit en cette
occasion une lettre touchante à sa sœur, lui disant qu'ils
devaient maintenant s'aimer encore davantage l'un l'autre,
« puisqu'ils n'avoient tantôt plus personne.. » Il ne leur restait en effet que leur grand-père Sconin, à qui Racine, oubliant dans ce moment de deuil leurs relations souvent assez
peu tendres, promettait « toute l'obéissance et toute l'affection
qu'il auroit pu avoir pour son propre père. » Pierre Sconin
était alors très-vieux, et ne pouvait lui-même être fort éloigné
du terme de sa vie. Il mourut à la Ferté-Milon le 20 avril
1667, âgé de quatre-vingt-onze ans[1].

Peu de temps avant la mort de sa grand'mère, Racine avait
composé et fait imprimer une ode *Sur la convalescence du Roi*,
dont la vie au mois de juin 1663 avait été mise en danger par
la rougeole[2] : ce qui nous rappelle qu'à Uzès, au moment de
la naissance du Dauphin, il regrettait d'être éloigné de Paris,
et de ne pouvoir joindre sa voix à celle de tant de poëtes.
L'éloge un peu anticipé d'un nouveau-né lui paraissait cependant une matière assez ingrate. Mais, lorsqu'il devait craindre
de voir les bénéfices lui échapper, une poésie de cour pouvait,
en compensation, le mettre sur le chemin de quelque grâce,
et lui valoir une libéralité royale. Il eut hâte à Paris de retrouver l'occasion perdue, et saisit celle que la guérison du

Vasseur ont des cachets noirs. Une note de Louis Racine, dans ses
Mémoires, dit que Marie des Moulins mourut en 1663. Il nous paraît évident qu'il a raison contre le *Nécrologe ;* et nous datons, en
conséquence, les lettres adressées par Racine à sa sœur le 23 juillet
et le 13 août, non de 1662, comme on l'avait fait, abrégeant ainsi
beaucoup le séjour à Uzès, mais de 1663.

1. Voyez son acte de décès aux *Pièces justificatives*, n° XX.

2. La maladie s'était déclarée à la fin de mai. On lit dans le
Journal des bienfaits du Roi : « 29 *mai* 1663, *à Versailles.* Le Roi eut
la rougeole. » Ce journal est parmi les manuscrits de Colbert, à la
Bibliothèque nationale. Voyez aussi le *Journal de la santé du roi
Louis XIV*, publié par M. le Roi (p. 82-89) ; les remarques faites sur
cette maladie par son premier médecin Vallot commencent au lundi
28 mai.

Roi lui offrait. Ce fut sans doute cette ode sur la convalescence
de Louis XIV qui lui mérita la promesse de pension dont il
parle à sa sœur dans sa lettre du 23 juillet : « On vous aura
dit peut-être que le Roi m'a fait promettre une pension ; mais
je voudrois bien qu'on n'en eût point parlé jusqu'à ce que je
l'aie touchée. » Cette pension doit être celle qui se trouve sur
la liste du 22 août 1664 insérée au *Registre des bâtiments du
Roi*[1] : Racine y est porté pour une gratification de six cents
livres, le plus modeste chiffre de cette liste, où Cotin a douze
cents livres. Il y avait eu aussi, il est vrai, dès 1663, des gratifications aux gens de lettres. Parmi ces gratifications huit cents
livres sont accordées à Racine, « poëte françois, » tandis que
Chapelain, « le plus grand poëte françois qui ait jamais été et
du plus solide jugement, » obtient trois mille livres. Mais cette
liste ne saurait être celle qui répondit aux espérances exprimées dans la lettre de Racine, à une date postérieure. De
la Place, qui donne la liste de 1663 dans ses *Pièces intéressantes*[2], comme extraite des manuscrits de Colbert (nous ne
l'avons pas sur les *Registres des bâtiments*), avertit qu'elle
est du commencement de l'année. Et en effet, dans le *Journal
manuscrit des bienfaits du Roi*, c'est en janvier 1663 qu'il est
dit : « Le Roi fait donner des pensions aux gens de lettres, tant
dans le royaume que dans les pays étrangers. » On ne peut en
conclure d'ailleurs que Racine ait été nécessairement à Paris
au commencement de 1663. Rien ne s'oppose à ce qu'un bien-
fait du Roi ait été obtenu pour lui lorsqu'il était encore à
Uzès. Vitart était là pour ne pas le laisser oublier par Chapelain, à qui, dit-on, Colbert laissait le soin de dresser ces listes.
Ce ne serait pas, d'après les *Mémoires* de Louis Racine, la
première faveur royale que Chapelain eût fait accorder à Racine. Grâce à sa protection, l'ode de *la Nymphe de la Seine*
avait été en 1660 récompensée d'une gratification de cent
louis[3]. Puisque nous avons commencé à parler des dons

1. *Mélanges Colbert*, aux manuscrits de la Bibliothèque nationale,
volume coté 311, folio 280, v°.

2. *Pièces intéressantes et peu connues pour servir à l'histoire et à la
littérature*, par M. D. L. P., à Bruxelles, 1785, in-12, tome I, p. 197.

3. Le témoignage de Brossette, dans le Recueil manuscrit, déjà

du Roi, parcourons ces registres des bâtiments, qui ne vont pas, en ce qui concerne les gratifications des gens de lettres, au delà de la fin de 1668. Sur la liste du 3o octobre 1665, Racine est inscrit pour six cents livres, moins heureux que Boileau qui y reçoit douze cents livres, surtout que bien d'autres qui n'étaient pas des Boileau[1]. En 1666 il n'est pas question de lui. La liste de 1667 (21 mai) a cette mention : « Au sieur Racine, pour gratification, huit cents livres. » Rien de plus dans celle du 18 décembre 1668 (*Andromaque* venait d'être jouée) : « Au sieur Racine, bien versé dans la poésie françoise, pour gratification, en considération de son mérite, huit cents livres[2]. » Pour les récompenses de 1663, on dira que, si elles mettaient Racine si fort au-dessous de Chapelain, ce que Racine avait fait jusque-là était peu de chose. Mais en 1668 les bonnes intentions de Colbert étaient-elles fidèlement remplies, s'il avait recommandé, comme le dit d'Olivet, « que les bienfaits du Roi fussent non-seulement placés, mais mesurés ? » Sans contester à Colbert le titre de Mécène, que lui décerne la reconnaissance de Racine dans une autre ode de 1663, qui suivit de près celle sur la convalescence du Roi, et dont nous allons parler, on peut trouver que quelques-uns de ces encouragements échappaient au reproche de prodigalité ; qu'il leur manquait au moins le mérite de mettre à sa place, au milieu de tant de beaux esprits bien rentés, un poëte déjà facile, ce semble, à distinguer de cette tourbe ; et qu'on n'y aurait pas soupçonné le présage de l'éclatante faveur qui attendait Racine à la cour. Mais un bon et sage administrateur, ayant même des vues élevées sur la protection que l'État doit aux lettres, est bien embarrassé pour estimer des travaux qui ne se toisent ni ne se taxent. Heureux les temps où les gens de lettres n'ont pas besoin de ces Mécènes incompétents !

L'ode où Racine célèbre la munificence du Roi, sans oublier

cité, de la Bibliothèque nationale, p. 43, s'accorde, pour la date, avec celui de Louis Racine : « M. Racine avoit fait en 1660 une ode françoise intitulée *la Nymphe de la Seine*.... Il en eut cinq cents francs par le moyen de M. Chapelain. »

1. *Mélanges Colbert*, volume coté 312, folio 154, v°.
2. *Ibidem*, volume coté 315, folio 214, r°.

l'*illustre Mécène près de cet Auguste*[1], a pour titre : *la Renommée
aux Muses.* Elle lui valut un protecteur à la cour, le comte de
Saint-Aignan, qui, se piquant de bel esprit lui-même, aimait
à rendre service aux gens de lettres. Peut-être le jeune poëte
lui avait-il été recommandé par le duc de Luynes. Ces deux
grands seigneurs étaient, depuis la fin de 1661, camarades de
promotion dans l'ordre du Saint-Esprit. On sait quelle fut
un peu plus tard l'étroite union de leurs fils, le duc de Beauvilliers et le duc de Chevreuse, et leur alliance pareille avec
la famille de Colbert : quelque liaison déjà entre les pères
n'est pas invraisemblable. Quoi qu'il en soit, le comte de
Saint-Aignan fut charmé de l'ode; il se fit présenter l'auteur, et voulut connaître ses autres ouvrages. Racine, sous
ses auspices, commença à entrevoir la cour. Le voilà déjà, en
novembre 1663, au lever du Roi. « Vous voyez, écrivait-il
alors à le Vasseur, que je suis à demi courtisan, mais c'est à
mon gré un métier assez ennuyant. » Il y allait cependant
prendre goût, et semblait comme le prophétiser lui-même,
quand il disait dans cette ode de *la Renommée :*

> Venez donc, puisqu'enfin vous ne sauriez élire
>   Un plus charmant séjour
> Que d'être auprès d'un roi dont le mérite attire
>   Tant de dieux à sa cour.

Cette cour élégante et brillante, pour laquelle d'ailleurs il était
fait comme en vertu d'une harmonie préétablie, eut une bien
grande influence sur son talent et sur toute sa destinée. Celui
qui l'y introduisit reçut, peu de temps après, l'hommage de sa
première pièce de théâtre.

La Renommée aux Muses valut à Racine une autre bonne
fortune, et d'un plus grand prix sans doute que la protection
d'un courtisan. Au moment où elle lui donnait accès dans
cette région pompeuse où son génie allait recevoir le reflet
des splendeurs royales, mais pouvait aisément s'énerver et
s'affadir, elle devenait pour lui l'occasion de se lier avec le plus
judicieux dans ses conseils et le plus sévère des critiques, avec
le plus solide des amis : un esprit droit et ferme, chez qui le

---

1. Au vers 99 de cette ode.

bon sens s'éleva presque à la hauteur du génie, un caractère
mâle et franc, honnête s'il en fut jamais. C'est Boileau. Il se
trouva entre les deux amis bien des affinités. Cependant les
dons naturels étaient aussi très-différents; mais n'était-ce
pas un charme et une force de plus dans cette liaison, où
une nature de poëte si délicatement sensible et une imagination si vive s'appuyèrent sur une raison plus calme et sur
une âme plus maîtresse d'elle-même?

L'abbé le Vasseur avait à Crône, près de Villeneuve-Saint-
Georges, nous ne savons quelles affaires ou quelles relations
de famille qui l'y retinrent assez longtemps pendant les mois
de novembre et de décembre 1663. Boileau, qui avait peut-
être conservé dans ce petit village la maison qu'y avait possé-
dée son père, s'y trouvait en ce moment. Le Vasseur lui porta
l'ode à *la Renommée*, sur laquelle le critique fit assez de remarques pour remplir « une belle et grande lettre, » que Racine
reçut de son ami. L'Aristarque était trouvé. Notre jeune poëte
fut frappé des observations de Boileau; elles lui inspirèrent
sur-le-champ un sentiment d'estime qu'il exprima vivement;
et, comme s'il avait le pressentiment de cette utile et fidèle
amitié qui le suivit jusqu'à la mort, « je ne sais, dit-il à le
Vasseur dans sa réponse, s'il ne me sera point permis quelque
jour de le connoître. » La correspondance avec le frivole abbé
s'arrête pour nous à ces mots, tout à fait à point. Racine prend
une autre main dans la sienne, sur le seuil de sa carrière dramatique, où il entre à cette heure même. Bientôt, en effet, son
désir de connaître Boileau fut satisfait. Le Vasseur, suivant
Louis Racine, les présenta l'un à l'autre. Il faut dire cependant que Brossette croit que ce fut la Fontaine qui mena Racine
chez Boileau[1]. Il est aussi en désaccord avec Louis Racine sur
un autre point. Ce ne serait pas, selon lui, sur l'ode de *la
Renommée*, mais sur *la Thébaïde*, que Boileau, consulté par le
Vasseur, aurait donné ses remarques. Il est vrai que la lettre
de Racine ne s'explique pas à ce sujet d'une manière décisive.

Cette tragédie de *la Thébaïde* venait d'être achevée à la fin
de 1663. Racine la destinait d'abord au théâtre de l'Hôtel de

---

1. Recueil manuscrit de la Bibliothèque nationale, p. 43.

Bourgogne[1]; mais ce fut sur celui de Molière qu'elle fut jouée
dans l'été de l'année suivante. On voit par les lettres de Racine
qu'il connaissait l'illustre directeur de la troupe du Palais-
Royal, avant de penser à lui confier son ouvrage. Les relations
naturellement devinrent plus intimes quand on se fut entendu
pour jouer la pièce. Écartons les anecdotes suspectes[2]. On a
trop voulu immoler Racine à Molière. Le bon accueil fait par
celui-ci à l'œuvre du jeune poëte n'est pas douteux; les bienfaits ne sont peut-être pas prouvés. Quant à faire remonter les
torts reprochés à Racine au temps même où il n'avait pu avoir
avec Molière aucun démêlé, cela ne se peut. On lui a fait un
crime d'avoir rapporté tranquillement, et sans essayer de
la combattre, une odieuse méchanceté dans la lettre de 1663
où il parle de la requête de Montfleury; il eût au moins fallu
ne pas aggraver cette méchanceté qu'on voudrait presque
mettre à sa charge. Le texte est là, le texte autographe. Louis
Racine l'a dénaturé très-innocemment, et croyant seulement
supprimer la crudité d'un mot qui effarouchait ses scrupules.

Nous n'avons pas hâte de prévoir les nuages qui ne tardè-
rent pas à s'élever entre les deux grands poëtes qu'on eût aimé à
voir toujours unis. Ce fut un moment plein de charme que
celui qui rapprocha dans une intime amitié ces quatre illustres, Racine, Molière, Boileau et la Fontaine. « Despréaux, dit
l'auteur du *Parnasse françois*[3], loua pendant quelques années
un appartement particulier à Paris, rue du Colombier[4], au
faubourg Saint-Germain, où s'assembloient deux ou trois fois
par semaine ces quatre excellents hommes. » Souvent aussi ils
se réunissaient dans quelques-uns des cabarets qui avaient alors
la célébrité, au *Mouton blanc*, sur la place du cimetière Saint-
Jean; ou chez le fameux Crenet, à la *Pomme du Pin*, dans la
rue de la Licorne; ou encore à la *Croix de Lorraine*. Chapelle

1. *Lettre à le Vasseur*, décembre 1663.
2. Voyez la *Notice* sur *la Thébaïde*.
3. Voyez la *Description du Parnasse françois*, par Titon du Tillet,
M.DCC.XXVII, 1 vol. in-12, p. 141.
4. Saint-Marc, dans les *Mémoires pour la Vie de Chapelle*, dit :
« rue du Vieux-Colombier, » la même sans doute, quoiqu'il y ait
eu aussi, depuis 1640, une rue *du Colombier*.

et d'autres hommes d'esprit, dont plusieurs étaient de la cour, tels que le duc de Vivonne et le chevalier de Nantouillet, étaient là leurs gais convives. N'est-ce pas à une de ces réunions que Racine fait allusion, lorsque, dans une de ses lettres à Boileau[1], il lui rappelle « l'auberge de M. Poignant, » où un jeune officier, M. d'Espagne, buvait avec eux avant son départ pour l'expédition de 1664 en Hongrie, et où Racine et Poignant « étoient si agréables avec M. de Bernage, » depuis évêque de Grasse ? Si l'*auberge de M. Poignant* n'était pas la maison même de cet ami, ce devait être quelque cabaret où il traitait nos poëtes. Il reste, dans diverses anecdotes sur la vie de Racine, plus d'un souvenir de ces cabarets qui ont leur place dans l'histoire littéraire, tout autant qu'au siècle suivant le café Procope, dont les réunions moins intimes et plus mêlées avaient un autre caractère. Sans parler des *Plaideurs*, qui, dit-on, sortirent du cabaret de la place Saint-Jean quelques années plus tard, ce fut là que, d'après Brossette[2], on composa la parodie du *Chapelain décoiffé*, que nous n'avons plus que défigurée. Boileau, dans une de ses lettres[3], dit que cette parodie fut faite le verre à la main ; et il reconnaît qu'il y eut lui-même quelque part, ainsi que Racine. Encore un des péchés de notre poëte. Railler la perruque de Chapelain, qui avait fait porter le nom de Racine sur les listes de Colbert, et n'avait pas jugé sa première ode méprisable ! Mais entre amis, et, comme disait Boileau, *currente lagena*, les jeunes gens sont parfois légers. Furetière, un des hommes d'esprit de cette société, a fait presque tout le mal ; seulement le malin Racine ne put se tenir de lancer quelques traits. Et puis c'était à huis clos, et pas un mot de cette plaisanterie ne fut écrit par ses auteurs. On ne dit pas que Molière fût présent ce jour-là ; mais c'était en 1664, et nous sommes du moins dans le temps où il venait s'asseoir dans cette joyeuse compagnie, apportant son écot à tant de spirituels impromptus et de saillies étincelantes, vers ou prose, qui se sont perdus derrière les portes fermées des cabarets.

1. *Lettre* du 24 mai 1687.
2. *Œuvres de Boileau*, Genève, M.DCC.XVI (2 vol. in-4°), tome I, p. 438, *note* sur le vers 12 de la seconde épigramme.
3. *Lettre à Brossette*, 10 décembre 1701.

Molière put s'y trouver d'ailleurs plus d'une fois à côté de
Racine, même après la brouillerie; car il semble bien que le
premier moment d'irritation passé, il y eut plutôt refroidissement dans leurs relations que rupture complète.

Des agréables réunions de poëtes, auxquelles Racine prenait plaisir, nous avons un tableau bien intéressant, non
point cette fois au cabaret, mais au milieu des jardins de
Versailles, ce qui nous déroute moins dans l'idée que nous
nous faisons volontiers des nobles figures de notre Parnasse classique. Ce tableau est d'un grand peintre, obser-
vateur excellent et naïf, et qui connaissait bien ce qu'il a
représenté, puisqu'il était lui-même un des quatre personnages de la scène.

« Quatre amis, dit la Fontaine au début de sa *Psyché*[1],
quatre amis dont la connoissance avoit commencé par le
Parnasse, lièrent une espèce de société que j'appellerois
académie, si leur nombre eût été plus grand, et qu'ils eussent autant regardé les Muses que le plaisir. La première
chose qu'ils firent, ce fut de bannir d'entre eux les conver-
sations réglées et tout ce qui sent sa conférence académique.
Quand ils se trouvoient ensemble, et qu'ils avoient bien parlé
de leurs divertissements, si le hasard les faisoit tomber sur
quelque point de sciences ou de belles-lettres, ils profitoient
de l'occasion : c'étoit toutefois sans s'arrêter trop longtemps
à une même matière, voltigeant de propos en autre, comme
des abeilles qui rencontreroient en leur chemin diverses
sortes de fleurs. L'envie, la malignité ni la cabale n'avoient
de voix parmi eux. Ils adoroient les ouvrages des anciens,
ne refusoient point à ceux des modernes les louanges qui
leur sont dues, parloient des leurs avec modestie, et se don-
noient des avis sincères lorsque quelqu'un d'entre eux tom-
boit dans la maladie du siècle et faisoit un livre, ce qui ar-
rivoit rarement. »

La Fontaine donne aux quatre amis des noms significa-

---

1. *Les Amours de Psiché et de Cupidon*, par M. de la Fontaine, à
Paris, chez Claude Barbin, M.DC.LXIX, 1 vol. in-8°. L'Achevé
d'imprimer pour la première fois est du dernier jour de janvier 1669.

tifs, qui doivent les faire reconnaître. *Poliphile* est bien celui qui a dit :

> J'aime le jeu, l'amour, les livres, la musique,
> La ville et la campagne, enfin tout....

Il n'est pas besoin que nous nommions la Fontaine. *Ariste*, « sérieux sans être incommode, » est le sage Boileau. *Acante* paraît d'abord un pseudonyme plus banal et plus arbitrairement choisi; cependant serait-il trop subtil de songer à la plante élégante et flexible, *mollis acanthus*, dont les formes sont les plus délicates et les plus ornées que la sculpture ait choisies pour modèle, à cette plante qui parfois aussi a ses épines et sait piquer, et de trouver que Racine n'est pas trop mal désigné? Et Gélaste, le rieur? N'est-il pas Molière?

Nous l'avons cru et dit autrefois. De sérieuses objections ont été faites, dont nous avons tenu compte dans la *Notice biographique sur la Fontaine*[1]. Il est certain que les discours de Gélaste n'ont pas toujours le solide bon sens dont Molière ne s'écartait jamais, même en riant; ils conviendraient mieux à Chapelle, qui était, on le sait, de la même société. Mais pourquoi la Fontaine l'aurait-il mis en scène, de préférence au plus parfait des *Gélastes?* C'est qu'il aura trouvé de l'inexactitude à faire causer amicalement Molière avec Racine dans le temps de leur mésintelligence. On peut toutefois conjecturer[2] que le roman de *Psyché* ayant été commencé longtemps avant sa publication en 1669, Molière y était d'abord un des interlocuteurs. Nous voyons là d'autant plus de vraisemblance que la Fontaine, lorsqu'il fit ses retouches, paraîtrait avoir négligé d'effacer toute trace des discours du Gélaste premier en date, par exemple lorsque, dans la dispute de prééminence entre la tragédie et la comédie, le défenseur de celle-ci soutient la même thèse que l'auteur de la *Critique de l'École des femmes* a, dans la

---

1. Voyez cette *Notice* dans les *Œuvres de la Fontaine*, tome I, aux pages XCII et XCIII.

2. Comme nous l'avons fait à la page XCIII de la même *Notice biographique*.

scène VI, fait soutenir par Dorante, qui l'appuie, il est vrai,
de raisons un peu différentes.

Au reste, c'est surtout *Acante* qui nous intéresse ici; c'est
de Racine que nous aimons à voir un portrait dans le roman
de la Fontaine.

Il ne faudrait sans doute pas chercher là des indications
biographiques très-exactes sur notre poëte. Il s'y trouve
nécessairement beaucoup de fiction mêlée à la vérité. On
n'en recueillera pas moins dans *Psyché* des traits qui pei-
gnent Racine tel que la Fontaine le voyait à ce moment de
sa jeunesse, dans les commencements de sa carrière poétique. M. Sainte-Beuve, qui peut-être ne pensait pas alors
au portrait que le fabuliste a fait de Racine, sous le nom
d'Acante, s'est, avec son coup d'œil pénétrant, formé cette
idée du poëte à ce moment de sa jeunesse : « Bel esprit et
rêveur..., descendant de Pétrarque, sans le savoir..., tout épris
des fleurs, de la rosée, des ombrages et des eaux..., laissant
courir son vers fluide et un peu brillanté, mais ému[1]. » Le
voici maintenant jugé par la Fontaine : « Acante aimoit extrêmement les jardins, les fleurs, les ombrages. Poliphile lui
ressembloit en cela.... Ces passions, qui leur remplissoient
le cœur d'une certaine tendresse, se répandoient jusqu'en
leurs écrits, et en formoient le principal caractère. Ils pen-
choient tous deux vers le lyrique, avec cette différence
qu'Acante avoit quelque chose de plus touchant, Poliphile de
plus fleuri[2]. » La Fontaine, ne l'oublions pas, connaissait le
tour d'esprit et les inclinations poétiques de Racine autrement
que par ses ouvrages; et puis il eut la confidence de bien
des vers du jeune poëte qui ne nous ont pas été conservés.
Racine poëte lyrique s'est d'ailleurs retrouvé plus tard, et a
reparu, avec quel éclat! dans les dernières œuvres de son
génie. D'autres passages du roman de la Fontaine nous mon-
trent Acante trouvant dans les larmes un de ses plus grands
plaisirs : « Eh bien, dit Acante, nous pleurerons. Voilà un
grand mal pour nous! Les héros de l'antiquité pleuroient
bien.... Nous nous assoirons sur l'herbe menue, pour écouter

1. *Port-Royal*, tome VI, p. 90.
2. *Les Amours de Psiché*, p. 4.

Poliphile, et plaindrons les peines et les infortunes de son hé-
roïne avec une tendresse d'autant plus grande que la présence
de ces objets nous remplira l'âme d'une douce mélancolie[1]. »
Cette fois nous n'avons pas de peine à reconnaître Racine, tel
que nous nous sommes habitués à nous le représenter. Mais
le charme qu'il goûte à pleurer tendrement n'empêche pas ce
sensible Acante, qui avait aussi en lui une veine de poëte co-
mique, d'être pour le rire plus tolérant que le sérieux Ariste :
« Vous poussez la chose un peu trop loin », dit-il à celui-ci, qui
s'est animé dans la défense de la tragédie ; « je ne tiens pas que
le rire soit interdit aux honnêtes gens[2]. » C'est Acante aussi
qui, plus que tous ses amis, ou du moins à l'égal de Poliphile,
se plaît aux brillants spectacles de la nature. Il est le plus
empressé à visiter les beaux jardins ; et, le récit achevé, tandis
que les autres dissertent sur les aventures qu'on vient de leur
conter, il faut qu'on le laisse s'arrêter à considérer les dernières beautés du jour, « ce gris de lin, ce couleur d'aurore,
cet oranger et surtout ce pourpre qui environnent le roi des
astres. » C'est le trait poétique de Racine qu'il est le plus
curieux peut-être de voir ici bien fixé, parce que lui-même,
dans ses œuvres, n'a pas eu occasion de le marquer autant
que les autres. Le temps lui a manqué pour faire tout ce qu'il
aurait pu, et il a dû choisir entre tant de dons si divers. Le
lyrique, l'épigramme acérée, la satire, la prose oratoire et
grave, la prose légère, pleine de sarcasme et de finesse, la
tragédie, la comédie, tout lui appartient, tout est dans son
domaine. Il eût évidemment aussi, s'il avait suivi toute la
pente de son génie, excellé dans la poésie descriptive ; mais,
dans les années où il lui eût été possible d'y songer, le théâtre
le réclama tout entier.

L'*Alexandre*, que Racine fit jouer à la fin de 1665 par les
deux troupes du Palais-Royal et de l'Hôtel de Bourgogne, fut
son premier grand succès sur la scène française. C'était un
progrès très-sensible sur *la Thébaïde*, qui n'était pourtant pas
sans beautés ; et ce progrès en présageait d'autres qui devaient
bientôt faire du jeune poëte un des maîtres de notre tragédie.

1. *Les Amours de Psiché*, p. 160 et 164.
2. *Ibidem*, p. 167.

Voilà ce que Corneille ne vit pas ; car nous ne voulons pas croire qu'il le vit trop. Il ne le vit pas, sans doute parce qu'il ne pouvait retrouver là, même en germe, ni son propre style, ni son idéal dramatique. Racine cependant, à ces débuts, l'avait pris évidemment pour modèle; mais la différence entre les deux génies était déjà trop profonde pour qu'il fût facile au maître de reconnaître son disciple.

Cette tragédie d'*Alexandre*, dont Racine confia la représentation à une troupe rivale, dans le temps où Molière en était en possession, amena entre les deux amis ce pénible différend dont nous avons parlé. Nous en donnons le détail ailleurs[1]. Titon du Tillet prétend à tort que « le froid qu'il y eut entre eux fut causé par la jalousie du génie poétique[2]. » Quoique Racine, plus tard, ait mis un moment le pied sur les terres de Molière, leurs empires étaient trop distincts pour qu'un conflit d'ambition littéraire fût possible. Ce fut seulement une querelle d'auteur et de directeur de théâtre. Nous ne savons pas bien jusqu'à quel point, ni combien de temps ils furent brouillés. Saint-Marc, dans sa *Vie de Chapelle*[3], dit qu'en dépit de leur rupture, « ils ne cessèrent pas de s'estimer et de se rendre mutuellement une exacte justice. Leurs amis communs, ajoute-t-il, les réconcilièrent dans la suite; mais ils n'eurent plus de liaison particulière. » Plusieurs faits, assez bien attestés, donnent assurément à penser que la réconciliation ne fut jamais complète. Il en est un plus certain que tous les autres. *La Folle querelle* de Subligny, cette parodie très-malveillante d'*Andromaque*, fut jouée sur le théâtre de Molière, et y resta assez longtemps, le succès ayant été grand. N'était-ce pas l'acte de l'hostilité la plus déclarée contre Racine? et, pour en juger ainsi, il n'est pas nécessaire d'admettre que Molière ait mis la main à cette pauvre pièce : on n'y trouve pas un trait qui soit digne de lui. Grimarest, dans sa *Vie de Molière*, avance sérieusement que Racine attribuait *la Folle querelle* à Molière, et « qu'il estimoit cet ouvrage comme un des meilleurs de l'auteur. » Si Racine avait jamais pu dire cela,

1. Voyez la *Notice* sur *Alexandre le Grand*.
2. *Parnasse françois* (édition de 1732, 1 vol. in-fol.), p. 412.
3. Pages LXII et LXIII.

c'eût été un trait un peu fort de sa malice et de sa vengeance.
A peu près vers le même temps on joua *les Plaideurs*. Molière,
dit Valincour dans sa lettre à l'abbé d'Olivet, était à la seconde
représentation, qui ne fut pas mieux accueillie que la première ;
« mais *il* ne se laissa pas entraîner au jugement de la ville, et
dit en sortant que ceux qui se moquoient de cette pièce méri-
toient qu'on se moquât d'eux : » ce qui fait grand honneur à la
générosité de Molière ; car Valincour ajoute qu'il était alors
brouillé avec Racine. Ainsi jusque dans ce précieux témoignage d'estime donné à l'excellente comédie de Racine, et remarqué des contemporains, surtout à cause de l'honnêteté du
procédé, nous trouvons une nouvelle preuve du refroidissement persistant entre les deux poëtes. Une autre anecdote,
rapportée dans le *Bolæana*[1], est également significative. Très-
peu de temps avant *les Plaideurs*, *l'Avare* de Molière avait
été joué. Boileau, malgré le peu de succès de cette comédie,
était fort assidu aux représentations. « Je vous vis derniè-
rement, lui dit Racine, à la pièce de Molière, et vous riiez
tout seul sur le théâtre. — Je vous estime trop, lui répondit Boileau, pour croire que vous n'y ayez pas ri, du moins
intérieurement. » Avouons que, si l'anecdote est exactement
contée, Racine ne semble pas avoir rendu, d'aussi bonne
grâce que Molière, justice à un ancien ami. Peut-être la
noble conduite de Molière, à l'occasion des *Plaideurs*[2],

1. *Bolæana* (Amsterdam, chez Lhonoré, M.DCC.XLII, 1 vol.
in-12), p. 105.
2. Il faudrait parler autrement, si l'on tenait compte d'un passage
de *la Promenade de Saint-Cloud*, opuscule de Gabriel Gueret, l'auteur
du *Parnasse réformé*. Gueret fait dire à l'un des interlocuteurs de son
dialogue que Molière eût dû dénouer sa comédie de *Tartuffe* par
quelque nullité de donation. « C'était son dessein, lui est-il répondu ;
mais ce dénouement étoit un procès, et je lui ai ouï dire que *les
Plaideurs ne valoient rien.* » Voilà comme, dans les recueils d'anecdotes, on trouve facilement le pour et le contre. Mais Gueret a sans
doute fabriqué lui-même le jeu de mots qu'il prête à Molière contre
la comédie de Racine, et nous croyons plus vraie l'anecdote de Valincour. — *La Promenade de Saint-Cloud* ou *Dialogue sur les auteurs* a
été imprimée dans le deuxième volume des *Mémoires historiques, critiques et littéraires* de M. Bruys, 2 vol. in-12, Paris, 1751. Le passage
que nous citons est à la page 211.

amena-t-elle cette demi-réconciliation dont, nous l'avons vu, il reste quelque trace.

Si nous ne pouvons oublier qu'en écrivant ici, nous sommes en quelque sorte chez Racine lui-même, et qu'il faut craindre de le trahir en présence de ses œuvres immortelles, si c'est notre devoir de repousser toutes les accusations injustes dont aujourd'hui encore on offense sa mémoire, nous nous garderons cependant toujours de fermer les yeux à la vérité. Ses défauts, à cette époque de sa vie, ne sauraient être dissimulés. Impatient de tout obstacle dans sa brillante carrière, il fit trop bon marché de l'amitié, quand il crut le succès de son *Alexandre* compromis par une faible exécution sur le théâtre de Molière. Dans la préface de cette même tragédie il commença à montrer, ce que la suite ne démentit pas, qu'il était irascible comme un poëte. Il est vrai qu'une humeur plus calme aurait eu de la peine elle-même à ne pas sortir de sa modération. Les suffrages les plus flatteurs n'avaient pas manqué à Racine, celui du Roi lui-même, qui permit que l'*Alexandre* lui fût dédié, celui du grand Condé et bien d'autres; mais en même temps commençait le déchaînement de la sotte médiocrité et de l'envie. La meute qui s'est levée de si bonne heure sur les premières traces de la gloire du poëte, et qui ne l'a plus quitté jusqu'à ce qu'elle ait fatigué son courage, a été si acharnée et si nombreuse que l'on a pu faire un livre intéressant, et plein de faits, sur ce sujet que nous ne pouvons qu'effleurer : *les Ennemis de Racine*[1]. Bon nombre attaquèrent en lui l'ami de Boileau, et il paya pour les satires; d'autres, irrités de succès auxquels ils ne pouvaient atteindre, vengèrent sur lui les humiliations de leur impuissance; quelques-uns, et ce sont les plus excusables quand ils ne se sont pas laissés emporter trop loin dans leur injustice, ne lui pardonnèrent pas d'avoir disputé la palme à l'objet de leurs vieilles admirations, au grand Corneille. Celui-ci céda trop lui-même à son irritation contre son jeune rival; on comprend, à la rigueur, qu'il l'eût méconnu dans l'*Alexandre*, qui n'était qu'un brillant essai : il continua de le méconnaître après les plus frappants chefs-d'œuvre. Un

---

1. *Les Ennemis de Racine au dix-septième siècle*, par F. Deltour, à Paris, Didier et Durand, 1859. 1 vol. in-8°.

jour, en pleine académie, il alla jusqu'à déclarer digne de
l'homme qui était pourtant son égal, le *Germanicus* de Bour-
sault. Aux critiques dont on le harcelait, Racine répondit avec
une singulière vivacité. Ses premières préfaces, que plus tard
il supprima, depuis celle d'*Alexandre le Grand* jusqu'à celle
de *Britannicus*, la préface aussi de *Bérénice*, demeurée telle
qu'elle fut d'abord écrite, sont pleines de ripostes hautaines
et mordantes. Dans l'une d'elles Corneille est durement traité
et sans respect pour sa vieille gloire. De telles représailles
aigrissaient les haines, et ne guérissaient pas les blessures
qu'il était trop facile de faire à l'âme d'un poëte qui sentait
si vivement et était mieux armé de railleries caustiques pour
se venger, que d'un juste dédain pour se mettre au-dessus de
traits ridicules, quelques-uns partis de bien bas.

Ces querelles littéraires ne furent malheureusement pas la
seule guerre où Racine se trouva engagé. Bien plus faites
que les clabauderies d'une cabale envieuse pour le blesser où
il devait être particulièrement sensible, il entendit s'élever un
jour contre lui les accusations sévères de ses anciens maîtres.
Port-Royal l'importunait depuis longtemps, un peu comme un
remords peut-être. Il lui avait fallu résister aux *excommunica-*
tions de sa sainte tante, sans être libre d'oublier par quel affec-
tueux et tendre intérêt elles étaient dictées. Mais lorsque Nicole
se mit de la partie, et que, non plus dans quelque lettre intime,
mais dans un livre écrit pour tous, il traita les poëtes de théâtre
« d'empoisonneurs publics, » paraissant désigner Racine, celui-ci ne put s'empêcher d'éclater, et trouva l'occasion bonne
pour en finir avec tous ces anathèmes. Il saisit les armes mêmes
que Pascal avait forgées pour la défense des vénérables Messieurs, et les tourna contre eux. Au mois de janvier 1666,
Nicole, dans ses *Visionnaires*, avait fulminé contre la comédie. Racine répondit sur-le-champ et dans le même mois par
une lettre fine, piquante, et cruellement blessante comme une
provinciale. Dans son impitoyable raillerie, il ne craignit pas
de faire rire aux dépens même de celui qu'il avait autrefois
appelé son *cher papa*, d'Antoine le Maître. Ce fut là surtout ce
qu'on ne manqua pas de lui reprocher, ainsi que ses plaisanteries sur la mère Angélique Arnauld. La plus modérée des deux
réponses qui lui furent faites, celle qu'on attribue à du Bois,

est vers la fin d'une grande violence dans ce terrible reproche
« Il n'y a personne qui n'ait horreur de voir que votre haine
va déterrer les morts et outrager lâchement la mémoire de
M. le Maître et de la mère Angélique. » Et lorsque Nicole,
dans une nouvelle édition de ses *Imaginaires*, se résolut à dire
aussi quelques mots du « jeune poëte, » il n'oublia pas le plus
irrémissible des griefs : « Il a déchiré feu M. le Maître et la
feue mère Angélique. » Remarquons du reste qu'on parlait
d'outrage aux morts, non d'ingratitude, quoique de ce côté
surtout on eût beau jeu; mais Port-Royal ne se souciait pas
alors de reconnaître Racine pour un de ses élèves. Non-seulement il ne faisait pas, à leur point de vue, honneur à l'éducation qu'il avait reçue, ils devaient même le regarder comme
un homme prêt, dans son dépit, à passer décidément aux ennemis. Il en était en effet venu à trouver dans Jansénius les
fameuses propositions. « Nous sommes résolus, disait-il, d'en
croire plutôt le pape et le clergé de France que vous. » On
peut à ce sujet faire un rapprochement assez piquant entre
sa lettre et l'épigramme qu'il avait improvisée en 1664 dans
la chambre de Jacques Boileau, le docteur en Sorbonne. Si,
comme nous penchons à le croire, cette épigramme ne se
borne pas aux quatre vers conservés par Jean-Baptiste Racine, si, dans toute son étendue, elle appartient à notre poëte,
telle qu'on la trouve au tome IV de cette édition, parmi les
épigrammes qui lui sont attribuées, Jansénius, à ce moment-
là, était encore à ses yeux « un grand homme » calomnié. Il
ne reconnut l'hérésie que depuis l'attaque de Nicole; mais
avant d'avoir été si durement morigéné par lui, si, dans sa
disposition d'esprit alors légère et mondaine, il ne s'intéres-
sait pas vivement aux querelles théologiques, il paraît cependant que très-volontiers il fût resté tout au moins un des
amis profanes.

En réponse aux deux vengeurs officieux de Port-Royal,
Racine écrivit une seconde lettre aussi spirituelle et aussi
méchante que la première. Quelques amis le détournèrent de
la publier. Mais sa résolution changea, lorsque Nicole eut fait
imprimer à Liége une nouvelle édition de ses *Imaginaires*, où
se trouvaient reproduites les deux lettres des soutiens de sa
cause. On intervint cette fois encore : le sage Boileau fit en-

tendre, comme toujours, à son jeune ami un conseil d'honnête homme, et ne lui laissa pas donner une preuve de son rare esprit, qui pouvait faire douter de la bonté de son cœur. Le petit chef-d'œuvre de polémique qu'il avait écrit ne vit pas le jour ; il ne put être connu que beaucoup plus tard, et cela malgré les intentions de l'auteur et après sa mort[1]. Voilà un des plus mauvais moments de Racine, et où nous trouverions malaisé de le justifier. Seulement il ne faut pas oublier que, s'il n'y avait pas à tenir compte avant tout des droits de la reconnaissance qu'il viola, au fond il avait raison de défendre son art. Jean-Baptiste Rousseau, dans une lettre à Riccoboni, rapporte que M. Arnauld, « quoique fort irrité contre Racine, ne put s'empêcher de convenir que M. Nicole avait pris le change, et que ce n'était point à l'art qu'il devait faire le procès, mais à l'ouvrier qui avait péché contre le but et l'intention de l'art. » Surtout, sans nier la faute, ne l'exagérons pas, et ne cherchons pas un cœur sec et méchant où il n'y avait réellement qu'un cœur irritable et sensible à l'excès, ce don si dangereux des poëtes. Ses adversaires les plus courroucés en jugeaient sans doute ainsi eux-mêmes : « Il semble, lui disait un des deux champions de Port-Royal[2], qu'un homme aussi tendre et aussi sensible que vous l'êtes ne devroit songer qu'à vivre doucement et à éviter les rencontres fâcheuses. » On voit quelle opinion on s'était formée du tendre Racine dès ce temps où sa manière d'écrire et le ton de ses ouvrages n'avaient pu encore faire conclure, par un préjugé souvent trompeur, du style du poëte au caractère de l'homme.

Au milieu de contrariétés si vivement ressenties, Racine ne s'arrêtait point dans sa marche. Sa réputation d'esprit était faite ; il fallut bientôt reconnaître son génie. *Andromaque*, jouée en novembre 1667, dépassa toutes les espérances que ses deux premières tragédies avaient pu faire concevoir, et brilla tout à coup comme une merveille. Alors commence cette

1. Pour plus de détails sur cette querelle avec Nicole, on peut voir au tome IV la *notice* sur les deux lettres de Racine, et sur celles qui sont attribuées à du Bois et Barbier d'Aucourt.
2. Barbier d'Aucourt, dans sa réponse à la *Première lettre*.

période de dix années, si féconde, si remplie de chefs-d'œuvre,
où se succèdent à de courts intervalles *les Plaideurs* (1668),
Britannicus (1669), *Bérénice* (1670), *Bajazet* (1672), *Mithridate* (1673), *Iphigénie* (1674), *Phèdre* enfin (1677). L'histoire
de ces pièces est véritablement alors celle de la vie du poëte, et
cependant nous ne pouvons la développer ici : elle appartient
aux *notices* dont nous faisons précéder chaque tragédie. On
voudrait sans doute, pendant tout ce temps-là, savoir autre
chose encore ; et sans la lacune si regrettable et si inopportune
de la correspondance de Racine, il est certain qu'il resterait
beaucoup à dire ; mais il se trouve qu'au moment où par ses
œuvres le poëte est le plus en vue, les détails de sa biographie
se dérobent plus que jamais à nos recherches. Cependant nous
ne pouvons franchir ce long espace, et arriver brusquement à
la partie de la vie de Racine qui va se présenter à nous avec
un caractère si différent de ce que nous avons vu jusqu'ici,
sans avoir essayé de recueillir quelques indications propres à
nous faire connaître, pendant ces brillantes années, l'homme
à côté de l'écrivain.

Il y a d'ailleurs dans la vie de Racine un point délicat, auquel on ne peut se dispenser de toucher, et qui toujours atti-
rera d'autant plus l'attention que, toute vaine curiosité à part,
il s'y rattache une question littéraire. En 1672, au temps de
Bajazet, Mme de Sévigné, forcée de reconnaître qu'il y avait,
après tout, « des choses agréables » dans la nouvelle pièce de
Racine, écrivait : « Si jamais il n'est plus jeune, et qu'il cesse
d'être amoureux, ce ne sera plus la même chose[1]. » Et quand,
plus tard, l'amour n'étant plus de saison, il fallut bien s'a-
vouer, après *Esther*, que si ce n'était plus la même chose,
c'était mieux encore : « Racine, disait-elle, s'est surpassé ; il
aime Dieu comme il aimoit ses maîtresses[2]. » Mme de Sévigné répétait là ce qui était dans la bouche de presque tout le
monde. Ce Racine amoureux, et si tendre pour ses maîtresses,
était-il une imagination des contemporains ? Voulaient-ils à

1. *Lettre à Mme de Grignan*, 16 mars 1672, tome II, p. 536 (édition de la *Collection des grands écrivains*).
2. *Lettre à M. et à Mme de Grignan*, 7 février 1689, tome VIII,
p. 458.

toute force, par pure prévention, et sans y être autorisés par la connaissance d'aucun fait, trouver dans les sentiments personnels du poëte l'explication de ses merveilleuses peintures de la passion? La première réflexion qui se présente, c'est que sur ce sujet ils en savaient plus long que nous. Et pourtant si nous croyons à quelques apparences, disons même à quelques faiblesses très-réelles, bien connues d'eux, qui devaient les porter à parler comme Mme de Sévigné, nous croyons aussi qu'à y découvrir de grandes passions il y avait quelque illusion et quelque préjugé.

Voyons, en effet, quel roman nous pouvons trouver dans la vie de Racine. Serait-ce la faute de nos informations incomplètes? mais ce roman ne nous paraît pas aussi touchant ni aussi poétique que nous le voudrions. Pour bien dire, il n'y a pas de roman, il y a des amourettes de théâtre, qui peut-être bien, à la rigueur, pour un Tibulle ou pour un Ovide, satisferaient aux conditions exigées par Boileau :

> Pour peindre des amants la joie et la tristesse,
> C'est peu d'être poëte, il faut être amoureux[1] ;

mais qui n'expliquent pas assez, de la manière dont Mme de Sévigné l'entendait, ces pathétiques chefs-d'œuvre, sans pareils dans la science délicate et profonde du cœur.

Parmi les comédiennes que Racine, comme poëte de théâtre, dut fréquenter de bonne heure, la première avec qui, dit-on, il fut engagé dans un commerce de galanterie, fut Mlle du Parc. C'était une fort jolie femme, et très-courtisée. Molière, dit-on, avait été quelque temps épris d'elle, mais l'avait trouvée insensible. Elle était probablement entrée dans sa troupe à Lyon en 1653, qui fut l'année où elle épousa le comédien René Berthelot, sieur du Parc[2]. On voit par là qu'elle ne

1. *Art poétique*, chant II, vers 41 et 44.
2. *Histoire de la vie et des ouvrages de Molière*, par M. J. Taschereau (3e édition, Paris, Hetzel, 1844, 1 vol. in-12), p. 15, et p. 214, note 24. Le mariage de la du Parc le 23 février 1653 nous a été attesté par M. Eud. Soulié, l'auteur des *Recherches sur Molière*. Il devait des renseignements authentiques sur la du Parc à M. Brouchoud, alors avocat à la cour impériale de Lyon. C'est grâce à ces renseignements que nous avons appris aussi que Marie-Anne du

pouvait plus être dans la première jeunesse lorsqu'elle fut
aimée de Racine. Son âge d'ailleurs nous est donné, sinon
d'une manière certaine et précise, au moins approximative-
ment, par l'acte de son inhumation, qui se trouve sur les registres de la paroisse Saint-Roch[1]. Il y est dit qu'à la fin de
1668, elle avait environ trente-cinq ans. Dans sa tragédie
d'*Alexandre*, notre poëte lui avait confié le rôle d'Axiane. Elle
n'y fut peut-être pas grande actrice; mais elle y obtint du
moins beaucoup de succès par sa beauté et par ses grâces. On
nous la représente paraissant sur le théâtre avec un port de
reine[2]. Racine fut charmé, et dès ce temps sans doute, comme
il rompait avec la troupe du Palais-Royal, il songea à en
faire sortir la belle comédienne pour l'enrôler à l'Hôtel de
Bourgogne. Mlle du Parc y fut reçue à la rentrée de Pâques
en 1667. Ce fut un nouveau grief de Molière contre Racine,
qui lui enlevait une de ses meilleures actrices. Du reste, les
engagements que Racine fit rompre à Mlle du Parc n'avaient
jamais été des liens très-solides : elle avait déjà pendant quelque temps, en 1659, abandonné le théâtre de Molière pour
celui du Marais. Lorsqu'elle entra à l'Hôtel de Bourgogne, ce
fut pour y jouer le personnage d'Andromaque dans la tragédie
de ce nom, qui allait être représentée. Il est vraisemblable
qu'à ce moment elle avait déjà agréé les hommages du poëte,
dont elle suivait ainsi la fortune. Elle était veuve alors depuis un peu plus de deux années[3]. Il n'est resté que de légères
traces de la liaison de Racine avec Mlle du Parc. Qu'en 1668
Racine ait tenu avec la fille de cette comédienne un enfant
sur les fonts[4], il n'y aurait certainement rien à en conclure,

Parc, qui tint, comme nous l'allons dire, un enfant sur les fonts avec
Racine, n'était pas la comédienne, mais sa fille.

1. Voyez cet acte aux *Pièces justificatives*, n° XXI.
2. Lettre en vers de Robinet, 15 décembre 1668.
3. Le comédien du Parc était mort, d'après les registres de la
Grange, le 4 novembre 1664.
4. Voyez aux *Pièces justificatives* (n° XXII) l'acte de baptême du
12 mai 1668, déjà cité par M. Eud. Soulié, dans ses *Recherches sur
Molière*, p. 283, à la note. Le parrain y est nommé *Jean Racine de
l'Espinay*. Nous avons nous-même copié cet acte sur les registres de
Notre-Dame de Passy, paroisse d'Auteuil.

si ce n'est, comme on le savait déjà d'ailleurs, qu'il était avec les gens de théâtre dans d'assez étroites relations, et ne craignait pas de les afficher. Mais voici qui est plus significatif. Un an seulement après avoir créé le rôle d'Andromaque, Mlle du Parc mourait, le 11 décembre 1668. Robinet, dans sa lettre en vers du 15 décembre suivant, raconte les funérailles de la comédienne. Parmi

> Les adorateurs de ses charmes
> Qui ne la suivoient pas sans larmes,

il n'oublie pas les poëtes du théâtre,

> Dont l'un, le plus intéressé,
> Étoit à demi trépassé.

A n'en pas douter, Racine est désigné. On dit que Mlle du Parc avait été dans *Andromaque* meilleure actrice que jamais. Mais quelque perte que le poëte fît par sa mort pour la représentation de sa pièce, le grand intérêt que le gazetier lui suppose est évidemment d'une autre nature, et Racine, pour si peu, n'eût pas été à demi mort de douleur. Il y a dans *Psyché* un passage où le récit de Poliphile mettant en présence deux amants qui versent des larmes de tendresse, « Acante qui se souvint de quelque chose fit un soupir[1]. » Ce souvenir et ce soupir ne vont pas à l'adresse de la Champmeslé : la date du roman de la Fontaine s'y oppose ; mais c'est un peu avant la mort de Mlle du Parc que la fin du roman de *Psyché*, où se trouve ce passage, doit avoir été écrite. Nous soupçonnons donc une allusion aux amours de Racine et de cette comédienne ; la Fontaine avait sans doute reçu la confidence de quelques tendres larmes versées par le poëte. Citons encore un indice. Tout le monde a lu, dans les notes de M. Monmerqué sur les lettres de Sévigné[2], cette absurde accusation d'empoisonnement dont

---

1. *Les Amours de Psiché*, p. 416.
2. Voyez tome VI, p. 278, à la note 13. — La belle-mère de Mlle du Parc y est nommée *de Gordo ;* nous rectifions ce nom, d'après les renseignements donnés par M. Brouchoud et d'après l'acte d'inhumation mentionné ci-dessus. La du Parc (Marquise Thérèse

la Voisin voulut noircir Racine, dans son interrogatoire du
17 février 1680. Elle déclara « qu'elle avoit connu la demoiselle du Parc comédienne, que sa belle-mère, nommée de
Gorla, lui avoit dit que c'étoit Racine qui l'avoit empoison-
née. » On ne voudrait pas même mentionner ces diaboliques
inventions d'une scélérate en démence, s'il n'était à présumer
qu'elles ne lui étaient venues à l'idée que parce qu'elle avait
eu connaissance d'une intime amitié, peut-être de quelques
scènes de jalousie entre Racine et la du Parc, ou parce qu'elle
croyait au moins pouvoir appuyer ses calomnies sur le bruit
public de leur liaison. Mais le plus précis et le moins douteux
des témoignages est celui que nous fournit un manuscrit de
Brossette, où l'on trouve une conversation de Boileau, qui fut
recueillie le 12 décembre 1703 par Mathieu Marais[1]. Voici
comment s'exprime celui qui connaissait le mieux toute la vie
de Racine : « M. Racine étoit amoureux de la du Parc, qui
étoit grande, bien faite, et qui n'étoit pas bonne actrice. Il fit
Andromaque pour elle ; il lui apprit ce rôle ; il la faisoit répéter comme une écolière. Il la fit sortir de la troupe de
Molière, et la mit dans celle de l'Hôtel de Bourgogne.... La
du Parc mourut quelque temps après en couches ; elle étoit
veuve. » Ces paroles assez claires de Boileau rendraient super-
flues toutes les autres preuves. Il y a là seulement un mot qui
demande explication. Voilà, comme dans les lettres de Mme de
Sévigné, Racine composant une de ses tragédies pour une
comédienne. Mais, sans doute, tout ce que Boileau voulait dire,
c'est que le poëte, au moment où il écrivait *Andromaque*, songeait à donner dans cette pièce un rôle à la du Parc. Il ne
pouvait entendre qu'elle fût la Muse qui l'inspirait. Il est bon

de Gorle) était fille de Giacomo de Gorla ou de Gorle, qui avait
épousé en secondes noces Benoîte Lamarre. La belle-mère qui, suivant la Voisin, aurait dénoncé Racine, est cette Benoîte Lamarre.

1. Ce manuscrit, intitulé : *Recueil des Mémoires touchant la vie et les
ouvrages de Boileau Despréaux*, appartient à M. Feuillet de Conches,
qui a eu la bonté de nous le communiquer. Il forme, à ce qu'il paraît, la première partie de ces *mémoires*, dont le manuscrit de la
Bibliothèque nationale, plusieurs fois cité par nous dans cette *Notice
biographique*, n'est que la seconde partie incomplète.

de remarquer que Racine ne fit pas jouer à cette actrice celui
des rôles de sa tragédie où respire la passion de l'amour, et
que, du reste, pour peindre la fidèle Andromaque, le veuvage,
plus que légèrement porté, de la du Parc ne lui servit pas apparemment de modèle. Qu'il s'agisse de la du Parc ou de la
Champmeslé, Racine ne travaillant à ses nobles œuvres que
pour ses maîtresses est un conte, dont Boileau a dû moins
que tout autre être dupe.

L'amour de Racine pour la Champmeslé est beaucoup plus
connu que la première liaison dont nous venons de parler,
a eu une durée moins courte, a laissé de plus longs souvenirs. Cet amour est nié dans les *Mémoires* de Louis Racine,
qui eût mieux fait de le passer tout simplement sous silence,
puisque son respect filial en souffrait. Comment espérait-il
que tout le monde fermerait les yeux aussi complaisamment
que lui à tant de témoignages? De ses démentis à ce sujet le
seul bien fondé sans doute est celui qu'il donne à l'éditeur
des œuvres de son père, imprimées en 1722. Cet éditeur,
Bruzen de la Martinière, avait dit dans sa *Vie de Racine*, et
le P. Niceron l'a répété[1], que « de cette fameuse actrice qu'il
aimoit tendrement, il avoit un fils naturel. » On ne voit pas
où la Martinière a pris cette histoire, mais la liaison elle-
même est très-bien attestée. Brossette, à la suite d'une conversation qu'il avait eue avec Boileau sur quelques faits de
la vie de Racine, écrivait ceci : « Nous avons parlé de la
Champmeslé. M. Racine, avant que d'être marié, en avoit
été fort amoureux; mais quand il épousa Mlle Romanet, il
rompit entièrement avec sa maîtresse[2]. » Toute la page
d'où ces quelques mots sont tirés semble bien comme un
écho fidèle des paroles mêmes de Boileau. Ajoutons qu'au
temps de cet amour, Mme de Sévigné et la Fontaine, ainsi
que nous le ferons voir, en parlaient comme du fait le plus
constant.

Mlle de Champmeslé (ou *Chammelay*, c'est le plus ordinairement l'orthographe des contemporains), petite-fille de des
Mares, président au parlement de Normandie, était née, sui-

1. *Mémoires*, tome XVIII, p. 6.
2. Recueil manuscrit de la Bibliothèque nationale, p. 41.

vant les auteurs de l'*Histoire du Théâtre françois*, en 1641[1]. Mais
la date de 1644 est plus généralement adoptée. En nous y tenant, elle avait vingt-six ans lorsque Racine, à l'Hôtel de Bourgogne, la vit pour la première fois jouer dans une de ses pièces.
C'était en 1670, à la rentrée de Pâques. La Champmeslé, qui
n'était arrivée à Paris qu'au commencement de l'année précédente, avec l'acteur Champmeslé son mari, et qui s'était d'a-
bord engagée dans la troupe du Marais, débuta chez les grands
comédiens par le rôle d'Hermione. Racine, ne sachant comment elle jouerait dans un rôle si difficile, et craignant de le
lui voir défigurer, ne voulait pas d'abord assister à ce début.
Loin donc d'avoir pu lui donner jusque-là aucune leçon, il ne
la connaissait même pas. Mais ce qui prouve bien les dons naturels de l'actrice, qui ne fut point, comme on l'a voulu dire, une
écolière docile, répétant machinalement les tons du maître[2],
si elle se montra faible dans les premiers actes, dans les derniers, où la passion éclate, son jeu fut admirable. Elle avait
vaincu la des Œillets elle-même, par qui ce rôle d'Hermione
avait été créé avec un art consommé. Racine fut dans un
tel ravissement, qu'après la représentation « il courut, disent
les frères Parfait, à la loge de Mlle Champmeslé, et lui fit à
genoux des compliments pour elle et des remerciements pour
lui. » Il songea alors à lui confier le rôle de Bérénice dans la
nouvelle pièce qu'il venait d'achever et qui fut représentée
quelques mois après. Voilà donc, les dates le démontrent, une
tragédie, et la plus tendre de toutes, pour laquelle il a su se
passer d'être inspiré par elle, tout aussi bien que pour *Andromaque*. Lorsque Mme de Sévigné écrivait en 1672 qu'il ne
faisait pas des comédies pour les siècles à venir, mais pour la
Champmeslé, qu'aurait-elle pu citer ? *Bajazet* seulement. Mais
quoique les vers de *Bérénice* n'eussent pas été écrits pour la
Champmeslé, ils étaient dangereux à faire étudier à une actrice
si habile à interpréter la passion éloquente et à donner la vie

1. Tome XIV, p. 512.
2. Brossette aussi prétend « qu'avant que Racine lui eût appris à
déclamer, c'étoit une actrice fort médiocre. » (Recueil manuscrit de
la Bibliothèque nationale, p. 41.) Qu'elle fût sans expérience dans
son art, cela est probable, et c'est tout ce qu'il eût fallu dire.

aux plus charmantes créations du poëte. Ce fut sans doute en lui apprenant ce rôle, dont il lui dictait les accents les plus touchants et tous les soupirs, qu'il s'éprit d'amour pour elle. Depuis il chargea la Champmeslé d'introduire sur la scène Roxane, Monime, Iphigénie et Phèdre. Elle fut admirable dans chacun de ces rôles, dont les leçons de Racine lui révélaient et lui commentaient toutes les beautés.

Voltaire, pour mieux exalter Mlle Clairon, a raill la déclamation chantante de la Champmeslé, qu'il n'avait pas entendue, et « ses sons affétés,

> Écho des fades airs que Lambert a notés[1]. »

Nous devons cependant nous faire une autre idée de cette récitation passée de mode, mais qui demandait sa règle au goût de Racine, une autre idée de cette Champmeslé dont Mme de Sévigné parle avec admiration dans maint passage de ses lettres. Tout le grand siècle lui a payé son tribut d'hommages. Un vers de Boileau, dans l'*Épître à Racine*, eût suffi pour l'immortaliser dans le rôle d'Iphigénie. Elle doit plus encore à la Fontaine, qui l'a chantée avec tant d'enthousiasme et tant de grâce. « Puissent mes derniers vers, lui dit-il[2],

> Aller si loin que notre los franchisse
> La nuit des temps : nous la saurons dompter
> Moi par écrire, et vous par réciter.
> Nos noms unis perceront l'ombre noire....
> Qui ne connoît l'inimitable actrice
> Représentant ou Phèdre ou Bérénice,
> Chimène en pleurs, ou Camille en fureur?
> Est-il quelqu'un que votre voix n'enchante?
> S'en trouve-t-il une autre aussi touchante,
> Une autre enfin allant si droit au cœur? »

La beauté de la Champmeslé paraît avoir été beaucoup moins parfaite que son talent. « Elle est laide de près, dit Mme de Sévigné; mais quand elle dit des vers, elle est adorable[3]. »

---

1. *Épître en vers à Mlle Clairon.*
2. *Belphégor*, à Mlle de Chammelay.
3. *Lettre à Mme de Grignan*, 15 janvier 1672, tome II, p. 469.

Laide, c'est peut-être difficile à croire, lorsqu'on lui voit tant d'adorateurs. On se contente de dire dans l'*Histoire du Théâtre françois*[1] que « sa peau n'étoit pas blanche, et qu'elle avoit les yeux extrêmement petits et ronds; » mais on ajoute que l'ensemble des traits de son visage ne laissait pas de plaire, et qu'elle était « d'une taille avantageuse, bien prise et noble. » Une de ses plus grandes séductions était le son touchant de sa voix. Ce que la Fontaine en dit dans ses vers est d'accord avec ce passage d'un petit livre imprimé en 1680, sous le titre d'*Entretiens galants* : « Elle sait conduire sa voix avec beaucoup d'art, et elle y donne à propos des inflexions si naturelles qu'il semble qu'elle ait vraiment dans le cœur une passion qui n'est que dans sa bouche[2]. »

On lui a beaucoup refusé l'esprit. Louis Racine « dit qu'elle en avoit si peu qu'il falloit lui faire entendre les vers qu'elle avait à dire. » Les frères Parfait, qui engagèrent avec lui une discussion au sujet de la Champmeslé, ne le contredirent guère sur ce point[3]. Des anecdotes ont couru où l'on veut lui faire jouer le personnage d'une sotte. Il en est une que Lemazurier raconte dans sa *Galerie historique des acteurs* : « La Champmeslé demandait à Racine d'où il avait tiré *Athalie*. — De l'Ancien Testament, répondit-il. — De l'Ancien Testament! répliqua l'actrice; eh mais! n'avois-je pas ouï dire qu'il y en avoit un nouveau[4]? » C'est un conte fait à plaisir. Au temps d'*Athalie*, Racine n'a jamais dû se rencontrer avec la Champmeslé. Au surplus, naïve ignorance serait autre chose que bêtise. En vérité, nous aurions peine à croire à un manque absolu d'esprit chez une si excellente interprète de ces chefs-d'œuvre, que jamais, ce nous semble, on ne rendra bien, sans avoir au moins de leurs beautés comme un instinct supérieur. Et puis qu'on lise les billets de la Fontaine à la Champmeslé :

1. Tome XIV, p. 523.
2. *Entretiens galans* (à Paris, chez Barbin, 1680, 2 vol. in-12), tome II, p. 90.
3. *Préface* du tome XIV de l'*Histoire du Théâtre françois*, p. v.
4. *Galerie historique des acteurs du théâtre français depuis* 1600 *jusqu'à nos jours*, par P. D. Lemazurier (Paris, Chaumerot, 1810, 2 vol. in-8°), tome II, p. 70 et 71.

écrit-on ainsi à quelqu'un qui ne peut vous comprendre?
Quant aux lettres qu'elle-même écrivait, nous ignorons ce
qu'elles pouvaient être, quoi qu'en ait dit Walckenaer. A
l'entendre, Charles de Sévigné, en aurait reçu d'elle, qui sur-
prirent sa mère « par cette chaleureuse et naturelle éloquence
que la passion inspire aux plumes les plus inhabiles[1]. » Mais
c'est là une distraction. Voici le passage de Mme de Sévigné
auquel Walckenaer a voulu faire allusion : « Il me montra
des lettres qu'il a retirées de cette comédienne; je n'en ai
jamais vu de si chaudes ni de si passionnées : il pleuroit, il
mouroit. Il croit tout cela quand il écrit[2]. » Manifestement ces
lettres brûlantes sont celles, non de la Champmeslé, mais de
Charles de Sévigné. On n'en sauroit donc rien conclure, si ce
n'est peut-être qu'un homme de tant d'esprit ne se serait pas
à ce point mis en frais pour une idole sans intelligence.

Nous avons cru pouvoir faire remonter au temps de *Bérénice* les commencements de la passion de Racine. Dans la critique de cette tragédie, que l'abbé de Villars écrivit en novembre 1670, il prétend, contre toute vraisemblance, que le
personnage d'Antiochus « ne fut introduit que pour donner un
rôle ennuyeux et vide au mari de la Champmeslé. » Cette insi-
nuation ridicule peut du moins servir à prouver que Racine, à
cette date, passait déjà pour aimer la Champmeslé. C'est aussi
de l'année 1670 que, dans le *Chansonnier Maurepas*, on date
un *Alleluia* dont le dernier couplet, et la note qui l'explique,
nous apprennent que Champmeslé, sur le point d'être chassé
de l'Hôtel de Bourgogne, s'y maintint par le crédit de Racine,
amoureux de sa femme[3] :

> Champmeslé, cet heureux mortel,
> Ne quittera jamais l'Hôtel :
> Sa femme a pris Racine là.
> Alleluia.

1. *Mémoires sur Mme de Sévigné*, tome IV, p. 116.
2. *Lettre à Mme de Grignan*, 17 avril 1671, tome II, p. 174.
3. *Recueil* (manuscrit) *de chansons, vaudevilles*, etc., *satiriques et
historiques*, troisième volume, fol. 377-379. — Nous n'affirmons
pas que les dates données aux chansons dans ce recueil soient toujours certaines. Cet *Alleluia*, par exemple, pourrait bien être de

Racine eut dans cet amour bien des concurrents, et qui
ne furent pas plus malheureux que lui. Dès les premiers temps
il dut s'y habituer; car les lettres où Mme de Sévigné raconte les aventures de son fils avec celle qu'elle appelait *la
petite Chimène*, ou *la petite merveille*, ou même *sa belle-fille*,
sont des mois de mars et avril 1671. Lorsque Ninon voulut se
faire livrer les billets écrits par Charles de Sévigné à la
Champmeslé, son dessein était de se venger en les envoyant,
à qui? à Racine? Nullement; car elle voulait faire donner à sa
rivale « quelques petits coups de baudrier[1]; » ce qui sent le
porteur d'épée. Il s'agissait peut-être de Charles-Amédée de
Broglie, comte de Revel, à qui Boileau écrivait beaucoup plus
tard[2] : « Trouvez bon que je vous parle encore aujourd'hui
sur ce ton familier auquel vous m'aviez autrefois accoutumé
chez la fameuse Champmeslé. Vous étiez alors assez épris d'elle,
et je doute que vous en fussiez rigoureusement traité. »

On se fait naturellement du cœur de Racine une telle idée
qu'on ne pourrait comprendre comment il l'eût mis tout entier
dans une pareille liaison, même en se sachant préféré. Il put
bien y avoir de sa part, dans cette galanterie, une grande
vivacité de passion, mais non un attachement sérieux. Tout ce
que nous savons de ce temps de folie a un caractère de légèreté fort joyeuse : « Il y a, dit Mme de Sévigné, une petite
comédienne, et les Despréaux et les Racine avec elle : ce sont
des soupers délicieux, c'est-à-dire des diableries[3]. » Boileau,
se souvenant de ces soupers, dont Racine paraît avoir été le
véritable amphitryon, lui écrivait au temps de leurs sages années : « Ce ne seroit pas une mauvaise pénitence (*il s'agissait
de boire du vin de Pantin*) à proposer à M. de Champmeslé

l'hiver de 1671-1672; car il y est question de l'amour du comte de
Saint-Paul pour Mme de Brissac, sur lequel on peut voir la *lettre
de Mme de Sévigné à Mme de Grignan*, du 13 janvier 1672, tome II,
p. 467.

1. *Lettre de Mme de Sévigné à Mme de Grignan*, 22 avril 1671,
tome II, p. 176.

2. *Lettre de Boileau au comte de Revel*, 17 avril 1702.

3. *Lettre de Mme de Sévigné à Mme de Grignan*, 1er avril 1671,
tome II, p. 137.

pour tant de bouteilles de vin de Champagne qu'il a bues chez
lui, vous savez aux dépens de qui[1]. » A cette table, où s'as-
seyaient Racine, la Fontaine, Boileau, Sévigné, quelques-
uns des plus brillants seigneurs de la cour, et au milieu d'eux
le comédien Champmeslé, très-capable d'y dire son mot, ce
n'était pas l'esprit qui manquait. Mais on trouvera que ce sont
là de singuliers banquets de nos dieux classiques : qu'on nous
pardonne de ne pas dissimuler leurs faiblesses[2]. Tous les convives de « ces diableries » n'y avaient pas un beau rôle, et le
plus noble n'était pas pour Champmeslé, qui laissait complaisamment courtiser sa femme. On a dit que Racine lui fit un
jour une plaisanterie qu'il nous serait impossible de trouver
délicate, et qui donnerait un singulier caractère à son amour
pour la Champmeslé. Cette plaisanterie n'est que trop connue
par l'épigramme de Boileau : « De six amants..., etc. » Cependant Brossette dit seulement ceci, que Despréaux la fit sur
Champmeslé et dans un souper chez lui[3]. Lorsque le commen-
tateur du satirique l'envoya à Jean-Baptiste Rousseau, celui-ci
lui répondit qu'il la connaissait déjà : « On prétend, ajoute-
t-il, que c'est un bon mot de M. Racine au comédien Champmeslé[4]. » Tout le monde le répète après Rousseau ; mais celui-ci n'affirme rien ; et il y a, pour ne pas dire plus, de fortes
raisons de douter. Boileau, en dictant l'épigramme à Brossette,

1. *Lettre de Boileau à Racine*, 28 août 1687.

2. Nous ne sommes pas cependant de ceux qui se font un malin
amusement de les surprendre en faute. Ceux-là seuls nous reproche-
ront peut-être de n'avoir pas été chercher dans Brossette, au commencement du Recueil manuscrit de la Bibliothèque nationale (dans
l'*Appendice de la correspondance entre Boileau Despréaux et Brossette*,
publiée par A. Laverdet, à la page 505), une anecdote fort sca-
breuse, qui, même très-atténuée dans l'expression, ne pouvait, sous
un vain prétexte de vérité, trouver place ici. Boileau, qui n'y eut
d'autre rôle que celui d'un sage dont on veut rire, n'y est point
compromis, mais Racine l'est beaucoup, au moins comme bien léger
dans ses plaisanteries, et avec lui le chirurgien Félix, son ami. Il est
vrai, dit Brossette, « que dans ce temps-là ils étaient bien jeunes
tous trois. »

3. Recueil manuscrit de la Bibliothèque nationale, p. 41.

4. *Lettre de J. B. Rousseau à Brossette*, 15 octobre 1715.

au milieu d'une conversation sur Racine, ne nomme pas son ami comme l'auteur du bon mot. Ce qui paraît encore plus décisif, Mme de Sévigné, bien au courant, grâce à son fils, de tout ce qui se passait chez la Champmeslé, tenait de lui cette plaisanterie, toute fraîche encore, comme ayant une autre origine, et dite par un comédien à son camarade[1]. »

1. Voyez la *lettre de Mme de Sévigné à Mme de Grignan*, 8 avril 1671, tome II, p. 150. — On a voulu que Racine fût l'auteur non-seulement du bon mot qui a inspiré l'épigramme, mais de l'épigramme elle-même. M. Édouard Fournier a dit dans une note de *Racine à Uzès*, p. 70 : « J. B. Rousseau nous apprend, dans une de ses lettres à Brossette, que le trait de l'épigramme *est un bon mot de Racine*.... Une note qui doit être de L. Racine, comme la plupart de celles qui expliquent ces lettres, ajoute : *Cette épigramme fut faite dans une société de jeunes gens dont étoient Boileau et Racine, et fut l'ouvrage de la société*. Concluez qu'elle est de Racine. » — C'est conclure un peu vite. M. Fournier continue ainsi : « Moins discret en conversation que par écrit, L. Racine l'avoua lui-même à le Brun. Fayolle l'apprit de celui-ci, et fit à ce sujet une note dans son curieux recueil d'épigrammes, *l'Acanthologie*, 1817, in-12. » J. B. Rousseau s'est exprimé beaucoup moins affirmativement qu'on ne le dit ici. Il ne faut pas oublier les mots « on prétend », que nous avons conservés dans notre citation plus complète. Quant à la note sur la lettre de Boileau à Brossette (voyez les *Lettres de Rousseau sur différents sujets*, Genève, 1749, p. 38 de la deuxième partie du tome I er), il est bien vrai qu'elle doit être de Louis Racine, comme toutes celles de cette édition, quoique dans une lettre adressée au *Mercure de France* (août 1749), il décline la responsabilité d'éditeur. Mais il fallait donner la note tout entière. En voici la fin : « Boileau n'eut jamais ce style, et il ne l'eût pas apprise à Brossette, s'il eût soupçonné qu'elle se trouveroit un jour dans le commentaire de son *Art poétique*. » Il nous semble évident que L. Racine eût dit à bien plus forte raison, s'il eût pensé qu'on voulût attribuer l'épigramme à Racine : « Mon père n'eut jamais ce style. » Que l'on récuse en cela son témoignage, nous le voulons bien, d'autant plus que Boileau paraît avoir réellement écrit l'épigramme. Mais, au contraire, on invoque ce témoignage, pour en tirer ce que le témoin n'a pu avoir l'intention d'y mettre. L'épigramme, suivant Louis Racine, aurait été composée chez la Champmeslé, et son père et Boileau faisaient partie de la société qui s'y réunissait. Voilà, ce semble, tout ce que la note fournit. Reste l'assertion de Fayolle. Dans son *Acanthologie*, p. 49, il donne l'épigramme, et à la page suivante il dit

A une date assez rapprochée de l'époque où tout changea dans la vie de Racine, nous avons dans une lettre de la Fontaine la preuve que l'amour de Racine pour la Champmeslé durait encore. Cette lettre n'est, dans l'autographe, datée que du *jeudi* 12 : par des raisons très-plausibles, tirées de son contexte, M. Walckenaer est d'avis qu'elle fut écrite en 1676. En adoptant les raisons qu'il donne, nous la daterions plutôt de décembre 1675[1]; d'ailleurs la différence est peu considérable. Voici ce que la Fontaine écrivait de Château-Thierry à Mlle de Champmeslé : « M. Racine avoit promis de m'écrire. Pourquoi ne l'a-t-il pas fait? Il auroit sans doute parlé de vous, n'aimant rien tant que votre charmante personne.... Voudrez-vous engager M. Racine à m'écrire ? vous ferez œuvre pie. J'espère qu'il me parlera de vos triomphes. »

Une liaison depuis si longtemps formée ne prit fin (les collecteurs d'anecdotes s'accordent à le dire) que lorsque le comte de Clermont-Tonnerre supplanta Racine dans les bonnes grâces de la comédienne. Qui ne connaît le burlesque quatrain qui fut composé à ce sujet?

> A la plus tendre amour elle fut destinée,
> Qui prit longtemps Racine dans son cœur ;
> Mais, par un insigne malheur,
> Le Tonnerre est venu, qui l'a déRacinée.

en note : « Cette épigramme, imprimée dans les *Œuvres* de Boileau, était de Racine, qui l'avait faite contre la Champmeslé, sa maîtresse. Nous tenons cette anecdote de le Brun, qui la tenait de L. Racine. » Quand on sait comment les faits s'altèrent en passant par plusieurs bouches, on peut ne pas attacher une grande importance à la note de Fayolle. N'est-ce pas lui qui, dans le même recueil épigrammatique, p. 183, n'a pas craint de signer du nom de J. Racine l'épigramme grossièrement injurieuse contre Mme de Maintenon : *A voir cette prude...* ?

[1]. La Fontaine parle dans cette lettre du dégoût que lui causent ses affaires, « compte, vente, arrérages. » Le 2 janvier 1676, il signait à Château-Thierry l'acte de vente de sa maison à Antoine Pintrel. Si l'on date la lettre du jeudi 12 mars 1676, il semble qu'il devait alors en avoir fini depuis quelque temps avec tous ses ennuis. C'est pour cela que le jeudi 12 décembre 1675 nous paraît plus probable. Les triomphes dont il est question dans la lettre doivent être ceux d'*Iphigénie*.

On a beaucoup dit non-seulement que Racine avait été trahi, mais que cette trahison lui avait causé une grande douleur ; et parmi toutes les explications que l'on a cherchées de sa rupture avec le théâtre, l'infidélité de la Champmeslé n'a pas été oubliée[1]. Tout au plus cependant pourrait-on admettre que, jointe à d'autres dégoûts, cette déception, qui ne semble pas avoir pu le jeter dans un si violent désespoir, lui rendit moins difficile la résolution de réformer sa vie. Racine ne s'étoit pas montré jusque-là d'une jalousie très-tragique. On se demande même pourquoi le comte de Tonnerre lui aurait donné plus d'ombrage que tant d'autres. Ce fut peut-être le nouveau rival qui fut jaloux, et qui exigea qu'on lui sacrifiât le poëte. Quoi qu'il en soit, il n'était pas trop tôt pour s'arracher à un attachement si peu digne d'un homme tel que Racine. Le partage avec le comte de Tonnerre eût d'ailleurs été particulièrement fâcheux, s'il faut juger ce personnage sur le portrait qu'en a fait Saint-Simon. Il était homme de beaucoup d'esprit, mais d'un esprit railleur et caustique, avec cela poltron et escroc, un autre chevalier de Gramont[2]. Ce qui nous ferait soupçonner une certaine vérité dans quelques-uns de ces traits, c'est une lettre de 1678, où le bonhomme la Fontaine, d'une tolérance beaucoup trop facile, et toujours prêt à s'accommoder d'un nouveau règne, demande à la Champmeslé si M. de Tonnerre se propose de continuer avec lui les brocards et les niches dont il l'honorait, « et s'il rapporte toujours au logis quelque petit gain. » Tout cela n'est pas très-beau pour la Champmeslé ; et si elle ne laissa que peu de regrets à Racine, on le comprend sans peine.

Dans un temps où pour Racine ses folies de jeunesse n'étaient plus qu'un songe, et où il approchait lui-même de ses derniers jours, il sut que celle qu'il avait autrefois aimée se mourait à Auteuil, et il écrivait alors à son fils : « M. de Rost m'apprit avant-hier que la Chamellay étoit à l'extrémité, de quoi il me parut très-affligé ; mais ce qui est le plus

1. Voyez, par exemple, ce que dit à ce sujet l'*Histoire du Théâtre françois*, tome XIV, p. 518.

2. *Mémoires de Saint-Simon*, tome I, p. 220, et tome V, p. 68.

affligeant, c'est de quoi il ne se soucie guère apparemment,
je veux dire l'obstination avec laquelle cette pauvre malheureuse refuse de renoncer à la comédie[1]. » Y avait-il dans cette
sollicitude du chrétien comme un dernier reste de tendresse?
Peut-être. Mais lorsque, désabusé sur ce qu'il avait entendu
dire des dispositions de la mourante, il en informa son fils
quelques jours plus tard, en lui annonçant la mort de la
comédienne, nous ne saurions trouver son accent très-ému :
« Le pauvre M. Boyer est mort fort chrétiennement; sur quoi
je vous dirai, en passant, que je dois réparation à la mémoire
de la Chameslé[2], qui mourut aussi avec d'assez bons sentiments, après avoir renoncé à la comédie, très-repentante de
sa vie passée, mais surtout fort affligée de mourir[3]. » *En
passant* est un peu sec, à moins qu'on ne croie l'indiffé-
rence affectée; et l'oraison funèbre, tout entière, est médiocrement attendrissante. Ne faut-il pas que le cœur n'ait jamais été profondément touché pour que la mort même n'y
remue pas sous la vieille cendre plus de souvenir du passé?
Valincour cependant, qui avait bien connu Racine, est un de
ceux qui expliquent la trop grande place donnée à l'amour dans
ses tragédies par « son caractère qui étoit plein de passion. »
Il est donc d'accord avec Mme de Sévigné, que nous avons
tout à l'heure soupçonnée d'illusion, lorsque nous avons cité
deux passages de ses lettres[4]. Qui sait? Nous n'avons peut-
être pas vu dans son vrai jour cette histoire de la Champmeslé; mais si dans ces secrets du cœur, dont il est si difficile d'être juge, nous ne nous sommes pas trompé, si l'on peut
tout au moins dire de Racine que l'aliment a toujours manqué à la flamme qu'il portait en lui, n'éprouve-t-on pas à le
constater quelque déception? Et n'est-il pas singulier qu'il y
ait eu au dix-septième siècle un poëte à qui l'amour inspira
sa première pièce, dont les vers tragiques, à la fin de sa car-

1. *Lettre* du 16 mai 1698. — Mlle de Champmeslé était morte la
veille à Auteuil; Racine l'ignorait.
2. Cette singulière incertitude d'autographe, tantôt *la Chamellay*,
tantôt *la Chameslé*, se remarque dans les lettres autographes.
3. *Lettre* du 24 juillet 1698.
4. Voyez ci-dessus aux pages 74 et 75.

rière, étaient encore échauffés par une passion de vieillard, un
poëte qui a pu dire :

> J'ai brûlé fort longtemps d'une amour assez grande,
> Et que jusqu'au tombeau je dois bien estimer,
> Puisque ce fut par là que j'appris à rimer....
> Et ce que j'ai de nom je le dois à l'amour ;

et que ce poëte ne soit pas Racine, mais Corneille ?

Nous avons peut-être parlé trop longuement de la Champmeslé, tandis que, ne voulant pas répéter ce que nous déve-
loppons ailleurs, nous ne faisions que nommer tant de nobles
œuvres dont ce même temps de la vie de Racine est rempli.
Ne les perdons pas de vue cependant ; Racine assis aux soupers
de la comédienne n'est heureusement pas la seule image, ni
la plus vraie, que ces années de glorieux travaux nous doivent
laisser de notre grand poëte. Sa renommée était alors dans
tout son éclat. Quelle que fût l'ardeur des inimitiés, on
n'osait plus que chicaner sa supériorité, non la nier. Le *Mercure galant* lui-même, toujours si malveillant pour lui, était
contraint, pour ne pas paraître trop absurde, de donner à
son ironie la forme d'un hommage. Dans sa lettre de janvier 1672, après un examen railleur de *Bajazet*, il parlait
ainsi : « Je n'ai rien à vous dire du mérite de son auteur : il
est si grand qu'on ne peut trouver de place sur le Parnasse
aujourd'hui digne de lui être offerte ; et ses amis le placent
entre Sophocle et Euripide. » Racine avait d'ailleurs conquis
de tels suffrages à la cour que sa gloire en était protégée, et ne
pouvait plus guère être attaquée qu'obliquement. Henriette
d'Angleterre, duchesse d'Orléans, l'esprit le plus charmant
de cette cour, avait eu les prémices d'*Andromaque*, et l'avait
honorée de ses larmes ; elle avait paru favoriser Racine contre
Corneille en leur proposant à tous deux le sujet de *Bérénice*,
où la victoire du tendre poëte était assurée. La faveur du
grand Condé était déclarée pour Racine, qui lui récitait ses
vers sous les ombrages de Chantilly. D'Effiat, Manicamp, Guilleragues, Nantouillet, les plus spirituels courtisans, le trai-
taient en ami. Parmi ses plus grands admirateurs il comptait
les Mortemart, si renommés pour leur esprit : Vivonne,
Mme de Thianges, Mme de Montespan. Colbert, à qui il dédia

Bérénice, lui accordait toute sa protection sans qu'il fût besoin
davantage des bons offices de Chapelain; l'amitié du duc de
Chevreuse entretenait les bonnes dispositions du ministre
pour notre poëte. Enfin, ce qui était le plus décisif de tous
les succès, Racine plaisait au Roi, qui avait reconnu en lui le
vrai poëte d'un règne noble, pompeux et galant. C'était
Louis XIV, qui en donnant à sa cour le signal des applaudissements, avait relevé *les Plaideurs*, mal jugés par la ville. Ce
que l'on racontait de l'effet produit sur lui par un passage
de *Britannicus*, ne fût-il pas tout à fait exact, malgré le témoignage de Boileau[1], prouverait tout au moins combien on
le savait admirateur du poëte et touché par ses beaux vers.
Mithridate avait été pour lui une pièce de prédilection. Il
voulut que Versailles pût, avant Paris, admirer *Iphigénie*.

À une gloire devenue si incontestable aucune jalousie, on
le comprend, n'eût été assez puissante pour fermer l'Académie française. Racine y entra, succédant à la Mothe le Vayer,
le 12 janvier 1673, le même jour que Fléchier et l'abbé Gallois.
Le *Mercure* rend ainsi compte de la triple réception : « MM. Gallois, Fléchier et Racine ont été reçus à l'Académie françoise,
où M. Colbert s'est rendu pour entendre leurs harangues. Elles
lui plurent beaucoup, et toute la compagnie en fut charmée. »
C'est une banalité de pure forme, et sans doute écrite d'avance[2].
La harangue de Fléchier, qui parla le premier, eut un grand
succès, mais non celle de Racine. Inexplicable bizarrerie! La
journée ne fut pas heureuse pour le poëte, si bien doué cependant pour l'éloquence académique, comme pour tous les genres
d'éloquence, et si bon récitateur. Mais il paraît qu'il s'était

1. *Lettre à de Losme de Monchesnay*, (septembre) 1707.

2. On ne cherchera pas plus d'exactitude dans un prétendu récit
de cette séance académique qui se trouve au tome I⁰ⁿ des *Mémoires
d'un homme de qualité*, p. 171 : « La salle étoit remplie de quantité de
personnes de première distinction, que la réputation du nouvel académicien y avoit attirées. Il faut avouer que Racine charma tous ses
auditeurs. Il étoit bel homme, il déclamoit bien; son discours étoit
bien composé. A peine put-il répondre à l'empressement de tous ceux
qui venoient l'embrasser et le féliciter de son succès. » L'abbé Prévost
est aussi romanesque ici que dans un autre passage du même ouvrage
cité par L. Racine dans la seconde partie de ses *Mémoires*.

intimidé. Nous n'avons rien à ajouter à ce que d'Olivet et Louis
Racine disent très-exactement sans doute sur ce petit échec ;
nous n'avons pas plus de détails qu'ils n'en donnent, et notre
édition, comme les précédentes, est privée de ce discours académique, dont il ne s'est pas conservé le moindre vestige. Du
reste, le mauvais succès d'un compliment était bien peu de
chose ; on put à peine y faire attention au milieu des triomphes
de la tragédie de *Mithridate*, et nous ne voyons pas qu'on s'en
soit alors occupé. C'était une consolation trop insignifiante pour
l'envie aux abois. Car il ne faut pas que quelques injustices
d'une partie du public, auxquelles Racine fut trop sensible,
nous fassent illusion. Dans ces dernières années de sa carrière
théâtrale il avait forcé l'admiration, et régnait pleinement sur
la scène. On en trouverait, au besoin, une preuve suffisante
dans les vers que Corneille adressait au Roi pour le remercier
des représentations de ses pièces à Versailles dans l'automne
de 1676. Il se sentait vaincu dans l'opinion par les « modernes
illustres ; » et au malheur de ses tragédies, qui lui faisait dire :

Le peuple, je l'avoue, et la cour les dégradent,

il comparait avec chagrin « l'heureux brillant de *ses jeunes
rivaux*. »

Quelles furent les raisons qui, à ce comble de sa renommée,
et dans toute la force de son talent et de son âge (il n'avait
que trente-sept ans), décidèrent Racine, après *Phèdre*, à renoncer au théâtre ? On a dit que le découragement s'était em-
paré de son âme, que la scandaleuse cabale formée à l'hôtel
de Bouillon contre la plus belle de ses tragédies, l'avait profondément affecté. Se taire pour toujours devant les applaudissements donnés à Pradon, applaudissements qui furent
de très-courte durée, semble un étrange excès de sensibilité : quoique à vrai dire, plus le rival était indigne, plus
se peut expliquer quelque dégoût d'une gloire ainsi prosti-
tuée, et un certain mépris pour ce public, qui après avoir
eu si longtemps, pour former son goût, les leçons les plus
parfaites du génie, en était encore là ! Oui, ce dégoût fut pour
quelque chose dans la cruelle résolution de Racine. Comment ne pas le croire, en lisant la belle épître de Boileau :
Que tu sais bien, Racine, etc. ? Elle peut servir à mesurer

la douleur du poëte outragé. On ne dépense pas en pure perte,
on ne trouve pas dans les inspirations de son cœur tant d'é-
loquence, pour relever un courage faiblement ébranlé. Toute
cette admirable exhortation de la ferme raison et de l'amitié
compatissante est évidemment une réponse à la parole qu'il
nous semble entendre : « Je ne lutte plus contre l'envie et la
sottise ; je cesse de travailler pour des ingrats. » Racine faisait
lui-même l'aveu du trouble où il se laissait jeter par les attaques de ses zoïles, lorsqu'il disait à l'aîné de ses fils : « Quoique
les applaudissements que j'ai reçus m'aient beaucoup flatté, la
moindre critique, quelque mauvaise qu'elle ait été, m'a toujours causé plus de chagrin que toutes les louanges ne m'ont
fait de plaisir. » N'oublions pas non plus que Valincour dit, à
propos de ces tracasseries de la rivalité des deux *Phèdres :*
« Je vis Racine au désespoir. »

Mais en tenant compte de ce motif de retraite, on peut af-
firmer qu'il ne fut pas le seul. Il y en eut un autre, sur lequel
on n'est pas non plus réduit aux conjectures, et dont il ne
reste pas des traces moins évidentes. Dans la fameuse lettre de
Racine à Mme de Maintenon un passage doit être remarqué. Parlant de sa tante, supérieure de Port-Royal : « C'est elle, dit-il,
qui m'apprit à connoître Dieu dès mon enfance, et c'est elle
aussi dont Dieu s'est servi pour me tirer de l'égarement et des
misères où j'ai été engagé pendant quinze années. » La mère
de Sainte-Thècle dut faire plus que Pradon pour lui enseigner
la vanité des louanges des hommes. Elle trouva sans doute son
âme préparée par les amertumes d'une passion dont il ne restait plus que la lie, et d'une gloire trop disputée, qu'il était
prêt à rejeter, suivant l'expression du poëte,

> Comme une écorce vide
> Que les lèvres pressent en vain.

Il est certain d'ailleurs que dans cette âme il se faisait depuis
quelque temps un travail, qui y réveillait toutes les impressions de sa première jeunesse, et lui rendait, comme un remords, la mémoire de cette éducation chrétienne, dont elle
était déchue : *memor tandem unde exciderat*, dit M. Tronchai
dans son épitaphe de Racine. La préface de *Phèdre* témoigne
clairement de ce désir du retour. L'auteur s'y montre jaloux

« de réconcilier la tragédie avec quantité de personnes célèbres par leur pitié et leur doctrine, qui l'ont condamnée dans
ces derniers temps : » dispositions bien différentes de celle qui
avait dicté les deux malicieuses lettres de 1666. Un rapprochement avec Port-Royal était espéré et cherché. L'esprit dans
lequel avait été conçue la pièce elle-même était un symptôme
caractéristique, et antérieur aux ennuis que causèrent à Racine les méchancetés des protecteurs de Pradon. Non-seulement il y avait dans *Phèdre* l'intention, déclarée par le poëte,
de mettre en jour la vertu; mais jamais dans un sujet profane
(celui-là semblait même le plus foncièrement païen qu'on pût
choisir), jamais inspiration ne fut plus chrétienne. Boileau le
sentit bien, et porta la pièce comme un gage de réconciliation
au grand Arnauld, le plus ouvert après tout de ces esprits ri-
gides. Racine, d'après les *Mémoires* de son fils, avait chargé
son ami de tenter cette réconciliation. Il se peut que Boileau,
dans le choix de son arme de négociateur, ait agi de son propre
mouvement, et que témoin des scrupules dont était tourmenté
son ami, il ait espéré de conclure, la *Phèdre* à la main, un
traité de paix qui apaiserait ces scrupules, et en même temps
sauverait la muse tragique. Cette dernière intention toutefois,
quelque digne qu'elle fût d'une amitié, si justement jalouse
de la gloire du grand poëte, il faudrait renoncer à la supposer, si Louis Racine a été bien informé de l'époque de la
démarche, qu'il place après le mariage de son père, et de
l'époque antérieure, au contraire, à ce mariage, où celui-ci
résolut « de ne plus faire de tragédies et même de ne plus
faire de vers ». A quelque moment que Phèdre ait été pré-
sentée au sévère docteur, il comprit et reconnut le sens chrétien de la pièce et n'y fit qu'une objection plus littéraire que
morale[1]. La glace ainsi rompue, Boileau put lui amener le

---

1. Le *Furetiriana* (1 vol. in-12, Paris, chez Thomas Guillain,
M.DC.LXXXVI) nous offre un témoignage bien plus ancien que les
Mémoires de Louis Racine du jugement d'Arnauld sur *Phèdre*. Il est
dit, p. 91 : « De toutes les pièces de théâtre de M. Racine, M. Arnauld n'avoit lu que sa *Phèdre;* après l'avoir lue, il dit : « Cela est
« parfaitement beau, mais pourquoi faisoit-il Hippolyte amoureux? »
C'est de là sans doute que Louis Racine a tiré cette partie de son récit

poëte pardonné, et l'on sait la touchante entrevue, que nous n'avons pas à raconter après les *Mémoires* de Louis Racine. Nous savons aussi par ces *Mémoires* que dans l'excessive violence de la crise de dégoût qui, mêlée à de pieuses agitations de conscience, troubla le cœur de Racine, il voulait se faire chartreux, et que son confesseur l'en détourna, le croyant plutôt fait pour rester dans le monde et pour y chercher dans un mariage chrétien, et dans les salutaires devoirs de la vie de famille, cette paix du cœur qu'il avait besoin de retrouver, et un asile assuré contre les tentations de rechute.

Voilà comment fut consommé le divorce de Racine avec les plus chères occupations de sa vie, avec une gloire dans tout son rayonnement et si pleine encore de promesses. On doit certainement penser que les blessures faites à la sensibilité du poëte par les envieux, que Boileau a si bien représentés croassant autour de lui, contribuèrent à l'arracher aux « illustres veilles » célébrées, pour relever son courage, par le même fidèle ami ; mais, comme nous l'avons déjà dit, il ne faut pas attribuer à ces seules blessures un renoncement, dont, au profane point de vue de l'art, le dommage est à jamais déplorable. Il semble même que, lorsqu'il eut reconnu dans son âme la trace des pieuses leçons qui avaient formé sa jeunesse, le repentir surtout l'éloigna de la scène. Ce fut un des plus grands sacrifices que l'homme puisse faire aux scrupules de sa conscience et à la pensée de Dieu. Nous avons fait ainsi d'incalculables pertes. La veine tragique de Racine, celle qui s'alimentait aux sources de l'antiquité, était loin d'être épuisée après *Phèdre* : « Il se faisoit quelquefois un plaisir, dit la Grange-Chancel[1], de m'entretenir des sujets qui lui avoient passé dans l'esprit. Il n'y en a presque point soit dans la fable, soit dans l'histoire, sur lesquels il n'eût promené ses idées et trouvé des situations intéressantes, dont il avoit la bonté de me faire part. » Une première esquisse d'*Iphigénie*

où est rapportée la même parole. Nous croyons tout ce récit des *Mémoires* composé de diverses traditions recueillies çà et là. Il n'est pas de première main, et a pu être un peu arrangé dans l'ensemble, par conséquent inexact pour les dates.

1. Préface de ses *Œuvres* (édition de 1735), p. xxxii et xxxiii.

en Tauride s'est retrouvée dans ses papiers. Il avait également songé à une *Alceste ;* et même, si l'on en croit une tradition assez répandue, il ne s'était pas borné à y songer : il devait, sinon l'avoir achevée, au moins l'avoir avancée beaucoup plus que l'*Iphigénie en Tauride.* La Grange-Chancel, qui fit lui-même une *Alceste*, dit dans la préface de cette tragédie, que des amis de Racine affirmaient lui avoir entendu réciter des morceaux admirables de sa pièce : ce qui confirmerait ce que Louis Racine tenait de Longepierre, un des heureux confidents de ces vers restés inédits, et brûlés par l'auteur peu de temps avant sa mort. Si cela est, un chef-d'œuvre nous a été cruellement envié, dont on ne saurait se faire une trop haute idée. Quel sujet en effet plus noble, plus touchant, plus pur, convenait mieux au talent pathétique de Racine, à cette heure surtout où il devenait de plus en plus un Euripide chrétien ? Comment ne pas regretter de tels trésors volontairement rejetés, et enfouis dans l'ombre ? Non-seulement ces regrets sont légitimes ; il nous est aussi permis de penser qu'aucune piété ne commandait une immolation si dure, que la lampe n'est pas faite pour être mise sous le boisseau, et que Racine pouvait faire un retour sincère à la religion sans porter sa loi, que lui-même a si bien nommée *aimable*, comme un joug des plus pesants. Mais en même temps on ne saurait s'empêcher d'être ému de respect devant une résolution, héroïque dans son excès, que le découragement put aider, mais que la foi seule put soutenir.

Pour se fixer dans la vie nouvelle qui l'arrachait à tout son passé, Racine suivit le conseil qui lui avait été donné : il se maria. Ce fut le 1er juin 1677 qu'il épousa Catherine de Romanet[1]. Le mariage fut célébré dans l'église Saint-Séverin. Mlle de Romanet habitait donc alors Paris. Mais elle était de Montdidier. Son père, Jean-André de Romanet, avait été en 1654 et 1655 maïeur (*maire*) de cette ville[2]. Il avait eu aussi la charge de trésorier de France en la généralité d'Amiens. La mère de Mlle de Romanet était fille d'un riche notaire de

1. Voyez l'acte de mariage aux *Pièces justificatives*, n° XXIII.
2. *Histoire de la ville de Montdidier*, par Victor de Beauvillé, Paris, 1857, 3 vol. in-4°, tome II, p. 85.

Paris, Nicolas Dournel. Depuis assez longtemps les Romanet
étaient établis à Montdidier. C'était cependant une famille
originaire du Languedoc, qui avait eu autrefois à Aiguèze, dans
le voisinage de la ville de Pont-Saint-Esprit, une grande et
noble existence, mais depuis avait beaucoup perdu de sa ri-
chesse et de sa splendeur seigneuriale. Dans sa fortune devenue
plus modeste, elle ne laissait pas d'être fort considérée à Montdidier, où plusieurs de ses membres avaient occupé des charges
importantes : ainsi l'alliance contractée par Racine était honorable. Lorsque Mlle de Romanet se maria, elle n'avait plus,
dit Brossette[1], ni son père ni sa mère. Il ajoute qu'elle était
nièce de l'avocat le Mazier, connu par les railleries de Boileau,
et qu'elle se trouvait alors sous la tutelle d'un autre oncle,
frère de ce même le Mazier. Ce tuteur était sans doute Louis
le Mazier, conseiller et secrétaire du Roi et greffier en chef
des requêtes de l'hôtel, un des témoins qui ont signé l'acte de
mariage, et qui y est dit, non pas oncle, mais cousin de la
mariée. Comme nous avons appris d'autre part, dans des actes
notariés, que Louis le Mazier demeurait rue de la Harpe, sur
la paroisse Saint-Séverin, c'était bien probablement sous son
toit qu'habitait Catherine de Romanet. Ainsi nous est expliquée
la célébration du mariage à Saint-Séverin. Ce qui nous intéresse le plus en tout ceci, c'est que le Mazier et sa femme
Élisabeth de Coulanges étaient de vieilles connaissances de
Racine, des amis déjà au temps de sa jeunesse, et qu'ils étaient
parents de Mlle Vitart (Marguerite le Mazier). Ce fut donc
vraisemblablement par l'entremise des Vitart que se forma cette
union ; et ce sont là « les sages amis » dont parle, à cette occasion, Louis Racine. Nicolas Vitart fut, avec Boileau, un des
témoins de notre poëte ; et il faut remarquer encore qu'une
fille de ce même parent de Racine fut mariée à Claude de
Romanet, beau-frère de notre poëte.

Le *Mercure galant*, dans sa lettre du 1er juillet 1677, annonce en ces termes le mariage de Racine : « M. Racine a
épousé Mlle de Romanet. Elle a du bien, de l'esprit et de la
naissance, et M. Racine méritoit bien de trouver tous ces
avantages dans une aimable personne. » Nous savons l'âge

---

1. Recueil manuscrit de la Bibliothèque nationale, p. 41.

de Mlle de Romanet : elle avait vingt-cinq ans, étant née
en 1652[1]. De sa beauté personne ne nous parle; mais ce
n'était sans doute pas ce que Racine cherchait surtout. Pour
son bien, que le *Mercure* semble dire au moins très-suffisant,
Louis Racine ne nous en fait pas connaître le détail, quoiqu'il
eût sous les yeux le contrat de mariage. Il se contente de dire
qu'elle apportait un revenu égal à celui du mari, dont la fortune était alors fort modeste. Mlle de Romanet avait-elle de
l'esprit? ou ce que le *Mercure galant* en dit n'était-il qu'un
compliment banal, une supposition bienveillante de sa galanterie? Se prononcer absolument pourrait être téméraire. Voici
toutefois ce qui paraît. Qu'elle eût du bon sens, qu'elle fût de
sage conseil, et, comme le dit son fils, d'un jugement excellent,
aucune raison de ne pas le croire; mais les quelques lettres que
nous avons d'elle semblent exclure l'idée d'un esprit brillant;
et certainement, par leur orthographe plus qu'irrégulière, et
insuffisante même pour ce temps où les femmes les plus dis-
tinguées et les plus spirituelles y attachaient peu d'importance, ces lettres attestent un esprit peu cultivé. Louis Racine
nous apprend qu'elle se doutait à peine de ce que c'était
qu'un vers, et qu'elle avait bien un peu entendu parler des
tragédies de son mari, mais n'en lut jamais une seule. Nous
n'aurions pas exigé que Racine eût épousé une Sévigné;
mais on a quelque peine, aujourd'hui surtout, à comprendre
qu'avec la parfaite union des cœurs il puisse exister une si
infranchissable séparation des esprits. Cela nous semble même
de quelque tristesse. Se donne-t-on tout entier, quand on
réserve ainsi une telle part de sa vie, et qu'à de si nobles travaux, à tant de gloire, on n'associe à aucun degré celle qui
doit être un autre nous-même? Nous croyons que sur ce point
notre manière de sentir est seule tout à fait dans la nature et
dans la vérité; mais il ne faut pas oublier que Racine avait
condamné sa gloire poétique, et résolu de l'ensevelir, avec
ses œuvres, dans un linceul d'oubli. De tels efforts dépassent
la mesure de l'homme, et le but n'est jamais atteint. Racine,
quoi qu'il fît, ne put entièrement accomplir ce malheureux

1. *Lettres inédites de Jean Racine*, publiées par M. l'abbé de la Roque,
p. 177.

suicide. L'homme de lettres, après tout, se laissa séduire par
plus d'un prétexte pour se retrouver. Et ne dut-il pas arriver
alors qu'un ami, comme Boileau, eut dans le plus vif de l'âme
du poëte une place absolument fermée à Mme Racine? Si
c'était toujours là le mariage, ne faudrait-il pas donner raison
à cette parole légère et fausse de la Rochefoucauld : « il y a
de bons mariages, mais il n'y en a point de délicieux » ? Ce
n'est évidemment point parmi les délicieux mariages qu'il faut
classer celui de Racine, mais parmi les bons. Des sentiments
de piété complètement partagés, les mêmes vues pour l'éducation des enfants, de part et d'autre une égale tendresse pour
eux, furent les liens d'une solide amitié conjugale. Le repos
dont Racine avait souvent besoin avec son cœur trop inquiet
et habile à se tourmenter, il le trouva toujours dans son paisible intérieur, où sa femme, telle que nous la dépeint Louis
Racine, montrait une grande égalité d'âme, une tranquillité
d'humeur inaltérable.

Dans le nombre des vers satiriques, qu'on ne manqua pas
de répandre contre Racine, à propos de sa résolution d'abjurer
la poésie, et qui n'étaient sans doute pas l'œuvre de ceux que
cette résolution chagrinait le plus, en voici que nous trouvons
dans un ancien recueil[1] :

> Que ne suit-on les pas du modeste Racine
> Que le ciel aujourd'hui favorise, illumine?
> Plein des dons de la cour, sur le point de vieillir,
> *Il méprise un métier qui vient de l'anoblir,*
> Et détestant ses vers trop remplis de tendresse,
> Les prend pour des péchés commis dans sa jeunesse.

Cet anoblissement, dont parle le railleur, avait été en effet
une des récompenses que lui avait values *son métier*. Il est antérieur à son mariage. Dans l'acte de ce mariage Racine est
qualifié conseiller du Roi, et trésorier de France en la généralité de Moulins. La charge de trésorier de France conférait la
noblesse transmissible aux enfants, et donnait les mêmes priviléges que ceux des commensaux du Roi. M. de Guilleragues,

---

1. *Diversités curieuses en plusieurs lettres*, Amsterdam, chez Hoo-
genhuysen, M.DC.XCIX, tome I, p. 222 et 223.

dans une lettre du 6 juin 1684, rappelle à Racine « qu'un trésorier général de France prend le titre de chevalier, et qu'il
a la satisfaction honorable d'être enterré avec des éperons
dorés. » Racine apparemment ne s'inquiétait pas beaucoup de
cette glorieuse distinction, puisque M. de Guilleragues avait
dû lui apprendre qu'elle était attachée à son office. Nous ne
pensons pas non plus qu'elle le grandît beaucoup. Toutefois
le blason du bisaïeul Jean Racine était rajeuni ; et cet avantage
n'était acheté par aucun devoir onéreux ; car Racine n'allait
jamais à Moulins, qui, disait Boileau[1], « s'honoroit d'avoir un
magistrat de cette force, et qui lui étoit si peu à charge. » Racine devait cette honorable sinécure à Colbert, et l'on voit par
le privilége d'*Iphigénie*, qui est du 28 janvier 1675, qu'à cette
époque il la possédait déjà. Ce qui mérite surtout qu'on parle
du titre de trésorier de France, c'est qu'on trouve là une nouvelle preuve, non-seulement de la faveur de Colbert, mais aussi
de cette faveur royale qui allait se marquer bien davantage
encore l'année même du mariage de Racine, l'attacher à la
cour, lui donner auprès du prince une place à part dans sa
familiarité, et, comme dit Saint-Simon, lui acquérir des pri-
vances.

On a placé[2] au mois d'octobre 1677 la nomination de Racine
et de Boileau aux fonctions d'historiographes du Roi. C'est en
effet dans une des lettres de ce mois que le *Mercure galant*

    1. *Lettre à Racine*, 13 août 1687.
    2. M. Berriat-Saint-Prix, dans son *Essai*, au tome I des *Œuvres
de Boileau* (édition de 1830), p. CVI. — Il s'appuie sur l'autorité de
Brossette et de des Maiseaux. Brossette, au passage indiqué par
M. Berriat-Saint-Prix, c'est-à-dire à la page 364 du *Boileau* de 1716,
dit que Racine et Despréaux furent nommés historiographes en 1677,
mais il ne parle pas du mois d'octobre. Quant à des Maiseaux, voici
comment il s'exprime dans sa *Vie de Boileau* (Amsterdam, 1712),
p. 116 et 117 : « [*Le Roi choisit M. Despréaux*] conjointement avec
M. Racine pour travailler à son histoire ; et Sa Majesté ne se contenta
pas de leur avoir fait assigner à chacun une pension pour l'emploi
dont elle les avoit honorés : elle voulut encore leur faire toucher une
gratification considérable. *Ce fut au mois d'octobre 1677 qu'ils reçurent cet honneur.* » *Cet honneur* est amphibologique ; il s'agit peut-
être de la gratification.

l'annonce en ces termes à ses lecteurs : « Le théâtre est menacé d'une grande perte. On tient (et c'est un bruit qui se
confirme de toutes parts) qu'un de nos plus illustres auteurs
y renonce pour s'appliquer entièrement à l'histoire.... Celui
qui va écrire l'histoire (*de ce règne*) est capable d'en soutenir
le mérite. La matière ne peut être plus belle ni le conducteur plus éclairé, et on a tout sujet de n'en rien attendre que
de merveilleux. Heureux celui qui y doit travailler avec lui!
et heureux en même temps les froids écrivains, les méchants
poëtes et les ridicules dont ce redoutable et fameux auteur
n'aura plus le temps d'attaquer les défauts dans ses charmantes satires ! » Mme de Sévigné semble aussi donner la
nouvelle comme toute fraîche dans sa lettre à Bussy du 13 octobre 1677 : « Vous savez bien que le Roi a donné deux mille
écus de pension à Racine et à Despréaux, en leur commandant de tout quitter pour travailler à son histoire, dont il
aura soin de leur donner des mémoires. » Il faudrait croire
cependant que, si le choix des deux historiens ne fut déclaré
publiquement qu'à cette date, il était fait depuis quelque
temps déjà, à moins qu'on ne regarde comme un conte l'anecdote dont Mme de Sévigné régalait son cousin le 3 novembre
suivant, et que les *Mémoires* de Louis Racine confirment dans
des termes peu différents : « Le Roi, écrit Mme de Sévigné[1],
leur dit (*à Racine et à Despréaux*) : « Je suis fâché que vous
« ne soyez venus à cette dernière campagne : vous auriez vu
« la guerre, et votre voyage n'eût pas été long. » Racine lui
répondit : « Sire, nous sommes deux bourgeois qui n'avons
« que des habits de ville; nous en commandâmes de cam
« pagne; mais les places que vous attaquiez furent plus tôt
« prises que nos habits ne furent faits. » La campagne où les
nouveaux historiographes auraient suivi le Roi aux siéges de
Valenciennes et de Cambrai, si leurs tailleurs avaient fait
plus de diligence, avait fini au mois de mai 1677, et commencé dans les premiers jours de mars[2]. Qu'on nous par-

1. Tome V, p. 381.
2. Le Roi partit de Saint-Germain le 28 février 1677, pour aller
commander ses troupes en Flandre. Il rentra à Versailles le 31 mai
suivant. Voyez la *Gazette* de 1677.

donne cette discussion chronologique; mais ces dates méritent quelque attention. Car si Racine accepta avant le mois
de mars 1677 la tâche d'écrire l'histoire du Roi, cela de-
vient singulièrement proche du temps où il put songer,
après *Phèdre*, à ne plus travailler pour le théâtre.

Y aurait-il donc à revenir sur ce que nous avons dit des
motifs religieux qui l'en éloignèrent? Louis XIV se trouve-
rait-il être le Dieu qui exigea le sacrifice? Fut-il barbare et
aveugle à ce point dans son égoïsme? Et s'il voulait être bien
loué dans la postérité, comprit-il si peu qu'il l'eût été plus
magnifiquement par les chefs-d'œuvre qu'il empêchait de
naître que par tous les éloges de ses historiens d'office? Il
faut dire que l'on crut alors à cette volonté du Roi, sans
toujours en paraître assez étonné. Nous avons entendu le
Mercure annoncer que Racine renonçait au théâtre pour
s'appliquer entièrement à l'histoire, et Mme de Sévigné dire
que le Roi avait commandé à Racine et à Despréaux « de
tout quitter. » Dans un parallèle de Corneille et de Racine
que cite Baillet[1], on s'exprimait ainsi : « M. Racine a eu le
plaisir de voir que la France, quelque amour qu'elle eût pour
son roi, et quelque intérêt qu'elle prenne à sa gloire, n'a pu
voir sans regret qu'on lui enlevât ses délices pour faire passer à la postérité les merveilles de son règne. » Mais ce qui
doit frapper surtout, ce sont les paroles d'un des deux poëtes
historiographes. Dans la préface des éditions de ses *OEuvres*
publiées en 1683, 1685 et 1694, Boileau dit : « J'y ai joint
(*à cette édition*) cinq épîtres nouvelles, que j'avois composées
longtemps avant que d'être engagé dans le glorieux emploi
qui m'a tiré du métier de la poésie. » Et il est certain que,
depuis lors, il négligea bien le métier poétique. Malheureuse
obéissance! et nous pourrions dire, surtout quand il s'agit
de la gloire de Racine, triste marché de vendre une telle
gloire de poëte pour un honneur de cour? Mais non, ce marché, Racine ne le fit pas. Il est trop bien établi que librement, et de sa propre résolution, il fuyait alors la scène.

---

1. *Jugemens des savants sur les principaux ouvrages des auteurs* (Paris, Antoine Dezallier, M.DC.LXXXVI, 9 vol. in-12), tome IV,
p. 406.

Les contemporains purent d'abord ne pas tout savoir, et juger sur quelques apparences. Ses nouvelles occupations d'historiographe étaient un fait public ; ses scrupules et sa pénitence, la révolution qui s'était faite dans son âme, n'étaient
point de ces événements qui se crient sur les toits. Louis XIV
n'échappe peut-être pas pour cela à tout reproche ; mais
Racine du moins n'eut pas réellement à choisir entre les
séductions de la faveur et les devoirs qu'impose le génie.
Quelques personnes cependant pourront penser que sur tout
cela il y aurait à se faire une opinion moyenne, celle que
paraît adopter d'Olivet dans sa *Réponse* à M. de Valincour :
« Son mariage, dit-il, les remontrances de la mère Agnès,
et l'honneur d'être nommé historiographe du Roi l'engagèrent à renoncer au théâtre[1]. » En n'oubliant pas le découragement, rien ne serait omis des divers motifs. Laissons
du moins la plus grande part au plus puissant de tous, au
seul qui explique le sacrifice entier, la résolution sans retour, et non pas seulement quelque ralentissement dans le
travail.

Les fonctions auxquelles Racine était appelé ne firent que
l'aider à rompre plus définitivement les dernières attaches
par lesquelles il pouvait tenir encore à la vie poétique ; et
pourquoi son fils ne serait-il pas dans la vérité quand il dit :
« Mon père, toujours attentif à son salut, regarda le choix
de Sa Majesté comme une grâce de Dieu, qui lui procuroit
cette importante occupation pour le détacher entièrement
de la poésie » ? Cependant, puisqu'il s'agissait de salut à gagner par le repentir, la cour, objectera-t-on, n'était pas, pour
faire pénitence, le lieu le mieux choisi ; la flatterie, qu'à un
historiographe surtout il n'était pas facile d'éviter, était un
écueil plus dangereux que l'art de Sophocle et d'Euripide ;
et, quelque sincère que fût très-certainement la conversion
de Racine, il s'exposait à ce qu'Arnauld pût dire de sa piété
ce qu'il disait de celle de Bossuet : « Il y a un *verumtamen!* »
Mais non, ne soyons pas si rigoureux. On s'était tellement
habitué à faire alors du dévouement à la personne royale une
vertu, que, malgré tous les côtés inquiétants de la vie de

1. *Histoire de l'Académie françoise* (1729), tome II, p. 344.

courtisan, ce dévouement laissait pleine sécurité à des consciences très-pures. Voilà pourquoi il est probable que Louis
Racine ne s'est pas trompé sur les sentiments de son père. Sa
façon de les expliquer pourrait être vraie en plus d'un sens.
Non-seulement la tâche acceptée par Racine devait, en lui prenant tout son temps, le défendre contre les tentations d'une
rechute poétique; mais il pouvait voir là le moyen presque
unique de se passer des modestes ressources qu'il avait
jusque-là tirées de ses travaux dramatiques, auxquels il eût
peut-être été obligé, surtout se mariant, de revenir un jour
ou l'autre pour faire vivre sa famille.

Nous sommes persuadé que Racine et Boileau se propo-
saient d'être des historiens honnêtes et intègres, et n'auraient
pas entièrement trompé l'attente un peu malicieuse de Bayle, qui
leur disait dans ces commencements de leur nouvelle charge :
« Apparemment ceux qui travaillent d'office à l'histoire de Sa
Majesté n'oublieront pas qu'il ne s'agit plus de représenter de
grandes passions et de grands sentiments sur le théâtre, ima-
ginés à plaisir, ni de chercher les idées satiriques du ridicule,
mais qu'il s'agit de rapporter fidèlement des choses de fait[1]. »
Boileau remarquait que si Pellisson écrivait bien, il n'avait
pas le style de l'histoire : « Ce qu'il a écrit de l'histoire du Roi,
disait-il, est un perpétuel panégyrique ; il loue le Roi sur un
buisson, sur un arbre, sur un rien. Quand on vouloit le re-
montrer là-dessus, il disoit qu'il vouloit louer le Roi[2]. » Faire
cette critique, c'était prendre l'engagement de ne pas la mériter à son tour. Les deux historiens eussent sans doute tenu
l'engagement de leur mieux, quoique nous n'en puissions
juger, pièces en main, tout ce qu'ils avaient écrit ayant péri.
Leur sincérité toutefois n'aurait pu être absolue : eux-mêmes
ne devaient pas croire avoir été choisis par le Roi pour dire
sévèrement la vérité tout entière. Et, l'histoire à part, que
d'occasions, dans cette fréquentation de la cour, d'encenser
un prince si avide de louanges ! Nous avons vu, dans la petite anecdote contée par Mme de Sévigné, Racine s'y prendre

---

1. *Lettre à M. L. A. D. C.*, *docteur de Sorbonne*, [sur les comètes],
p. 246 (à Cologne, chez Pierre Marteau, M.DC.LXXXII, 1 vol. in-12.)
2. *Récréations littéraires* de Cizeron-Rival, p. 81.

assez bien pour son début. L'année suivante, en 1678, lorsqu'en sa qualité de directeur de l'Académie il reçut l'abbé
Colbert, avouons franchement qu'il oublia même le bon goût
pour dire à propos du Dictionnaire : « Tous les mots de la
langue, toutes les syllabes nous paroissent précieuses, parce
que nous les regardons comme autant d'instruments qui doivent servir à la gloire de notre auguste protecteur. » Le discours, si beau d'ailleurs, qu'il prononça en 1685, à la réception de Thomas Corneille, finissait par ces fâcheuses hyper-
boles : « Heureux ceux qui ont le bonheur d'approcher de
près ce grand prince... et peuvent le contempler dans son
particulier, et l'étudier dans les moindres actions de sa vie...,
toujours tranquille, toujours maître de lui, sans inégalité,
sans foiblesse, et enfin le plus sage et le plus parfait de tous
les hommes ! » Singulière illusion d'un vrai chrétien, qui ne
s'apercevait pas que c'était là, suivant l'expression de Saint-
Simon, *déifier* Louis XIV par la flatterie *dans le sein même du
christianisme !* Racine, dans une lettre à Boileau[1], raillait fine-
ment Roze, le secrétaire du Roi, qui l'avait chargé de dire à
Boileau qu'après Dieu le Roi était le plus grand médecin du
monde ; il soupçonnait qu'il pourrait être dans la dévotion,
« ayant bien voulu mettre Dieu avant le Roi. » Mais il ne
s'apercevait pas qu'il nommait lui-même le Roi avant l'Évangile, quand il écrivait à Mme de Maintenon : « Dieu m'a
fait la grâce de ne rougir jamais du Roi ni de l'Évangile. »
C'est ainsi que, sans se l'avouer, il ne s'était dégagé de quelques-uns des piéges du monde que pour succomber à une
autre faiblesse, source plus tard d'un amer chagrin. Voltaire, dans des vers piquants, a relevé cette faiblesse et la
contradiction dont il est permis d'être choqué entre le
dévot austère et le courtisan :

> Les libres habitants des rives du Permesse
> Ont saisi quelquefois cette amorce traîtresse.
> Platon va raisonner à la cour de Denis ;
> Racine janséniste est auprès de Louis[2].

1. Du 24 août 1687.
2. *Quatrième discours en vers sur l'homme.*

Si, dans quelque dialogue des morts, on supposait Racine janséniste entendant, aux Champs-Élysées, Voltaire philosophe lui réciter ces vers, il lui demanderait sans doute s'il n'a jamais été le flatteur de Mme de Pompadour.

Les *Mémoires* de Louis Racine disent que ce fut Mme de Maintenon qui proposa au Roi de confier à Racine et à Despréaux le soin d'écrire son histoire; ce qui n'est pas exact. Tout ce passage des *Mémoires* est peu net. Il ferait croire que Louis XIV ne songea à avoir des historiens de son règne que pour donner du développement à l'idée, conçue d'abord dans la *petite Académie*, de mettre au bas de chacune de ses médailles un court récit de l'événement dont elle devait consacrer le souvenir. Racine, suivant son fils, aurait été comme le fondateur de cette académie des médailles[1]. Quoique Louis Racine, parlant des inscriptions fournies par son père et par Boileau, rapporte très-exactement ce travail au temps de Louvois, il semble donner à entendre, tant il y a là de confusion, que les deux historiographes ne furent choisis qu'après avoir fait leurs preuves dans la *petite Académie*, ce qui renverserait toute chronologie. Ceux qui ont lu les *Mémoires* de Charles Perrault, ou l'*Histoire de l'Académie royale des inscriptions et belles-lettres* par de Boze, ne tomberont pas dans ces erreurs. Comment Racine aurait-il « donné la première idée de rassembler une compagnie » qui se réunit d'abord dans la bibliothèque de Colbert en 1663[2]? Ni lui ni Boileau ne firent partie de la *petite Académie* sous le ministère de Colbert, à cette première époque où elle était déjà constituée, mais composée seulement d'un très-petit nombre de membres.

1. Dans la *Vie de Jean Racine* placée en tête de l'édition de 1808, Geoffroy, induit en erreur par les *Mémoires* de L. Racine, dit expressément (p. LVIII) : « Racine partagea avec Mme de Montespan l'honneur d'avoir fondé cette compagnie savante. » Dans une autre *Vie de Jean Racine*, insérée au *Journal des savants* de février 1749, il est dit aussi (p. 100) : « On lui attribue la fondation de l'Académie des médailles. »

2. La médaille qui fut frappée plus tard pour rappeler l'établissement de cette académie a pour exergue : *Academia regia inscriptionum et numismatum instituta M.DC.LXIII*, « L'Académie royale des inscriptions et médailles établie en 1663. »

Ce ne fut qu'à la fin de 1683, après la mort de Colbert, que Boileau, Racine et le médecin Rainssant, savant numismate, furent adjoints par Louvois aux cinq membres qui y siégeaient à ce moment, et qui étaient Charpentier, Tallemant le jeune, Quinault, l'abbé Gallois et Félibien. Il se peut donc que Racine et Boileau soient entrés dans la compagnie, parce qu'ils étaient historiographes; ils ne devinrent pas historiographes, parce qu'ils y étaient déjà[1].

Louis XIV n'attendit pas, pour avoir des historiens, que les médailles de la *petite Académie* lui en suggérassent l'idée. Pellisson, avant Racine et Boileau, était chargé d'écrire son histoire, emploi qui lui valait six mille livres et ses entrées à la cour[2]. Une vengeance, dit-on, de Mme de Montespan, à qui il n'avait pas été favorable dans un procès dont il était rapporteur au conseil d'État, lui fit perdre son privilége d'historiographe, dont héritèrent alors nos deux poëtes. Est-il vraisemblable que l'influence qui avait amené la disgrâce de Pellisson, ait été étrangère au choix de ses successeurs ? Louis Racine n'a peut-être substitué au nom de Mme de Montespan celui de Mme de Maintenon, que parce qu'une grâce venant de ce côté lui paraissait d'un meilleur effet. Charles Perrault dit expressément[3] que « MM. Racine et Despréaux furent chargés d'écrire l'histoire du Roi par Mme de Montespan. » Nous avons aussi le témoignage de Mme de Caylus. Dans ses *Souvenirs*[4], après avoir

---

1. Racine a travaillé à l'ouvrage qui fut publié après sa mort, en 1702, dans une édition magnifique, sous ce titre : *Médailles sur les principaux événements du règne de Louis le Grand, avec des explications historiques, par l'Académie royale des médailles et des inscriptions*, à Paris, de l'Imprimerie royale, in-4°. Mais il était alors historiographe depuis longtemps. Suivant Bayle (*Nouvelles de la république des lettres*, novembre 1702), « ce fut proprement depuis l'année 1694 que l'ouvrage dont il s'agit commença de prendre la forme où l'on le voit présentement. » Les collaborateurs de Racine étaient, sous la direction de l'abbé Bignon, MM. Charpentier, l'abbé Tallemant, Despréaux, Tourreil, l'abbé Renaudot et Dacier.

2. Préface de l'*Histoire de Louis XIV*, par Pellisson (1749), p. xii.

3. *Mémoires de Charles Perrault, de l'Académie françoise...*, p. 42 (à Avignon, M.DCC.LIX, 1 vol. in-12).

4. *Les Souvenirs de Mme de Caylus*, p. 409, dans la *Collection des*

fait honneur à Mme de Montespan du choix de Montausier et
de Bossuet pour l'éducation du Dauphin, elle ajoute : « Mme de
Montespan, dans les mêmes vues de la gloire du Roi, fit choix
de M. Racine et de M. Despréaux pour en écrire l'histoire. »
C'est donc en vain qu'on a voulu renier ce patronage. Il est à
remarquer d'ailleurs que Louis Racine ne refuse pas à Mme de
Montespan l'honneur d'avoir songé la première à faire écrire
l'histoire du Roi ; et dans le passage des *Mémoires* où il retrace
la scène très-piquante d'une lecture des historiographes en
présence du roi et de Mme de Maintenon, il raconte que
Mme de Montespan survint tout à coup, et que le Roi lui dit
de s'asseoir, « n'étant pas juste qu'on lût sans elle un ouvrage
qu'*elle-même avoit commandé*. »

Quoi qu'on puisse penser, dans *Esther*, de l'*altière Vasthi*,
qui a semblé une allusion assez transparente, il est certain
que Racine avait eu beaucoup à se louer de Mme de Montespan, et avait été en faveur auprès d'elle. Ce seraient encore, au besoin, les *Mémoires* de Louis Racine qui en fourni-
raient des preuves. En 1681, du Trousset, connu depuis sous
le nom de Valincour, entra dans la maison du jeune comte
de Toulouse. « Je ne sais, dit Saint-Simon, quelle connoissance
il avoit eue auprès de Mme de Montespan[1]. » Quelques-uns
disent qu'il fut introduit par Bossuet[2] ; mais Louis Racine nous
apprend que ce fut son père qui, consulté par Mme de Montespan, décida ce choix. Nous savons aussi par lui que Racine
et Boileau avaient leurs entrées chez elle, et y faisaient au Roi
les lectures de leur histoire. La reconnaissance mena Racine
un peu trop loin. Nous ne voulons pas parler de ces billets du
Roi à la favorite que le poëte aurait mis en vers : ce serait à
une date antérieure ; on ne peut d'ailleurs admettre ce conte
très-invraisemblable de la Beaumelle[3]. Nous pensons seulement à ce fait étrange d'un démenti très-prompt que Racine

mémoires relatifs à l'histoire de France, par MM. Petitot et Monmerqué, Paris, 1828, tome LXVI.

1. *Mémoires*, tome II, p. 273.

2. *Biographie universelle*, article VALINCOUR.

3. *Mémoires pour servir à l'histoire de Mme de Maintenon...*, tome II,
p. 37 (Hambourg, 1756, 5 vol. in-12).

faillit donner, qu'il donna même, on peut le dire, par un commencement de faiblesse, à sa résolution de fuir la poésie, celle
du théâtre surtout. Il est resté, parmi les œuvres de Boileau,
la première scène du prologue d'un opéra de *Phaéton*, fragment d'une œuvre à laquelle Racine devait avoir la part principale. Dans l'*Avertissement au lecteur*, dont Boileau fit précéder cette scène, quand il la publia, il raconte comment il fut
amené à cet essai lyrique. « Mme de Montespan, dit-il, et
Mme de Thianges[1], sa sœur, lasses des opéra de M. Quinault,
proposèrent au Roi d'en faire faire un par M. Racine, qui
s'engagea assez légèrement à leur donner cette satisfaction....
Il commença dès lors en effet un opéra, dont le sujet étoit la
chute de Phaéton. Il en fit même quelques vers, qu'il récita
au Roi, qui en parut content. Mais comme M. Racine n'en-
treprenoit cet ouvrage qu'à regret, il me témoigna résolûment
qu'il ne l'achèveroit point que je n'y travaillasse avec lui. » A
quel moment Racine eut-il cette complaisance pour Mme de
Montespan, et se mit-il à travailler à ce que Boileau appelle
des vers d'amourette? La première pensée qui vient, c'est que
ce fut sans doute avant 1677, avant le temps de pénitence. Cependant M. Berriat-Saint-Prix, dans sa table chronologique des
OEuvres de Boileau[2], place la composition du *Prologue* vers 1680;
et pour bien s'assurer qu'il ne se trompe pas, il suffit de lire avec
un peu d'attention le passage de l'*Avertissement* de Boileau,
où est raconté l'avortement de l'entreprise, traversée par les
réclamations de Quinault au désespoir : « Nous retournâmes
donc, M. Racine et moi, *à notre premier emploi* (ainsi ils
étaient alors historiographes), et il ne fut plus mention de
notre opéra, dont il ne resta que quelques vers de M. Racine,
qu'on n'a point trouvés dans ses papiers après sa mort, et que
vraisemblablement il avoit supprimés par délicatesse de conscience, à cause qu'il y étoit parlé d'amour. » N'eût-il pas
autant et mieux valu faire encore des tragédies comme *Iphi-*

1. Les noms (Montespan et Thianges) ont été mis par Brossette
et d'autres éditeurs. Dans la première édition (1713) on ne lit que
les initiales M** et T**. Voyez le *Boileau* de M. Berriat-Saint-Prix,
tome II, p. 477.
2. Tome I, p. 37.

génie et *Phèdre?* Voilà l'inconvénient qu'il y avait à mettre à l'abri son salut et sa conversion derrière un emploi de cour et si près de Mme de Montespan. Faibles poëtes! combien leurs serments ont toujours été fragiles! et qu'ils sont plus aisément encore trahis par leur faiblesse, quand ils ont l'imprudence de se faire courtisans!

Dans le même temps à peu près où Mme de Montespan demandait à Racine un opéra, l'abbesse de Fontevrauld mettait son érudition grecque à contribution. Ce fut « pour montrer qu'il avoit à cœur de lui obéir[1] » qu'il traduisit le *Banquet de Platon.* Il nommait cette obéissance *une corvée;* mais le métier de courtisan a ses charges, et il était trop difficile à Racine de résister aux trois sœurs, alors si puissantes, qui l'aimaient et le protégeaient.

Dans cette nécessité, qui nous semble pénible, d'être agréable à Mme de Montespan, une autre corvée (quelques vers écrits en courant peuvent parfois prendre ce nom) avait été, un peu avant celles de l'*opéra* et du *Banquet*, imposée à sa complaisance. Au commencement de 1679, un petit livre ayant pour titre : *OEuvres diverses d'un auteur de sept ans*, avait été offert en étrennes à la mère du jeune auteur, lequel était le duc du Maine. La précocité d'esprit de l'enfant n'est pas ce qui surprend le plus dans ce livre; l'éducation qu'il suppose, les leçons qui y sont répétées par le petit prince, sont bien plus étonnantes. Quels traits d'histoire on choisissait pour les faire raconter à un enfant! quelles lettres on lui apprenait à écrire! Et quel était donc l'air qu'on respirait dans cette cour de Saint-Germain, où Racine, père de famille si sage et si chrétien, n'était certes pas venu prendre exemple pour élever ses enfants? Mais il paraît que dans cet Olympe privilégié rien ne choquait. Quelques lignes de la plume de notre poëte ornèrent ce singulier livre : parmi les madrigaux, imprimés en tête des *OEuvres diverses*, il en est au moins un dont Racine est l'auteur. On lui attribue aussi, dans ce même volume, l'épître à Mme de Montespan, qu'il aurait, dit-on, écrite pour Mme de Maintenon, toute capable qu'elle était de se passer d'aide :

1. *Lettre de Racine à Boileau*, en lui envoyant le *Banquet de Platon.*

premier indice des occasions qu'eut bientôt Racine de plaire
à celle qui allait devenir sa nouvelle protectrice, et dont la
faveur du moins pouvait plus hautement s'avouer.

Avec son esprit, si plein d'agrément et de délicatesse, sa
parole élégante, sa physionomie noble et ouverte, rien ne manquait à Racine pour avoir des succès à la cour, dont les usages
et le ton lui étaient déjà familiers avant le temps où ses fonctions l'y établirent. Nul doute qu'il n'y fût toujours à sa place.
« Rien du poëte dans son commerce, dit Saint-Simon, et tout
de l'honnête homme et de l'homme modeste[1]. » Le duc de
Saint-Simon est un bien jeune témoin, il est vrai, des dernières
années de Racine ; il l'avait vu pourtant, et quand il donne ce
nom d'*honnête homme* à un courtisan sans naissance, on peut
s'en fier à lui. Dangeau, très-sobre de réflexions et de jugements, n'a pu s'empêcher de dire de Racine dans son *Journal*[2] :
« Je n'ai jamais connu d'homme qui eût autant d'esprit que
celui-là. » Il est évident qu'il n'entend point parler de l'esprit
que le poëte avait montré dans ses ouvrages, mais de celui que,
dans le commerce ordinaire de la vie, tout le monde lui re-
connaissait à la cour. Joignons à ces témoignages celui de
nous ne savons quel autre contemporain, tel qu'il a été recueilli par Spanheim, qui fut longtemps à Paris l'envoyé de
l'électeur de Brandebourg. «.... Pour un homme venu de rien,
dit le satirique écrivain, [M. de Racine] a pris aisément les
manières de la cour[3]. » Le mot de Louis XIV, rapporté par

1. *Mémoires*, tome II, p. 271.
2. Sous la date du 20 avril 1699.
3. Voici le portrait tout entier de Racine tel qu'on le trouve dans
le manuscrit de Spanheim. Il est assez curieux, malgré son injuste
malignité, pour être mis sous les yeux du lecteur. Racine n'y est pas
seulement représenté comme un agréable et élégant homme de cour,
mais aussi comme un dévot intrigant. Racine intrigua-t-il jamais, à
moins qu'on ne nomme intrigue une périlleuse défense de Port-
Royal contre l'oppression? « M. de Racine a passé du théâtre à la
cour, où il est devenu habile courtisan, dévot même. Le mérite de
ses pièces dramatiques n'égale pas celui qu'il a eu l'esprit de se
former en ce pays-là, où il fait toutes sortes de personnages. Ou il
complimente avec la foule, ou il blâme et crie dans le tête-à-tête,
ou il s'accommode à toutes les intrigues dont on veut le mettre:

Louis Racine, pourrait donc étonner : « Cavoie avec Racine
se croit bel esprit; Racine avec Cavoie se croit courtisan. »

mais celle de la dévotion domine chez lui; il tâche toujours de tenir
à ceux qui en sont le chef. Le jansénisme en France n'est plus à la
mode; mais pour paroître plus honnête homme et pour passer pour
spirituel [pour occupé de spiritualité], il n'est pas fâché qu'on le croie
janséniste. On s'en est aperçu, et cela lui a fait tort. Il débite la
science avec beaucoup de gravité; il donne ses décisions avec une
modestie suffisante, qui impose. Il est bon grec, bon latin; son françois est le plus pur, quelquefois élevé, quelquefois médiocre, et
presque toujours rempli de nouveauté. Je ne sais si M. de Racine
s'acquerra autant de réputation dans l'histoire que dans la poésie,
mais je doute qu'il soit fidèle historien. Il voudroit bien qu'on le
crût propre à rendre service, mais il n'a ni la volonté ni le pouvoir
de le faire; c'est encore beaucoup pour lui que de se soutenir. Pour
un homme venu de rien, il a pris aisément les manières de la cour.
Les comédiens lui en avoient donné un faux air; il l'a rectifié, et il
est de mise partout, jusqu'au chevet du lit du Roi, où il a l'honneur
de lire quelquefois : ce qu'il fait mieux qu'un autre. S'il étoit prédicateur ou comédien, il surpasseroit tout en l'un et l'autre genre. C'est
le savant de la cour. La duchesse* est ravie de l'avoir à sa table,
ou après son repas, pour l'interroger sur plusieurs choses qu'elle
ignore : c'est là qu'il triomphe. »

Ce morceau qu'il serait superflu de commenter et dont il faut
laisser le lecteur redresser les injustices, a été donné dans notre
première édition comme un fragment des *Mémoires inédits d'Ézéchiel Spanheim*. Depuis, le manuscrit de Spanheim a été imprimé.
M. Ch. Schefer l'a publié (Paris, 1882) pour la Société de l'Histoire
de France, sous ce titre : *Relation de la cour de France en 1690 par
Ézéchiel Spanheim, envoyé extraordinaire de Brandebourg*. Le portrait
de Racine est en dehors de cette *Relation*. Il fait partie d'une suite
de portraits, qui, dans le manuscrit de Spanheim, a été placée en
tête du volume, immédiatement après la table analytique. Cette
galerie de caractères est intitulée : *Remarques sur l'état de France*,
et plus exactement, dans la table générale : *Recueil de caractères
de diverses personnes considérables de la cour de France*. Il est certain que l'auteur de la *Relation* n'est pas celui de ces portraits,
ce que la différence du style suffirait d'ailleurs à faire reconnaître.
Les six premiers (ce sont les seuls que Spanheim ait écrits de sa

* La duchesse de Bourgogne. Il y a dans le texte : « Le Duc et la Duchesse. »

Pour Cavoie, pas d'objection : il avait besoin « qu'un long usage de la cour et du grand monde lui tînt lieu d'esprit et de lumière[1]; » mais en quoi la finesse et l'élégance du courtisan pouvaient-elles manquer à Racine? Il devait y avoir là quelque prévention entretenue par la malignité des jaloux.

La jalousie était en effet inévitable ; et la raillerie était l'arme dont elle ne pouvait manquer de se servir. Des poëtes, c'est-à-dire des gens de rien, dans l'intimité royale! des poëtes à l'armée! Quel texte aux mauvaises plaisanteries! A peine nommés à leur nouvel emploi, on voulut les tourner en ridicule. L'envieux Bussy, dans sa retraite forcée, fut un des premiers à rire et à s'indigner. Il est vrai qu'ils usurpaient sur son domaine : la louange du Roi. Écrire l'histoire du héros n'appartenait pas « à ces bourgeois-là, » mais seulement à des gens d'épée et « à des hommes de qualité. » On est vraiment tenté de croire que Mme de Sévigné, lorsqu'elle parlait elle-même ainsi[2], se moquait de son vaniteux cousin. Pour lui, il prenait la chose au sérieux. Son dépit était d'autant plus amer, que depuis l'année 1670 il sollicitait l'honneur d'être l'historien de Louis XIV; on sait même que, sans mission, il se mit à l'œuvre : lui seul aurait su louer « sans dégoûter le lecteur par ses louanges[3]; » aussi avait-il peur que Racine et Despréaux « toujours poëtes en prose » n'exagérassent la flatterie. Il était lui-même si incapable de passer la mesure! Du reste Bussy disgracié ne pouvait raisonnablement prétendre à faire

main) ont été empruntés à une relation, qui est attribuée à l'ambassadeur vénitien Erizzo. Les suivants se retrouvent en partie dans un petit livre imprimé en 1702, 1703, 1704, 1706. Le portrait de Racine n'est pas de ce nombre. On ignore d'où il a été tiré, quel en est l'auteur. Dans le volume publié pour la Société de l'histoire de France, les *Remarques sur l'état de France* sont imprimées en *appendice* aux pages 389 et suivantes; le portrait de Racine aux pages 402 et 403; le texte que nous en avions autrefois donné a été corrigé ici d'après l'édition de M. Schefer.

1. *Mémoires de Saint-Simon*, tome VII, p. 238.
2. *Lettre à Bussy*, 3 novembre 1677, tome V des *Lettres de Mme de Sévigné*, p. 381.
3. *Lettre de Bussy à Mme de Sévigné*, 6 novembre 1677, *ibidem*, p. 384.

J. RACINE. 1

agréer ses services; mais d'autres plumes nobles, à défaut de
la sienne, n'auraient pas manqué. Le duc de Gramont, fils
du maréchal, se proposa, nous ne savons au juste à quelle
date, pour écrire l'histoire du règne. « Un écrivain si marqué,
dit Saint-Simon, plut au Roi;... (cela) lui procura des parti-
culiers pour le consulter sur des faits, et lui montrer quelques essais de son ouvrage.... Sa plume toutefois n'étoit pas
taillée pour une si vaste matière.... Aussi fut-elle peu sui-
vie[1]. » Louis XIV savait bien qu'il avait mieux à attendre des
deux bourgeois dont il avait fait choix.

Il n'était pas nécessaire d'ambitionner leur emploi, ni même
d'être blessé de leur faveur, pour être tenté, quand ils parurent
à la guerre, de s'égayer à leurs dépens. Il suffisait d'avoir pour
de pacifiques écrivains, fût-on leur ami, ce dédain plein de
supériorité que donne naturellement l'habit militaire, surtout
à une jeune noblesse. Nos poëtes purent s'en apercevoir dans
la première campagne où ils suivirent le Roi. Ce fut en 1678.
Louis XIV était arrivé le 4 mars, au camp devant Gand; la
ville capitula le 9, la citadelle le 12 du même mois. Le siége
d'Ypres suivit immédiatement; cette place se rendit le 24 mars;
et le 8 avril le Roi était rentré à Saint-Germain[2]. Racine et
Boileau furent témoins de cette courte expédition. L'histoire
militaire, qui devait être la principale matière de leur œuvre,
se fit sous leurs yeux, au bruit du canon, dans le sang. Ce
qu'ils virent, ils le virent bien sans doute : ils étaient capables
de tout comprendre. Mais beaucoup de petits détails du métier
leur échappaient; et bien des gens à l'armée trouvaient singulier que l'on eût confié le soin de raconter la guerre à des
hommes qui ne savaient pas comment on ferre un cheval, et
qui n'étaient pas très-bien en selle. Louis Racine rapporte quelques-unes des grosses espiègleries de Cavoie, un de leurs
meilleurs amis. On ne tarissait pas sur les quolibets. Mme de
Sévigné amusait charitablement Bussy en lui écrivant :
« Notre roi est admirable, et mériteroit bien d'avoir d'autres
historiens que des poëtes; vous savez aussi bien que moi ce
qu'on dit en disant des poëtes.... Ces deux poëtes historiens

1. *Mémoires*, tome IV, p. 271.
2. *Gazette* de 1678.

suivent donc la cour, plus ébaubis que vous ne le sauriez penser, à pied, à cheval, dans la boue jusqu'aux oreilles.... Ils
font leur cour par l'étonnement qu'ils témoignent.... Il me
semble qu'ils ont assez l'air de deux Jean Doucet. Ils disoient
l'autre jour au Roi qu'ils n'étoient plus si étonnés de la valeur
extraordinaire des soldats, qu'ils avoient raison de souhaiter
d'être tués, pour finir une vie si épouvantable. Cela fait rire,
et ils font leur cour. Ils disoient aussi qu'encore que le Roi
craigne les senteurs, ce *gant d'Espagne* ne lui fera point de
mal à la tête[1]. » Et Bussy répondait, comparant Racine et Despréaux à des bouffons de cour : « Je serai fort trompé si les
deux poëtes ne tombent à la fin comme Nogent et l'Angeli[2]. »
Mme de Scudéry entrait dans sa passion avec non moins de
complaisance que Mme de Sévigné ; elle lui mandait : « Monsieur le Duc a mené à Ypres les historiens du Roi à la tranchée
pour leur montrer de près le péril, afin qu'ils pussent mieux
le dépeindre ; mais je pense que la peur les a empêchés de rien
voir[3]. » Les frayeurs des deux poëtes, les burlesques histoires
que dans le camp on faisait courir sur leur compte, le surnom
de « Messieurs du Sublime » qu'on leur donnait à la cour,
Pradon a pris le soin de tout consigner dans les deux épîtres
en vers qui sont en tête de ses *Nouvelles Remarques*[4]. Il se dit
informé « par des personnes de la première qualité. » Voici
donc ce qu'il avait appris à si bonne source :

> .... Tu n'étois pas né pour la cour et les armes,

dit-il à Boileau,

> On ne le vit que trop au voyage de Gand,
> Lorsque demi-soldats, l'air presque assassinant,
> Les *Messieurs du Sublime*, avec longue rapière,
> Et du mieux qu'ils pouvoient prenant mine guerrière,
> Alloient, chacun monté sur un grand palefroi,
> Aux bons bourgeois de Gand inspirer de l'effroi....

1. *Lettre à Bussy*, 18 mars 1678, tome V, p. 422 et 423.
2. *Lettre à Mme de Sévigné*, 22 mars 1678, *ibidem*, p. 428.
3. *Lettre à Bussy*, 15 avril 1678.
4. *Nouvelles remarques sur tous les ouvrages du S*r *de D*** (Despréaux), p. 6, 22 et 23 (1 vol. in-12, 1685).

Ces auteurs, affamés de gloire et de combats,
Signaloient leur esprit au défaut de leur bras.
C'est là que leur ardeur s'est encor signalée,
Disant aux officiers : « Verrons-nous la mêlée? »,
Lorsqu'ils furent trouver un de nos généraux
Pour avoir un lieu propre à mettre leurs chevaux,
Et qu'il leur répondit avec un froid extrême :
« Messieurs, donnez-les-moi, je les tiendrai moi-même. »
Prononçoit-on un mot qu'ils ne connoissoient pas,
Ils s'en faisoient instruire alors par les soldats,
Et dans leur grand recueil et leur docte mémoire
Écrivoient *bouliner*[1] pour servir à l'histoire.
Muse, ressouviens-toi de la route de Gand,
Quand l'un des deux tomba dans un noir outregand[2];
Là ce guerrier n'eut pas la figure poudreuse,
Mais bien, comme le Rhin, la barbe limoneuse,
Et sortant du bourbier, jurant et menaçant,
Accusoit de sa chute un cheval innocent....
.... Pour voir sans danger les périls, les alarmes,
Ils avoient apporté des lunettes pour armes,
Dont ces deux champions se servant au besoin
N'approchoient l'ennemi que pour le voir de loin.
Le haut du mont Pagnote étoit leur mont Parnasse....
Mais quand le grand Louis alloit tout reconnoître,
On ne les voyoit point, à côté de leur maître,
Partager les périls de ce roi si chéri,
Tel qu'on vit d'Aubigné suivre le grand Henri.

Voilà quels étaient les méchants propos dont le voyage de
Gand fut l'occasion, et que Boileau, bien des années après,
rappelait à Racine dans une lettre du 25 mars 1691. On voit
comme les rancunes littéraires savaient se liguer avec les ja-
lousies de cour. Cette fois du moins les coups ne portaient
pas sur un point très-vulnérable, très-sensible. Racine n'avait
aucune prétention à l'héroïsme des batailles, qui n'était pas
son métier; il était le premier à rire, pensant probablement
aux vers de Pradon, de ce poste de bataille à l'usage des

1. « Terme usité parmi les soldats, dit Pradon, pour dire *piller*,
voler. »
2. Mot qui paraît tiré du flamand *watergat*, fondrière.

gens prudents, où l'auteur des *Nouvelles Remarques* avait cru
l'apercevoir : « J'étois, écrivait-il de Mons à Boileau, j'étois
sur le mont Pagnote à regarder l'attaque[1]. » Ce qui le peint
plus sérieusement, et pour nous tout à fait à son honneur,
c'est le sentiment si vrai qu'il exprime, dans une lettre à son
ami, après la formidable et fatigante revue des deux armées
du Roi et de M. de Luxembourg : « J'eusse voulu de tout
mon cœur que tous les gens que je voyois eussent été chacun
dans leur chaumière, avec leurs femmes et leurs enfants, et
moi dans ma rue des Maçons avec ma famille[2]. » Langage
bourgeois, eussent dit les fiers Rabutin ; mais, à notre avis,
langage humain et sensé, digne du poëte qui, devant Louis XIV
lui-même, célébra, en si beaux vers, un roi sage et juste, et
père du pauvre, comme « un plus beau présent des cieux[3] »
qu'un roi vainqueur et conquérant.

Le voyage de Gand ne fut pas la dernière promenade militaire de Racine. Le Roi l'emmena encore plusieurs autres
fois avec lui. Les deux historiens, leur correspondance nous
l'apprend, étaient en 1683 du voyage que Louis XIV fit en Al-
sace ; en 1687, tandis que Boileau malade était retenu à Auteuil, Racine accompagna le Roi qui était allé examiner les
fortifications de Luxembourg ; dans les années 1691, 1692 et
1693 il suivit encore les armées, au siége de Mons, au siége de
Namur, dont il a laissé une relation, et enfin dans la triste campagne des Pays-Bas, qui fut la dernière où parut Louis XIV.
Partout, comme on le voit par ses lettres, il recueillait avec
un soin très-attentif d'utiles informations ; car tout le monde
s'empressait de lui en fournir, et les méchants quolibets de
quelques rieurs impertinents ne doivent pas faire croire qu'il
ne fût pas traité à l'armée avec une grande considération.
Vauban, un des premiers sans doute de tous ces hommes de
guerre par la science, le génie et le patriotisme, était plein
d'estime et d'amitié pour lui. Confiant dans la grande intelligence de l'historien, il ne dédaignait pas de l'instruire ; dès
1687, à Luxembourg, il mettait la bonne grâce la plus affec-

1. *Lettre* du 3 avril 1691.
2. *Lettre* du 21 mai 1692.
3. *Esther*, vers 988-993.

tueuse à l'initier aux connaissances dont il avait besoin[1]. Plus tard, et dans le même temps qu'il lui faisait, comme à un ami sûr, la confidence de ses mécontentements politiques, il rassemblait pour lui des lettres et des notes relatives au siége de Philisbourg[2]. Nous voyons encore Albergotti, excellent officier, qui était au premier rang dans la confiance du maréchal de Luxembourg, aider Racine à rédiger le récit de la bataille de Nerwinde, qui fut envoyé à la *Gazette*[3]. Albergotti ne faisait sans doute en cela que remplir les intentions du maréchal, qui aimait beaucoup Racine, avait pour lui toutes sortes de prévenances, jusqu'à lui envoyer le cheval le plus commode de son écurie, et acquit assez de droits à sa reconnaissance pour qu'après cette campagne, dans son procès de préséance de la pairie, il eût à son service « la belle plume » du poëte, et lui fît polir ses factums[4]. Ce dut être au retour de la guerre de Flandre que Racine se trouva plus que jamais établi dans la faveur de Luxembourg, et passa pour engagé dans une puissante ligue, qui s'était, dit-on, formée à la cour, et dont le chef était le maréchal, les principaux adhérents Albergotti, Cavoie, Clermont-Chattes, d'Estaing de Saillant, abbé de Saint-Vincent de Senlis, et du Gué de Bagnols, ancien élève de Port-Royal, devenu conseiller d'État et intendant en Flandre[5].

On voit donc que, dans ces campagnes du Roi, notre historiographe, si estimé des Vauban et des Luxembourg, devait être fort bien mis au courant de toutes choses, grâce à des communications faites par les hommes les plus compétents et puisées aux meilleures sources. Il remplissait sa tâche en conscience, comme on en trouverait assez de preuves dans sa correspondance avec Boileau. On a beaucoup dit le

1. *Lettre de Racine à Boileau,* 24 mai 1687.
2. *Lettre de Vauban à Racine,* 13 septembre 1697, publiée par le colonel Augoyat (*Abrégé des services du maréchal de Vauban,* brochure in-12, Paris, 1839).
3. *Lettre de Racine à Boileau,* 6 août 1693.
4. *Mémoires de Saint-Simon,* tome I, p. 145.
5. *Recueil des chansons historiques,* tome VIII, fol. 139. *Note* d'une chanson sur le duc de Luxembourg.

contraire. Valincour, qui, suivant la remarque très-juste de Louis Racine, avait moins qu'un autre le droit de parler ainsi, représente les deux historiographes comme dégoûtés d'un travail qui ne convenait pas à leur génie, et pour lequel des contemporains ne se sentaient pas assez libres[1]. Commettant une semblable erreur, Saint-Simon, dans ses notes sur le *Journal* de Dangeau[2], dit que « ni Despréaux ni Racine ne travaillèrent jamais sérieusement à l'histoire du Roi : » assertion que d'ailleurs il n'a pas répétée dans ses *Mémoires*, peut-être bien parce qu'il était alors mieux informé. Pradon, tout naturellement, se fit l'écho des mauvais bruits qui couraient sur la paresse des deux poëtes, accusés de ne pas gagner leur salaire. Il apostrophait ainsi Boileau :

> .... Pour peindre les faits d'un si fameux monarque,
> Il faut être du moins un Salluste, un Plutarque.
> J'espère que ta prose aura leurs agréments.
> Bonne ou non, reçois-en de bons appointements.
> C'est ce que dit un jour un commis des finances :
> « Nous n'avons encor vu rien d'eux que leurs quittances.
> « Que ce qu'ils ont écrit soit bien ou mal conçu,
> « Ils écrivent fort bien du moins un « j'ai reçu[3]. »

Le Roi savait mieux ce qui en était que le facétieux commis des finances. Dès 1686, ses historiographes le mettaient à même d'apprécier leur travail. Sous la date du 20 mars de cette année, Dangeau dit dans son *Journal* : « Le Roi s'est fait lire dans ses dernières après-dînées l'histoire que font Racine et Despréaux, et en paroît fort content. » Une lettre de Racine, écrite l'année suivante[4], constate que l'œuvre marchait malgré quelques empêchements : « (*Mme de Maintenon*) me demanda des nouvelles de notre travail ; je lui dis que votre indisposition et la mienne, mon voyage à Luxembourg et votre voyage de Bourbon nous avoient un peu reculés, mais que nous ne perdions pas cependant notre temps. » Et

1. *Histoire de l'Académie françoise*, tome II, p. 334.
2. Sous la date du 15 mars 1699.
3. *Nouvelles Remarques*, p. 21.
4. *Lettre* du 4 août 1687.

en effet, Racine à cette époque s'occupait beaucoup d'interroger les témoins les plus dignes de foi sur les événements
de 1664, sur la bataille de Saint-Gothard et sur l'expédition
d'Algérie, cherchant obstinément la vérité, qui lui paraissait,
dit-il, bien plus difficile à trouver qu'à écrire[1]. De son côté
Boileau, tout souffrant qu'il était, ne demeurait pas tout à fait
oisif : « J'ai déjà, disait-il à son collaborateur, formé mon plan
pour l'année 1667, où je vois de quoi ouvrir un beau champ
à l'esprit[2]. »

Il y a lieu de croire qu'en ces années-là, de 1686 à 1688,
les historiographes s'étaient mis à l'œuvre avec un redouble-
ment d'activité. La gratification accordée par le Roi en 1688
fut supérieure à celles qui avaient précédé. « Le Roi, dit le
Journal de Dangeau à la date du 22 avril 1688, donna à Racine et à Despréaux, qui travaillent à son histoire, mille
pistoles chacun. » Louis Racine, d'accord avec Dangeau sur ce
point (car ses mille louis, des louis de onze livres, sont à peu
près l'équivalent), doit être exact aussi dans ce qu'il dit des
autres gratifications, qui jusque-là n'avaient été que de quatre
cents ou de cinq cents louis. On est autorisé à penser que
l'accroissement des libéralités de Louis XIV est un signe du
progrès de l'ouvrage, ces libéralités, en général, paraissant
avoir été proportionnées au travail. En effet, comme celui de
Boileau, dont la santé était devenue mauvaise dès 1687, s'était
beaucoup ralenti, nous voyons qu'en 1692 le Roi régla sa pension à deux mille francs seulement, et celle de Racine à quatre
mille[3]. Presque toute la tâche pesait alors sur Racine.

1. *Lettre de Racine à Boileau*, 24 mai 1687.
2. *Lettre* du 9 août 1687.
3. Cela ne semble pas excessif, surtout avec les dépenses de voyage,
dont on ne tenait pas compte à Racine (voyez sa *Lettre à Boileau* du
8 avril 1692) ; et l'on ne comprend pas beaucoup que le duc de
Nevers ait pu dire :

> Ces illustres du temps, Racine et Despréaux,
> Sont du mont Hélicon les fermiers généraux.

(*Épître à Bourdelot*, dans le quatrième volume du *Chansonnier Maurepas*, fol. 495.)

Il est juste cependant de faire remarquer que la pension de Racine

Qu'ont produit ces vingt années, et plus, de travail, pendant lesquelles il est évidemment faux que Racine se soit contenté de signer des quittances? Nous l'ignorons ; tout a péri dans l'incendie de la maison de Valincour en 1726 ; nous disons : *tout*, car le *Précis historique des campagnes de Louis XIV*, qui semble, lorsqu'on en lit attentivement les dernières lignes, n'avoir été qu'une préface écrite pour l'histoire métallique, ne saurait avoir rien de commun avec le grand ouvrage entrepris par les deux historiographes. On peut en dire autant de la *Relation du siége de Namur*, opuscule qui ne fut composé que pour être publié à part. Quant aux extraits et notes, auxquels des éditeurs ont donné le nom de *Fragments historiques*, il y aurait trop de simplicité à y chercher un débris de l'œuvre de Racine. Valincour, qui, dépositaire de cette œuvre, l'a nécessairement connue, ne doit rien nous en faire préjuger par ses dédains ; il a pu vouloir mettre à couvert sa responsabilité, et consoler la postérité du désastre arrivé dans sa maison de Saint-Cloud. Nous croyons, pour nous, qu'il y a dans cette perte un sujet de trop justes regrets. Quoique inachevé, un autre *Siècle de Louis XIV*, écrit par la plume élégante de Racine, avec la noble simplicité dont ne pouvait s'écarter son excellent goût, n'aurait sans doute point paru trop indigne de ses beaux ouvrages. Il ne devait y avoir là cependant rien qui nous dédommageât des chefs-d'œuvre poétiques, étouffés dans leur germe en 1677.

Les voyages de Racine à la suite du Roi et son assiduité à la cour ne l'arrachaient que trop souvent, à son gré, aux douceurs de la vie de famille, qu'il sentait vivement. Nous l'avons vu, pendant la campagne de 1692, jeter de loin un regard de

---

et de Boileau, comme historiographes, était indépendante des gratifications qu'ils reçurent plusieurs fois au même titre, indépendante aussi de leur pension d'hommes de lettres, laquelle, d'après Louis Racine, avait fini par s'élever à quinze cents puis à deux mille livres. Il ne faut pas oublier non plus les avantages que Racine devait retirer de sa charge de trésorier de France et de celle de gentilhomme ordinaire. Avec tout cela, comme il avait une nombreuse famille, il n'était pas, au témoignage de son fils, dans une brillante situation de fortune, et à sa mort il laissa à sa veuve et à ses enfants, dit Louis Racine, « plus de gloire que de richesses. »

regret sur sa rue des Maçons. C'est là, c'est avec sa femme et ses enfants qu'il trouvait tout son bonheur. C'est là surtout, et aussi dans son dévouement à Port-Royal, qu'il nous paraît un tout autre homme qu'avant la réforme de sa vie, et que cette réforme est sérieuse et touchante. « L'amour de Louis XIV dans l'âme de Racine, a-t-on très-bien dit, a comme hérité de ses autres passions profanes[1]. » Oui, mais ajoutons qu'en même temps elles s'étaient aussi, et plus heureusement, transformées dans le saint amour de la famille, qui les a expiées et qui les fait oublier. Il doit aussi faire oublier les dernières faiblesses de Racine, ses faiblesses de courtisan.

Un grand homme, simple et bon dans son ménage, ne perd pas à nos yeux de son prestige : il nous paraît au contraire plus admirable encore. Le courtisan habitué aux splendeurs royales de Versailles, et qui se trouve plus heureux dans son humble maison, est supérieur à ces vanités de la faveur qui, sans cela, risquaient de le diminuer aux yeux de la postérité. Dans ce que nous savons des passions de la jeunesse de Racine, nous avons été embarrassés pour reconnaître la trace de la sensibilité que supposent ses écrits : ici elle est visible, et l'âme du poëte se révèle. Le tendre Racine est tout entier dans son amour paternel : c'est là qu'est le poëme de son cœur. Dans cet ordre d'affections douces et naïves, les plus petits détails sont ceux qu'on aime le mieux. Tout le monde sait ces charmantes histoires racontées par Louis Racine : celle de la belle carpe mangée en famille, et celle de la procession des petits enfants où le père portait la croix. Mieux encore que toutes les anecdotes, la correspondance de Racine avec son fils aîné, où, dans une simplicité parfaite, rien n'est de l'homme de lettres, tout du bon père, nous introduit dans cet intérieur si bien gouverné par les sages conseils, par la piété et par la tendresse. Cette tendresse était si vive qu'elle fit bien souvent connaître à Racine ces inquiétudes et ces larmes qui sont plus ordinairement encore le privilége des mères, et qu'on l'entendit fréquemment répéter ces vers de Térence :

.... *Vah! quemquamne hominem in animum instituere, aut Parare, quod sit carius quam ipse est sibi?*

1. *Port-Royal* de Sainte-Beuve, tome VI, p. 132.

« Ah! se peut-il qu'un homme aille se loger dans le cœur un objet d'affection qui lui soit plus cher que lui-même[1]? »

Les soins vigilants d'un père, les joies et les sollicitudes du foyer domestique ne se prêtent pas beaucoup à être racontés. Il faut du moins tâcher de faire connaître un peu les enfants de Racine. On est curieux, si nous ne nous trompons, de pouvoir se le représenter entouré de cette « petite et agréable famille, » comme l'appelait Boileau. Racine eut sept enfants, deux fils et cinq filles. L'aîné de tous, Jean-Baptiste Racine, naquit le 11 novembre 1678[2]. Nous le trouvons à l'âge de huit ans, écrivant pour sa tante un petit billet sur le genou de son père[3]. A treize ans, c'est avec ce père lui-même qu'il est déjà en correspondance très-sérieuse, lui débitant gravement des nouvelles politiques puisées dans les gazettes. Racine trouve quelques-unes de ses lettres « fort sagement écrites, » lui répond comme à un petit homme tout à fait raisonnable, et s'attache, dès cet âge, à lui faire parler purement sa langue. Quoique le jeune Jean-Baptiste fût aux mains d'un précepteur, son père aussi veillait sur ses études, lui faisait traduire quelques-unes de ces lettres de Cicéron que lui-même avait toujours particulièrement goûtées, et à Fontainebleau, au milieu des distractions de la vie de cour, recevait les versions de son fils pour les lui corriger. Dans les derniers mois de 1692, Jean-Baptiste, qui n'avait encore que quatorze ans, entrait en rhétorique au collége. Il y continuait à rendre compte à son père de ses travaux et de ses lectures. Il trouvait un autre excellent guide, et plein d'amitié pour lui, dans Boileau, qu'il allait voir, et qui prenait plaisir à lui former l'esprit par sa conversation. Peut-être de ce côté rencontrait-il un peu plus d'encouragements pour ses penchants littéraires, bien naturels chez un fils de Racine. Son père, tout en voulant qu'il fût très-instruit, avait grand'peur de le laisser s'engager dans une voie dont il ne regardait plus que les périls. Le jeune homme avait bien envie

1. *Avertissement* de Louis Racine, en tête des *Lettres de Racine à son fils*. — Les deux vers sont dans les *Adelphes* de Térence, acte I, scène 1, vers 38 et 39.

2. Voyez son acte de baptême aux *Pièces justificatives*, n° XXIV.

3. *Lettre de Racine à Mme de Rivière*, 12 novembre 1686.

de ne pas s'en tenir à ses auteurs grecs et latins et de lire aussi des livres français. Il se montrait curieux surtout de nos poëtes, et s'émancipait jusqu'à rimer une épigramme contre Perrault. Racine l'en reprenait avec douceur, le mettait en garde contre les tentations poétiques, et tâchait, avec un peu d'embarras, de lui faire comprendre pourquoi il n'était pas bien de faire ce que faisait pourtant Boileau, qui avait pour la satire des priviléges à lui seul réservés. Pouvait-il, en faisant ces recommandations, très-prudentes d'ailleurs, se défendre de sourire un peu ? Lui-même, en ce temps encore, tombait quelquefois dans le péché de l'épigramme ; et puis on a toujours plaisir à reconnaître son sang : ces velléités poétiques, en même temps qu'elles l'inquiétaient, devaient donc flatter secrètement la faiblesse de son cœur. Mais il avait résolu de gouverner la jeunesse de son fils autrement que n'avait été gouvernée la sienne, depuis qu'elle eut secoué le joug. Il ne pensait pas seulement d'ailleurs qu'être poëte à cet âge était prématuré : il souhaitait qu'aucun de ses enfants ne le fût jamais. L'éducation qu'il leur donna, quelque affectueuse et paternelle qu'elle ait été, fut aussi très-austère, et tout à fait à la façon de Port-Royal. Son ambition était de leur rendre ce qu'il avait reçu de ses vénérables maîtres. Tout ce que ceux-ci avaient voulu pour lui-même, il le voulut pour ses fils : une très-solide instruction, mais qui leur servît à toute autre chose qu'à courir la carrière des lettres, point de théâtre, point de poésie ; par-dessus tout une vie chrétienne. Les voir servir Dieu, c'est ce qu'il avait le plus à cœur. Ils répondirent à ses soins pieux. Avec Jean-Baptiste, il y eut un moment un peu difficile. Vers l'âge de treize à dix-sept ans, les romans et les comédies, tout ce que son père, sans hésiter à renier sa gloire, appelait alors des niaiseries, avait pour lui beaucoup d'attraits. Il eût été bien volontiers au théâtre ; et quand il s'en abstenait (ce qui ne fut pas toujours), il ne le faisait point en ce temps-là par scrupule de dévotion, mais uniquement pour ne pas contrister son père. Ce bon père priait plus qu'il n'exigeait ; et dans ses douces et indulgentes remontrances, c'était, nous le voyons par ses lettres, l'amitié surtout qu'il faisait parler. Les leçons et les exemples de Racine portèrent leurs fruits. Son fils aîné devint tel qu'il l'avait désiré : toujours très-adonné

à l'étude, cultivant les sciences et les lettres, mais sans jamais
essayer de devenir auteur ; d'une piété devenue très-fervente
et très-sévère ; enfin, tant qu'il garda des emplois diploma-
tiques, s'acquittant de son devoir en conscience. En 1695 il
avait le titre de gentilhomme ordinaire du Roi, en ayant obtenu la charge en survivance de son père, qui la possédait
depuis la fin de 1690. Dans le même temps il travaillait dans
les bureaux de M. de Torcy, ministre des affaires étrangères,
qui bientôt l'envoya à la Haye auprès de l'ambassadeur de
France, M. de Bonrepaux. Racine eut la satisfaction, dans les
dernières années de sa vie, de ne recevoir que de bons témoignages de la conduite et de l'application de son fils dans les
fonctions qu'il remplissait. Le jeune homme avait toute la confiance et l'amitié de l'ambassadeur, et de son neveu, M. de
Bonac. Fénelon, qui eut plusieurs fois occasion de le voir, fit
savoir à Racine combien il avait été content de lui. Boileau,
que Jean-Baptiste aimait comme un second père, était charmé
de ses lettres, et en toute occasion faisait son éloge.

Le second enfant de Racine fut Marie-Catherine, née le
16 mai 1680[1]. Elle paraît avoir eu une âme ardente, un peu
mobile, et par cette vivacité d'impressions, qui lui causa
quelques tourments, une certaine ressemblance avec son
père, dont elle était la fille de prédilection. A seize ans elle
entra aux Carmélites du faubourg Saint-Jacques, le 29 décembre 1696. Se séparer d'elle fut une cruelle épreuve pour la
sensibilité de Racine. Quelques jours après l'entrée de sa fille
dans l'austère maison, il écrivait à sa sœur : « Il m'en a coûté
beaucoup de larmes ; mais elle a voulu absolument suivre la
résolution qu'elle avoit prise. C'étoit de tous nos enfants celle
que j'ai toujours le plus aimée, et dont je recevois le plus de
consolation. Il n'y avoit rien de pareil à l'amitié qu'elle me
témoignoit[2]. » Au bout de peu de mois, la santé de Marie-
Catherine l'avait obligée de rentrer pour quelque temps à la
maison paternelle. Elle ne tarda pas à fuir de nouveau le
monde, et à chercher une retraite à Port-Royal. On y était
très-édifié de sa piété, et elle avait conçu un grand attachement

1. Voyez son acte de baptême aux *Pièces justificatives*, n° XXV.
2. *Lettre à Mme Rivière*, 10 janvier 1697.

pour ce monastère. Mais alors on ne voulait plus permettre à personne d'y prendre l'habit. Deux fois son père, voyant qu'elle n'y pourrait demeurer, alla l'exhorter à revenir près de lui. Il ne put d'abord la ramener, malgré ses pressantes instances. Elle avait résolu ou de rentrer aux Carmélites, si on ne la repoussait pas, ou de se faire religieuse à l'abbaye de Gif, ce qui eût été s'éloigner le moins possible de Port-Royal[1]. « Elle m'a écrit là-dessus, disait Racine à son fils, des lettres qui m'ont troublé et déchiré au dernier point.... La pauvre enfant a eu jusqu'ici bien des peines, et a été bien traversée dans le dessein qu'elle a de se donner à Dieu[2]. » Il fallut, malgré son affliction et ses larmes, que Marie-Catherine, au temps de Pâques de l'année 1698, se séparât de sa chère grand'tante et de ses pieuses compagnes. Les austérités du couvent l'avaient tellement affaiblie que son père ne put lui permettre d'aller sur-le-champ les recommencer dans une autre maison. Elle dut se résigner à revenir sous le toit de ses parents. Là elle entendait rester fidèle à la sévérité religieuse. Elle aurait voulu ne pas reprendre ses habits du monde, repoussait toutes les parures de son âge, et souhaitait de ne voir personne. Mais bien peu de temps après, le 16 juin 1698, Racine écrivait à son fils : « Il m'a paru que votre sœur aînée reprenoit assez volontiers les petits ajustements auxquels elle avoit si fièrement renoncé, et j'ai lieu de croire que sa vocation de religion pourroit bien s'en aller avec celle que vous aviez eue autrefois pour être chartreux. Je n'en suis point du tout surpris, connoissant l'inconstance des jeunes gens et le peu de fond qu'il y a à faire sur leurs résolutions, surtout quand elles sont si violentes.... » Nous croyons que Racine non-seulement ne fut pas très-surpris de ce changement, mais ne put en être non plus très-chagrin. Témoin des incertitudes de la pauvre enfant, qui était « tantôt à Dieu, tantôt au monde, » et la

---

1. Gif, dit Saint-Simon (*Mémoires*, tome VII, p. 419), « est une abbaye de filles, à cinq ou six lieues de Versailles, qui a toujours été considérée comme la sœur cadette de Port-Royal des Champs.... deux maisons qui en tout temps avoient conservé l'union entre elles la plus intime. »

2. *Lettre* du 16 mars 1698.

voyant consulter tous ses directeurs, ce qui lui paraissait un indice suffisant du parti vers lequel elle penchait, il résolut de la marier; et bien peu de temps avant de mourir, il put encore avoir cette joie. Le 7 janvier 1699, Marie-Catherine épousa M. Collin de Moramber[1]. Parmi les filles de Racine il n'y en a point d'autre qui se soit mariée; parmi tous ses enfants, point d'autre dont il lui ait été donné de voir le mariage.

Les deux aînés des enfants de Racine furent les seuls auxquels, en leur qualité sans doute de chefs de famille, il ne donna point de petits noms. Il traitait tous les autres avec moins de cérémonie; il appelle, dans ses lettres, ses quatre dernières filles de ces doux et gentils surnoms, dont la familiarité n'étonnera ni ne choquera jamais qu'une vaine délicatesse : Nanette, Babet, Fanchon, Madelon; il y donne au plus jeune de ses fils le nom de Lionval. Racine n'était pas toujours solennel.

Nanette (Anne Racine) naquit le 29 juillet 1682[2]. Elle fut placée très-jeune chez les Ursulines de Melun. En 1693, âgée de onze ans, elle y était déjà avec sa sœur aînée[3]. On voit par les lettres de Racine que ce fut là qu'elle fut élevée, et que son père et sa mère la gardèrent bien peu de temps auprès d'eux. Elle n'avait pas encore quinze ans qu'elle demandait avec instance à prendre l'habit de novice[4]. Son père fit deux voyages à Melun, en 1697, pour l'en détourner. Il ne put rien obtenir[5]. L'année suivante, à seize ans et trois mois, elle fit profession. Racine voulut assister à la touchante cérémonie, avec la mère et la sœur aînée de Nanette. Ce fut le 6 novembre 1698 que se consomma le douloureux sacrifice. Le pauvre père était alors souffrant, et l'émotion fut cruelle pour lui : « Je voudrois, écrivait-il à son fils, avoir le temps aujourd'hui de vous rendre compte en détail de la profession de votre sœur; mais, sans la flatter, vous pouvez compter que c'est un ange. Son esprit et son jugement sont extrêmement formés; elle a

---

1. Voyez l'acte de mariage aux *Pièces justificatives*, n° XXVI.
2. Voyez son acte de baptême aux *Pièces justificatives*, n° XXVII.
3. *Lettre de Racine à son fils*, 1er octobre 1693.
4. *Lettre de Racine à son fils*, 5 avril 1697.
5. *Lettre de Racine à Boileau*, 8 octobre 1697.

une mémoire prodigieuse et aime passionnément les bons
livres. Votre mère et votre sœur aînée ont extrêmement pleuré ;
et pour moi je n'ai cessé de sangloter, et je crois même que cela
n'a pas peu contribué à déranger ma foible santé[1]. » Les détails qu'il ne put ce jour-là donner à son fils, se trouvent dans la
lettre qu'il adressait la veille à la mère Agnès de Sainte-Thècle,
page attendrissante écrite avec toutes ses larmes. Il n'y ou-
bliait pas plus que dans sa lettre à Jean-Baptiste, à côté de la
piété, du courage et de toutes les vertus de sa fille, les qua-
lités de son esprit, son étonnante mémoire, son goût pour la
lecture. « Excusez un peu, ajoutait-il, ma tendresse pour une
enfant dont je n'ai jamais eu le moindre sujet de plainte, et
qui s'est donnée à Dieu de si bon cœur, quoiqu'elle fût assurément la plus jolie de tous mes enfants, et celle que le monde
auroit le plus attirée par ses dangereuses caresses. » Un charmant billet de condoléance à la fois et de félicitation sur l'entrée en religion d'une des filles de Racine a été inséré par
son fils dans ses *Mémoires*. Il n'est point, comme on le dit
depuis si longtemps, de Fénelon, mais de Quesnel[2]. Quoique
la date du 14 février 1697 montre bien qu'il y est question
de l'entrée de Marie-Catherine aux Carmélites, on a généralement supposé qu'il avait été écrit à l'occasion de cette prise
d'habit de Nanette. Dans cette lettre, qui conviendrait également bien d'ailleurs à l'une comme à l'autre de ces douloureuses séparations, il y a un mot bien vrai et qui paraîtrait
presque cruel dans une autre bouche que dans celle d'un
homme d'une foi si vive, et si profondément convaincu que
l'immolation de la nature à Dieu est pleine de douceur dans
son amertume : « Au bout du compte, il s'en doit prendre
un peu à lui-même. La bonne éducation qu'il lui a donnée,
et les sentiments de religion qu'il lui a inspirés, l'ont conduite à l'autel du sacrifice. »

Ce n'eût pas été le dernier des sacrifices que des éduca-
tions si pieuses eussent coûtés à Racine, si les enfants qui lui
restaient n'eussent été, lorsqu'il mourut, trop jeunes encore

---

1. *Lettre* du 10 novembre 1698.
2. Voyez dans les *Mémoires* de Louis Racine notre note sur le
passage où la lettre est citée.

pour prendre un parti irrévocable. Élisabeth, sa troisième fille, née le 31 juillet 1684[1], n'avait pas tout à fait quinze ans lorsqu'elle perdit son père. Mais sa vocation était dès lors décidée. Une lettre de Willard, du 14 mai 1699, dit qu'à cette date elle était postulante chez les dames de Variville, maison de l'ordre de Fontevrauld, en Beauvaisis. Dès l'année 1695 on pensait à l'y mettre. Elle y entra peut-être, comme pensionnaire, cette année même. Il est certain du moins qu'au mois de mai 1698 elle était déjà fort habituée à son couvent, et « témoignoit beaucoup de ferveur pour achever de se consacrer à Dieu[2]. » Ce qui montre bien qu'alors elle était depuis quelque temps déjà séparée de sa famille, c'est que son père écrivait : « On dit qu'elle est fort jolie de sa personne, et qu'elle est même beaucoup crue[3]. » Il paraît que cette jolie enfant, tout en faisant admirer sa sagesse dans la maison où on l'élevait, avait un naturel très-vif, un esprit très-impétueux. « Babet, disait son père, m'écrit les plus jolies lettres du monde et les plus vives, sans beaucoup d'ordre, comme vous pourrez croire, mais entièrement conformes au caractère que vous lui connoissez. » D'une telle jeune fille des résolutions trop promptes pouvaient être à craindre. Racine était décidé à ne pas lui permettre de s'engager légèrement, et devait la faire revenir chez lui l'année suivante pour bien examiner et laisser mûrir sa vocation.

Les deux plus jeunes filles de Racine, Fanchon et Madelon (Jeanne-Nicole-Françoise, et Madeleine, nées, la première le 29 novembre 1686, l'autre le 14 mars 1688[4]), ont naturellement, à cause de leur jeune âge, une moins grande place que leurs sœurs dans les lettres de leur père. Fanchon semblait déjà souhaiter beaucoup la vie de couvent. Elle passa quelque temps à Port-Royal, auprès de la mère de Sainte-Thècle, qui ne pouvait que l'entretenir dans cette disposition. On devait la mettre à Melun, où Nanette l'attendait avec impatience.

1. Voyez son acte de baptême aux Pièces justificatives, n° XXVIII.
2. Lettre de Racine à son fils, 2 mai 1698.
3. Lettre de Racine à son fils, 16 juin 1698.
4. Voyez les deux actes de baptême aux Pièces justificatives, n° XXIX et n° XXX.

J. RACINE. 1

9

Voici comment Racine, dans une de ses lettres, parle de Fanchon et de Madelon : « Il tarde beaucoup à Fanchon qu'elle ne soit à Melun avec sa sœur Nanette, et elle ne parle d'autre chose. Sa petite sœur (*Madelon*) n'a pas les mêmes impatiences de nous quitter, et me paroît avoir beaucoup de goût pour le monde (*elle avait alors dix ans.*) Elle raisonne sur toutes choses avec un esprit qui vous surprendroit, et est fort railleuse, de quoi je lui fais la guerre. » On retrouve chez toutes ces filles de Racine quelques traits de leur père.

Le dernier né de ses enfants, celui qui seul osa, très-modestement toutefois, et sans s'écarter des pieux scrupules, chercher à recueillir un rayon du génie poétique de son père, Louis, dont, nous l'avons dit, le petit nom d'enfance était Lionval[1], n'avait pas encore sept ans lorsqu'il perdit son père, étant né le 2 novembre 1692[2]. Mais il avait déjà reçu la première impression ineffaçable de cette éducation si austèrement religieuse, qui, au milieu des soins les plus tendres et les plus doux, jette, il faut bien l'avouer, comme une certaine tristesse, comme une ombre de mélancolie sur la charmante famille du poëte. On s'explique mieux toute la vie de Louis Racine, lorsqu'on lit ce que Mme Racine écrivait à son fils aîné en 1698 : « Le pauvre petit (*Lionval*) promet bien qu'il n'ira pas à la comédie comme vous, de peur d'être damné. » Étrange parole dans la maison d'un poëte, l'immortel honneur de notre théâtre. Il est à croire que Mme Racine, avec des lumières insuffisantes, effrayait quelquefois ces jeunes consciences plus que Racine ne l'eût voulu. Tous deux du reste étaient bons et indulgents. Cet intérieur janséniste était plein de scrupules ; mais qu'une parole excessive de la mère ne le fasse pas croire trop sombre. Jamais

1. Il y avait près de la Ferté-Milon (à 12 kilomètres de distance) une ferme du nom de *Lionval*. Nous n'avons pas appris qu'elle ait jamais appartenu à Racine ; mais il semble bien que le surnom qu'il donne à son fils ne peut venir que de là. Peut-être se rattachait-il à cette ferme quelque souvenir des années passées par le père à la Ferté-Milon. Ou peut-être Louis Racine, que ses parents envoyèrent dans sa première enfance à la Ferté, avait-il eu une nourrice à Lionval.

2. Voyez son acte de baptême aux *Pièces iustificatives,* no XXXI.

une accablante sévérité ne comprima les jeunes enfants. Et cependant instruits dans la plus fervente piété avec cette douceur persuasive, qui est toujours plus forte que la contrainte, tous ces enfants, ceux qui restèrent dans le monde, comme ceux qu'ensevelit le cloître, ne furent que plus sûrement conduits, si nous pouvons étendre un peu le sens de l'expression du pieux ami de Racine, à « l'autel du sacrifice. »

On ne saurait parler de Racine dans sa vie de famille, comme nous venons de le faire, sans donner quelques mots de dernier souvenir à la Ferté-Milon, où il avait encore une part de ses affections domestiques. Ce souvenir d'ailleurs se rattache très-étroitement à ce qui précède. Plusieurs des enfants de Racine furent, aussitôt après leur naissance, envoyés à la Ferté, et confiés aux soins de leur tante paternelle. Racine avait encore dans son pays natal de nombreux parents, oncles, cousins et cousines. Mais depuis la mort de son aïeul Pierre Sconin et de sa grand'tante Vitart, en 1667 et en 1668, il n'y serait resté pour lui aucun de ces attachements de famille qu'on peut appeler de premier ordre, s'il n'y avait pas eu sa sœur, une des personnes qu'il paraît avoir le plus aimées. Nous avons parlé de cette tendre amitié de jeunesse. Marie Racine s'était mariée un peu avant son frère. Le 30 juin 1676 elle avait épousé M. Antoine Rivière, médecin à la Ferté-Milon, et un peu plus tard, contrôleur, puis grenetier au grenier à sel dans la même ville[1]. Deux filles naquirent de ce mariage : l'une, Marie-Antoinette, le 25 juillet 1677; l'autre, Marie-Catherine, le 21 novembre 1682. Mme Rivière était venue à Paris en 1680 tenir sur les fonts Marie-Catherine Racine. Semblablement Racine alla à la Ferté-Milon servir de parrain à Marie-Catherine Rivière. Il ne put faire le voyage qu'un an après la naissance de l'enfant. Le baptême fut célébré le 5 octobre 1683[2]. C'était la seconde fois que Racine venait tenir un enfant dans l'église de sa ville natale. En 1673[3] il y avait été parrain d'une fille d'Antoine Vitart et de Catherine Sco-

---

1. Voyez l'acte de mariage aux *Pièces justificatives*, n° XXXII.
2. Voyez l'acte de baptême aux *Pièces justificatives*, n° XXXIII.
3. Le 12 novembre. Voyez l'acte de baptême de Constance-Eugénie Vitart (n° XIX), déjà cité à la page 51.

nin, sa cousine germaine, celle-là même qui, dans le baptême de 1683, fut marraine de Marie-Catherine Rivière. On
voit dans les lettres de Racine que sa nièce et filleule, qu'on
appelait la petite Manon, vint plusieurs fois à Paris passer quelque temps au milieu des enfants de son oncle. L'intime union
des deux familles est visible. Plusieurs fois aussi Racine con-
duisit sa femme et ses enfants dans la maison de sa sœur.
Nanette, Fanchon, Madelon et le petit Louis y avaient reçu de
Mme Rivière les premiers soins maternels. Là, ces petits nour-
rissons étaient aimés et choyés par la sœur et le beau-frère de
Racine, comme leurs propres enfants. C'étaient toujours M. et
Mme Rivière qui demandaient instamment qu'on les leur envoyât. Les enfants partaient pour la Ferté avec toutes sortes
de recommandations minutieuses du père, et revenaient élevés
avec une aussi tendre sollicitude que s'ils n'avaient pas quitté
la maison de leur mère. Nous apprenons aussi, par la correspondance de Racine avec sa sœur, que c'était par les mains de
celle-ci qu'il faisait parvenir à de pauvres parents les dons de
sa bienfaisance. Il ne voulait, comme il l'écrivait à Mme Rivière[1], « manquer à aucun d'eux quand ils auroient recours à
lui ; » et cependant cette famille qu'il avait à aider était fort
étendue. Il eut soin par son testament de charger Mme Rivière
de continuer après sa mort ces bonnes œuvres, ainsi qu'une
pension pour sa bonne vieille nourrice Marguerite, qui vivait
toujours à la Ferté-Milon, et que dans ses lettres il recom-
mandait souvent à sa sœur pour que chaque mois elle lui remît
de sa part une petite somme. C'était ainsi que Racine, après
s'être acquis tant de gloire, et dans le temps où il vivait parmi
ce qu'il y avait de plus grand et de plus illustre à la cour, s'honorait par les vertus modestes de la famille, et que Versailles
et Marly ne lui faisaient pas oublier sa petite ville ni les amitiés
d'enfance qu'il y avait conservées.

Un autre côté bien noble et bien touchant de sa vie,
dans ces dernières années, c'est l'attachement dévoué dont il
avait renoué les liens avec d'autres amis de sa première jeunesse, avec les solitaires et les religieuses de Port-Royal. Et là
ce n'était pas sans danger pour sa faveur qu'il pouvait remplir

---

1. *Lettre de Racine à sa sœur*, 10 janvier 1697.

ses devoirs. Pour juger équitablement du courage qu'il montra dans ses relations avec une maison si suspecte, il ne faudrait pas rester sur l'impression du célèbre sarcasme du comte de Roucy[1] : « Il ne s'y seroit pas fait enterrer de son vivant. » Le comte de Roucy, courtisan très-rampant[2], croyait sans doute trop facilement à la servilité des autres. Mais, dans le même temps où la mémoire de Racine était raillée avec cette légèreté, Fénelon, meilleur juge, écrivait au duc de Beauvilliers[3], à propos des visites de la comtesse de Gramont à Port-Royal : « Elle a obligation à ce monastère, elle n'y croit rien voir que d'édifiant; elle a devant les yeux l'exemple de Racine, qui y alloit très-souvent, qui le disoit tout haut chez Mme de Maintenon, et qu'on n'en a jamais repris. » Nous croyons qu'il n'y a que les derniers mots qui soient de trop. Il ne semble pas que Racine ait trouvé à la cour une si parfaite tolérance. Louis Racine, il est vrai, racontant que son père allait souvent à Port-Royal et y menait tous les ans sa famille à la procession du saint sacrement, dit, dans ses *Mémoires*, que Louis XIV ne parut jamais l'en désapprouver. Plus loin cependant il rapporte la petite scène entre Boileau et Racine, lorsque celui-ci se plaignait de n'avoir pas les mêmes priviléges que son ami, à qui l'on passait très-bien ce que lui-même se voyait imputer à crime. La vérité de cette piquante anecdote est confirmée par Brossette[4], qui en tenait le récit de Boileau lui-même. N'y a-

1. C'est à lui que cette méchanceté est attribuée dans les *Mémoires sur M. de Fontenelle*, tome XI, p. 97 des *Œuvres de Fontenelle*, Amsterdam, 1764, in-12.
2. Voyez les *Mémoires de Saint-Simon*, tome XIII, p. 269.
3. *Lettre* du 30 mars 1699. Voyez la *Correspondance de Fénelon*, Paris, 1827, tome I, p. 81.
4. *Recueil manuscrit de la Bibliothèque nationale*, p. 92. — Brossette ne raconte pas cette conversation tout à fait dans les mêmes termes que Louis Racine. Voici sa version : « M. Despréaux m'a dit qu'à la cour M. Racine passoit pour janséniste, et que lui, quoiqu'il le fût pour le moins autant que M. Racine, et qu'il l'avouât publiquement, sans façon et sans mystère, n'étoit pas regardé comme tel. M. Racine s'en étonnoit, et M. Despréaux lui disoit quelquefois : « C'est parce « que je ne m'en cache pas, et que vous en faites un mystère. Si vous « n'alliez à la messe que les jours de dimanche et de fêtes, vous ne

t-il pas là une preuve suffisante que, si l'on ne défendait pas à Racine d'aller à Port-Royal, on savait bien lui donner, à l'occasion, quelques signes de mécontentement? Son caractère l'y rendait très-sensible; et ses craintes, qu'il n'était pas en lui de cacher, pouvaient fournir prétexte à d'injustes épigrammes comme celle du comte de Roucy. Boileau, avec son indépendance plus ferme, plus insouciante, et sa rude et originale franchise, abordait les difficultés de front, sans embarras, et par là même se rendait moins suspect. Mais le courage plus tremblant de Racine était aussi méritoire, peut-être même un peu plus, si la vertu se mesure à l'effort. D'ailleurs si Boileau, avec une singulière hardiesse, élevait la voix devant le Roi lui-même en faveur de ses amis, faisait-il plus que Racine, qui mettait ses enfants à Port-Royal au temps où Louis XIV songeait à n'y plus souffrir de novices ni de pensionnaires? Allait-il, ainsi que Racine, y faire souvent des retraites? Ainsi que lui, s'était-il fait comme l'agent dévoué, le chargé d'affaires de la maison? Les preuves du dévouement actif de Racine aux intérêts de Port-Royal sont nombreuses et se trouvent partout.

Nous avons raconté comment il était rentré en grâce auprès du grand Arnauld. La réconciliation avec Nicole avait précédé; elle s'était faite sans peine sous les auspices du célèbre abbé du Pin, parent de Racine[1]. Il y eut depuis, non-seulement oubli des vieilles querelles, mais intimité confiante, comme on le voit par les notes très-curieuses que Racine a écrites à la suite d'entretiens avec Nicole, entretiens à cœur ouvert où il n'y avait rien de caché pour Racine des secrets de la maison. On peut juger de l'amitié qui les unissait par ce passage d'une lettre de Racine à son fils, écrite dans un moment où l'on commençait à s'inquiéter de la santé de Nicole : « Vous avez raison de me plaindre du déplaisir que j'ai de voir souf-

« seriez pas regardé comme janséniste. Mais vous y allez tous les « jours. Que ne faites-vous comme moi? » Sont-ce bien là les expressions de Boileau? Acceptait-il ce nom de janséniste? A-t-il pu dire que Racine se cachait? En vérité, cela n'était pas. Mais au fond les deux récits concordent, et il n'y a pas à douter de leur authenticité dans ce qu'ils ont d'essentiel.

1. Louis-Ellies du Pin, père de l'abbé du Pin, avait épousé la sœur aînée de Nicolas Vitart.

frir si longtemps un des meilleurs amis que j'aie au monde.... J'ai la consolation d'entendre dire à ses médecins qu'ils ne voient rien à craindre pour sa vie, sans quoi je vous avoue que je serois inconsolable[1]. » Nous savons par une des histoires de Port-Royal[2] que Racine visitait alors fréquemment son ancien maître dans la petite maison de la place du Puits-l'Hermite, qui appartenait aux religieuses de la Crèche, et qui était devenue le rendez-vous de tous les fidèles amis de Port-Royal, tels que Boileau, Tréville, le Tourneux, Santeul. Lorsque Nicole, au mois de novembre 1695, eut la première des attaques d'apoplexie auxquelles il devait succomber, Racine, à la nouvelle de l'accident, accourait de Versailles à Paris, apportant des gouttes d'Angleterre, qui dans le premier moment parurent ressusciter le malade[3]. Cette amitié, ce dévouement, montrés si publiquement, sont un des meilleurs témoignages en faveur de Racine. Il en est un d'ailleurs que nous trouvons expressément rendu par Nicole lui-même, dans une lettre de félicitation qu'à la fin de 1690 il adressait à son ami, nommé gentilhomme ordinaire : « Je me réjouis, lui écrivait-il, que la malice et les préventions ne puissent pas tout. Mais je me réjouis encore bien plus *qu'on n'ait pas été intimidé de ces préventions*, et *qu'en allant son chemin sans crainte*, on ne soit tombé dans aucun inconvénient. »

Les relations de Racine avec Arnauld ne furent pas moins amicales qu'avec Nicole. Depuis le jour où il avait obtenu le pardon du grand solitaire, jusqu'à celui où l'exil les sépara en 1679, le temps est court. Il fut bien mis à profit sans doute pour un rapprochement de plus en plus intime ; car, dans les lettres que de son refuge Arnauld écrivait à Racine, il lui parlait comme à un de ses meilleurs amis, « très-généreux et très-effectif, » et pouvait lui dire : « Je me flatte qu'il n'y a guère de personne que vous aimiez plus que moi[4]. » Jean-Baptiste Racine connaissait bien cette amitié, et singulièrement

1. *Lettre* du 1er octobre 1693.
2. *Histoire de Port-Royal* (Cologne, M.DCC.LII, 6 vol. in-12), tome V, p. 508.
3. *Lettre de Mme de Coulanges à Mme de Sévigné*, 18 novembre 1695, tome X des *Lettres de Mme de Sévigné*, p. 331 et 332.
4. *Lettre* du 15 juillet 1693.

disposé, il est vrai, à faire ressortir, dans la vie de son père,
les sentiments que lui-même partageait, il ne voulait rien écrire
sur cette vie, sans être libre, disait-il, « de bien instruire la
postérité du respect, ou, pour mieux dire, de la passion que
Racine avoit pour M. Arnauld[1]. » S'il eût exécuté son dessein,
nous aurions peut-être sur *cette passion* plus de détails encore.
Ceux qui nous ont été conservés suffisent. Arnauld avait souvent quelques services à demander pour des amis de la bonne
cause, et il s'adressait avec confiance à Racine, qu'il exhortait
à faire usage de son crédit, *talentum familiaritatis*, comme il
disait. Racine s'employait de son mieux en faveur des amis
d'Arnauld, en faveur d'Arnauld lui-même. Lorsque M. de
Pompone cherchait à faire rentrer en France le vieillard
proscrit (c'était en 1694, dernière année de la vie d'Arnauld), Racine fut l'intermédiaire zélé de la négociation secrète. Il était resté en communication fréquente avec l'illustre
exilé. Il lui envoyait ses écrits. Arnauld était toujours disposé à les goûter, à les admirer, même le discours académique de 1685, quoique, cette fois, dans son approbation,
il fît sentir quelques sages réserves sur l'excès des louanges
données au Roi. Mais ce furent surtout les tragédies saintes qui
le charmèrent, *Esther* plus même qu'*Athalie*, parce qu'elle
lui semblait plus édifiante encore. Il en avait demandé plusieurs exemplaires pour les distribuer. Lorsque le cœur d'Arnauld, mort sur la terre étrangère, fut rapporté à Port-Royal,
Racine fut, dit-on, parmi les amis du dehors le seul qui
ne craignit pas d'être présent à cette touchante cérémonie,
ou plutôt peut-être au service qui avait été célébré quelque
temps auparavant[2]. Il rendit aussi hommage à une mémoire

1. *Lettre à Louis Racine*, 6 novembre [1742].
2. La *Biographie universelle* (article ANTOINE ARNAULD) dit que le fait
est consigné dans une petite pièce du temps. Il s'agit sans doute des vers
qui, sous le titre de *Conclusion*, se trouvent à la page 331 du tome II
des *Œuvres* de Santeul (*Joannis-Baptistæ Santolii Victorini operum
omnium* editio tertia, Parisiis, apud fratres Barbou, M.DCC.XXIX) :

> Dans les siècles futurs, Arnauld, vivra ta gloire....
> Car le Parnasse entier travaille à ton honneur;
>   Santeul fait des vers sur ton cœur;...
>   Racine assiste à ton service.

si chère par une épitaphe en vers et par une autre petite
pièce écrite pour le portrait du grand docteur. Ces vers d'une
élégante et noble simplicité ont été surpassés par l'épitaphe
si pathétique et si vigoureuse que composa Boileau ; celui-ci
jugeait un peu sévèrement que les vers de Racine sur Arnauld ne disaient rien, et qu'il avait molli[1]. Du reste, si
l'inspiration de Racine fut moins forte, on ne saurait conclure
de là qu'il ait été, en cette circonstance, plus timide que son
ami, puisque ni l'un ni l'autre ne purent songer à publier leurs
épitaphes. Peu de temps après, lorsqu'on eut arraché à Santeul
la rétractation de ses beaux vers latins sur le cœur d'Arnauld,
parut le *Santolius pœnitens* de Rollin, que l'on traduisit en vers
français. Cette traduction fut attribuée à Racine, qui n'en était
cependant pas l'auteur[2]. Ce fut le prétexte d'un violent déchaînement des haines que lui avait méritées son noble attachement à Port-Royal. Dans une harangue latine prononcée au
collége des Jésuites (collége de Louis-le-Grand), un régent
de troisième s'était proposé cette thèse : Racine est-il chrétien ? est-il poëte ? *Racinius an christianus ? an poëta ?* Et naturellement sa conclusion était : il n'est ni l'un ni l'autre[3].
Contre ces attaques fanatiques Racine avait pour protection
l'amitié de quelques jésuites, du P. Bouhours par exemple,
et, bien plus puissante encore, celle du P. de la Chaise.
Mais il n'en sentait pas moins qu'il n'y avait pas de rempart
assez assuré contre des inimitiés rendues très-dangereuses par
les défiances qu'inspirait au Roi tout ce qui sentait le jansé-

1. Brossette, *Recueil manuscrit de la Bibliothèque nationale*, p. 91.
2. Dans les *Œuvres* de Santeul (édition citée ci-dessus) la traduction du *Santolius pœnitens* a pour titre (p. 301 du tome II) :
Traduction par M. Racine. La Grange-Chancel, dans sa préface de
Jugurtha, prétend qu'on ne doit pas croire au désaveu de Racine.
Cependant ce désaveu est très-positif dans la lettre de Racine à
Boileau, du 4 avril 1696, lettre dans laquelle aucune dissimulation
ne saurait être admise. Ce que dit Louis Racine du véritable auteur Boivin le jeune n'a pu être inventé. Au surplus, quand on a lu
ces vers, il nous semble qu'il ne reste plus de doutes : leur médiocrité
est décisive.
3. *Lettre de le Franc de Pompignan à Louis Racine*, 9 novembre
1751, dans les *Œuvres de Louis Racine*, Paris, 1808, tome V, p. 213.

nisme. Toutefois il restait fidèle aux persécutés. C'est ainsi que
par la lettre citée tout à l'heure du fameux P. Quesnel, qui
avait été jusqu'à la tombe le compagnon d'exil d'Arnauld et
lui avait fermé les yeux, nous avons pu juger des relations très-
affectueuses établies entre Racine et cet ami de l'indomptable
proscrit, relations attestées aussi par les lettres que Racine écrivait à son fils en 1698. Il y aurait à nommer un grand nombre
d'amis de Port-Royal qui furent en même temps ceux de Racine,
les du Fossé, les Dodart, et bien d'autres. Un nom qu'il ne faut
pas oublier, c'est celui de Willard, un des correspondants les
plus affidés d'Arnauld et du P. Quesnel. Il logeait dans le
voisinage du poëte, et s'était lié très-intimement avec lui.
Son nom se lit au bas de l'acte de mariage de Mme de Moramber, et aussi de l'acte de décès de Racine. Le commerce ami-
cal datait d'assez loin. En 1692, Racine, dans une lettre à sa
femme, lui disant à quels amis il faut communiquer les nouvelles qu'il donne, associe au nom de Boileau celui du « cher
M. Willard. »

De telles liaisons ne suffisaient-elles pas pour se faire accuser de ce crime si particulièrement odieux à Louis XIV, le
crime de *ralliement*, pour emprunter à M. de Harlay son expression favorite[1]? Cependant ce qui pouvait compromettre
Racine plus encore, c'étaient les services qu'il rendait très-
ouvertement à la maison de Port-Royal. On l'y chargea longtemps, nous l'avons dit, de beaucoup d'affaires délicates. Il
prêtait sa plume aux religieuses, il négociait pour elles. Son
intervention devint surtout plus active depuis la nomination à
l'archevêché de Paris de M. de Noailles, dont on avait lieu
d'espérer plus de bienveillance et de justice que de son pré-
décesseur. Mais auprès de M. de Harlay lui-même, on avait
déjà employé son zèle pour quelques démarches.

Port-Royal n'aurait pu trouver un négociateur mieux choisi
pour se faire écouter d'un prélat homme d'esprit et homme du
monde, qui d'ailleurs, avec Racine, devait avoir quelque égard
à la confraternité académique. Dans la redoutable visite que
M. de Harlay avait faite au monastère des Champs le 17 mai
1679, on avait remarqué qu'il avait voulu s'entretenir assez

1. Voyez le *Port-Royal* de Sainte-Beuve, tome V, p. 173 et 174.

longuement des affaires de la maison avec Racine, qui se trouvait dans l'église lorsque l'Archevêque y entra [1]. Quelle qu'ait pu être, en cette occasion et dans d'autres, sa courtoisie avec notre poëte, il ne dut pas toujours être facile ni agréable pour celui-ci de traiter des intérêts de Port-Royal avec un homme qu'il a représenté comme un persécuteur dans son *Abrégé de l'histoire de Port-Royal.* Si l'on veut juger de la vivacité avec laquelle Racine entrait dans les ressentiments et les douleurs de ses amis, on n'a qu'à lire surtout les extraits qu'il avait faits de quelques prophètes, et en tête desquels il avait écrit *Port-Royal* et *Filles de l'Enfance.* Dans sa pensée bien de ces terribles paroles des prophètes s'appliquaient sans doute à l'Archevêque si dur pour l'une et l'autre maison. Cependant il n'en fallait pas moins tâcher d'obtenir de lui tout ce qu'on pouvait. A la fin de 1694 (la mère Agnès de Sainte-Thècle était alors abbesse depuis quatre ans), le supérieur de l'abbaye, M. de la Grange, ayant été appelé à une cure, il s'agissait de lui trouver un successeur. On chargea Racine de proposer différents choix à M. de Harlay, d'abord M. Tronchai, puis M. de la Barde ou M. le Caron. Il y eut à ce sujet de nombreuses visites du négociateur à l'Archevêque [2]. Dans l'une d'elles, M. de Harlay, un peu railleur sans doute, engagea Racine à s'adresser au Roi. Racine déclina le charitable conseil en faisant observer au prélat que le Roi lui demanderait depuis quand il était devenu directeur de religieuses? Tous les supérieurs que Racine avait demandés ayant été écartés ou par leur refus ou par celui de l'Archevêque, on proposait en dernier lieu le curé de Saint-Séverin; et comme un jour, à Versailles, Racine insistait pour obtenir le consentement de M. de Harlay, un évêque qui était présent lui dit tout bas : « Prenez patience, ne voyez-vous pas la mort peinte sur son visage [3]? » L'Archevêque en effet mourut peu après, le 6 août 1695.

Ce fut aussi Racine que Port-Royal dépêcha vers son successeur, M. de Noailles, pour lui porter les compliments de la com-

1. *Histoire de Port-Royal* (Cologne, 1752), tome II, p. 509.
2. *Ibidem,* p. 594 et suivantes.
3. *Ibidem,* p. 595.

munauté et l'entretenir de l'état où elle était alors. Il alla rendre
également visite à la duchesse de Noailles, mère du nouvel
archevêque, et lui demander sa protection pour les religieuses.
L'objet particulier de ses démarches était toujours le choix d'un
supérieur. Ce choix restant encore indécis l'année suivante,
il écrivait de Marly, pour se faire l'interprète des vœux du monastère, un mémoire qu'il faisait présenter au prélat par la ma-
réchale sa belle-sœur. On voit qu'il trouvait bien des appuis
dans cette maison de Noailles, et qu'il ne s'épargnait pas pour y
recourir. Avec son expérience de la cour et du monde, ses conseils étaient aussi sages que son zèle était infatigable et son concours effectif. Après sa première visite à M. de Noailles, il écrivait à sa tante, le 30 août 1695, qu'on lui conseillait « de le laisser
faire, et de ne point témoigner au public une joie et un empressement qui ne serviroient qu'à le mettre hors d'état d'exé-
cuter ses bonnes intentions. Je sais qu'il n'est pas besoin de
vous donner de tels avis, et qu'on peut s'en reposer sur votre
extrême modération. Mais on craint avec raison l'indiscrète
joie de quelques-uns de vos amis et de vos amies, à qui on ne
peut trop recommander de garder un profond silence sur
toutes vos affaires. » La longue négociation pour la supériorité finit par réussir au gré des religieuses, qui, au mois de
mars 1696, obtinrent, grâce à Racine, la nomination de l'abbé
Roynette, grand vicaire de l'Archevêque.

Elles eurent encore cette même année de grandes obligations à un ami si officieux. Les religieuses de Port-Royal de
Paris avaient entrepris de faire revenir sur le partage des
biens des deux maisons réglé en 1669. A cet effet elles avaient
présenté une requête au Roi. Racine écrivit, pour la défense
des religieuses des Champs, un mémoire qui assura le gain
de leur cause. Il voulut, assure-t-on, en composer un autre
d'un intérêt moins restreint, à la demande de M. de Noailles,
qui désirait avoir, pour éclairer sa justice, un exposé som-
maire des affaires de Port-Royal, depuis l'origine. Jean-Baptiste le dit dans une lettre à son frère[1]. Ce mémoire ne serait,
à ce qu'on a prétendu, que l'*Abrégé de l'Histoire de Port-
Royal* qui a pris place parmi les œuvres de Racine. Cela ne

---

1. *Lettre à Louis Racine*, 3 septembre [1742].

paraît pas admissible, un passage de cette histoire indiquant assez clairement qu'elle avait déjà été commencée en 1693, sous l'épiscopat de M. de Harlay. Du reste on a la preuve aussi que l'auteur y travaillait encore en 1698. Elle fut une des plus chères occupations de ses dernières années. Non-seulement par sa simplicité élégante et grave elle donne, quoique dans un sujet qui n'était point d'un intérêt général et ne permettait pas un grand essor, une idée de ce que Racine historien était capable de faire; mais surtout elle reste comme un monument de ce fidèle attachement à Port-Royal dont nous avons essayé de rassembler les témoignages.

Tandis que la vie morale de Racine, malgré les petites taches que veulent y trouver les juges sévères de ses complaisances de cour, avait tant gagné en pureté et en grandeur, et était redevable d'une ardeur nouvelle au flambeau rallumé de ses pieuses croyances, sa vie poétique, par un contraste attristant, s'était-elle à jamais éteinte? Ce feu divin du génie, que les vertus de l'âme ne sembleraient pouvoir que nourrir et vivifier, devait-il cette fois être par elles, sinon étouffé, du moins tenu toujours caché à tous les yeux? Fallait-il que le poëte payât de ce prix le retour aux sentiments dans lesquels avait été élevée son enfance, et l'austère satisfaction qu'il trouvait dans l'accomplissement des devoirs du chrétien et du père de famille? Par bonheur il n'en fut rien. La poésie, du sein même de cette piété pénitente qui paraissait l'avoir ensevelie sous sa cendre, jaillit tout à coup, et éclata avec une splendeur que n'avait pas égalée peut-être celle des plus belles œuvres de Racine, même au temps du libre épanouissement des forces de sa jeunesse. De nouveaux trésors s'étaient formés dans les profondeurs de ce génie remué et renouvelé par les inspirations religieuses. Il fallut sans doute un hasard pour les faire sortir; mais le hasard, si ce mot a un sens, a coutume de venir à point nommé pour favoriser l'éclosion des grandes choses et prêter son aide aux grands hommes. Tout ce qui était pour Racine obstacle à de nouvelles productions, fut justement ce qui lui rouvrit la carrière. La cour, qui avait si malheureusement détourné de la véritable voie son talent d'écrivain, lui en demanda un jour, en dehors de ses travaux historiques, le plus heureux emploi, et ce Port-Royal même, dont les scrupules le tenaient éloigné du théâtre, anima de son esprit deux chefs-d'œuvre de la scène sanctifiée.

Racine était depuis longtemps en grande faveur auprès de Mme de Maintenon, dont il était protégé, comme, à son entrée à la cour, il l'avait été de Mme de Montespan. C'est même plus particulièrement à Mme de Maintenon qu'il semble avoir plu. Elle le goûtait plus que Boileau, tandis que Mme de Montespan avait souvent marqué une préférence contraire. Voilà du moins, au témoignage de Louis Racine, ce que disait Boileau lui-même ; et c'est pourquoi celui-ci écrivait à son ami : « Vous faites bien de cultiver Mme de Maintenon.... L'estime qu'elle a pour vous est une marque de son bon goût[1]. » Un petit fait prouve à quel point Racine avait la confiance de la fondatrice de Saint-Cyr. Les constitutions de la maison de Saint-Louis lui furent soumises, pour qu'il eût, avec Boileau, à les examiner et à en corriger le style. On était fort avant dans les bonnes grâces de Mme de Maintenon, quand on était appelé par elle à prendre quelque part dans son œuvre de prédilection. Racine fut aussi chargé de composer une inscription pour la croix de la supérieure de Saint-Cyr. Il donna les deux vers qui y furent gravés :

> Elle est notre guide fidèle,
> Notre félicité vient d'elle[2].

On a peut-être eu tort d'y soupçonner une équivoque ingénieuse : elle eût été plus délicatement flatteuse que sévèrement chrétienne. Mme de Maintenon allait bientôt demander au poëte pour Saint-Cyr d'autres vers que ceux-là. On avait imaginé de former le goût des jeunes demoiselles de cette maison par quelques exercices dramatiques. Les petites pièces composées par la supérieure avaient paru trop mauvaises. On avait joué *Andromaque ;* mais de telles récréations sentaient trop le théâtre. Mme de Maintenon eut l'idée d'engager Racine à écrire à des moments perdus un petit poëme qui ne fût

---

1. *Lettre de Boileau à Racine,* 9 août 1687.

2. *Histoire de la Maison royale de Saint-Cyr,* par Th. Lavallée (Paris, 1856, 1 vol. in-8º), p. 41, note 2.

pas destiné à sortir de l'ombre d'une classe de jeunes filles. La demande d'un travail si modeste ne pouvait guère effrayer la conscience de Racine, mais seulement lui faire craindre de manquer à ce qu'il devait à sa renommée. Il hésita, et Boileau lui conseillait de se dérober à une tâche si ingrate. L'obéissance finit par l'emporter, et sans doute aussi la secrète conscience de cette veine nouvelle qui allait s'ouvrir et produire une œuvre admirable, sous le nom d'un amusement de pensionnat. Il choisit le sujet d'*Esther*, qui ne lui laissait aucun scrupule de religion, puisqu'il y chantait les louanges de Dieu, et où tant de choses répondaient (nous le voyons du moins après la merveilleuse exécution) au caractère et à la situation des enfants pour qui la pièce était faite, à tout ce que Mme de Maintenon pouvait désirer pour sa propre gloire, et aux plus intimes pensées du poëte tout plein des images de Port-Royal persécuté et de ses filles gémissantes. Toutes ces allusions si diverses, celles du courtisan qui savait flatter avec tant de grâce, et celles de l'ami fidèle des proscrits, toutes ces inspirations, les unes mondaines, les autres profondément pieuses, furent fondues comme d'un seul jet dans cette tragédie ravissante et vraiment céleste. Le travail, qui, malgré sa perfection, paraît avoir été rapide, était achevé au commencement de 1689. *Esther* fut représentée pour la première fois à Saint-Cyr le 26 janvier de cette année. En dépit de quelques attaques, il n'y eut pas dans toute la carrière de Racine de succès aussi éclatant. La gloire, qu'il avait fuie, revenait à lui plus souriante et en même temps plus pure que jamais, modestement couronnée comme Esther, et cherchant à cacher son éclat sous les voiles de la piété, qui la rassuraient. Il est permis de croire que le signal donné à l'admiration de tous par Mme de Maintenon et par Louis XIV, et l'éblouissant prestige de ces représentations royales, où c'était un privilége si envié d'être admis, ouvrirent au mérite de la pièce bien des yeux moins clairvoyants d'ordinaire : l'esprit de cour, dans les jugements qu'il inspire, ne se rencontre pas toujours aussi heureusement avec la vérité et le bon goût.

Deux ans après, pour Saint-Cyr encore, une nouvelle œuvre, également inspirée par les livres saints, était sortie des mains du poëte. Elle ne pouvait surpasser le charme de la première ;

mais, plus vraiment tragique, on peut, sans la préférer, la dire d'un ordre supérieur, d'une beauté non tout à fait aussi touchante, mais plus haute. Là rien ne manque à la grandeur de la conception, à l'intérêt dramatique, à la peinture des caractères, au profond sentiment de la sublimité biblique, à l'éloquence et à la perfection de la poésie. Les premières répétitions d'*Athalie* eurent lieu à Saint-Cyr devant le Roi, en janvier et en février 1691. Mais depuis le succès d'*Esther*, qui avait transformé la maison de Saint-Louis en un brillant théâtre de cour, des scrupules sincèrement sévères et des scrupules hypocrites, l'envie aussi, cruellement surprise par la résurrection d'une gloire dont elle s'était crue délivrée, avaient, en criant partout au scandale, inquiété la conscience de Mme de Maintenon. Il fallut donc, quand tout était prêt pour le spectacle d'*Athalie*, dérober le chef-d'œuvre à tout éclat et le cacher dans l'obscurité discrète de la classe bleue de Saint-Cyr, puis d'une chambre de Versailles, où il fut récité sans appareil, sans décorations, sans costumes. Malgré cette excessive simplicité de représentation, la pièce produisit un grand effet sur le Roi, les princes et les quelques personnes de distinction qui la virent. Et pourtant, imprimée cette année même, elle trouva les lecteurs plus froids. Arnauld lui-même, tout en l'admirant, marqua quelque préférence pour *Esther*. Est-il besoin de dire que les ennemis du poëte, voyant le public peu disposé à l'enthousiasme, profitèrent de l'occasion, qui leur parut bonne, pour se permettre les attaques les plus violentes? Jamais plus grande œuvre du génie ne fut accueillie par de telles insultes. La fortune cette fois était décidément moins favorable à Racine. Il en vint à douter de son *Athalie*, et craignit de s'être trompé. Il fallut que Boileau, comme après *Phèdre*, soutînt son courage dans cette nouvelle épreuve.

Le Théâtre de Saint-Cyr étant fermé à Racine, *Athalie* fut son adieu irrévocable à la tragédie. Toutefois, après ses deux pièces immortelles, la muse sacrée lui inspira encore quelques chants. Les chœurs d'*Esther* et d'*Athalie* avaient déjà révélé en lui le grand poëte lyrique. Il ne resta pas inférieur à lui-même dans les quatre cantiques spirituels qu'il composa en 1694. Comme ces odes, si simples dans leur beauté parfaite,

d'une inspiration si naturelle, et qui semblent des voix descen-
dues d'une région plus haute que celle de l'art, viennent bien
clore, au soir de sa vie, la carrière achevée du poëte!

Si nous avions suivi l'ordre exact des temps, et celui même
qu'indiquait sans doute la supériorité de ces dernières productions poétiques, tragédies saintes et cantiques spirituels, il
ne devrait plus rien nous rester à dire de la vie littéraire de
Racine. Rappelons cependant en quelques mots ce qui n'a
pu jusqu'ici trouver place. Quoique, depuis le grand changement qui s'était fait dans l'âme de Racine en 1677, le poëte
n'ait reparu avec un éclat digne de sa renommée que dans
les œuvres religieuses entreprises pour Saint-Cyr, il avait toutefois été amené en quelques autres circonstances à se souvenir de ce qu'il avait été autrefois.

Le 16 juillet 1685, le marquis de Seignelay donna au Roi
une fête magnifique dans ses jardins de Sceaux. Racine ne put
refuser de composer pour cette fête ce qu'on appela un petit
opéra, et qui ne fut autre chose qu'une courte pièce de vers,
mise en musique par Lulli, et connue sous le titre d'*Idylle de
la Paix*. Il s'agissait de louer le Roi, et de ne point manquer
de complaisance pour cette maison de Colbert, à qui Racine
avait eu de tout temps de grandes obligations.

Le 2 janvier de la même année 1685, il avait eu le devoir
d'oublier un moment ses objections contre toute poésie profane, particulièrement contre celle du théâtre. Directeur de
l'Académie à la réception de Thomas Corneille, qui succédait
à son illustre frère, il se trouvait chargé de rendre hommage
à la mémoire d'un grand homme dont toute la gloire appartenait à la scène. Dans le même temps où il se condamnait lui-
même, glorifier Corneille put-il lui paraître une contradiction? Si c'en est une, elle est touchante et noble, d'autant plus
qu'alors même une malignité dénigrante continuait à vouloir
humilier Racine sous la renommée de son rival. Il parla du
père de notre théâtre tragique dans un magnifique langage, et
fit entendre sur ces sublimes dons du ciel, la poésie et l'éloquence, des paroles qui n'étaient point celles d'un dévot mé-
ticuleux, mais d'un grand esprit sachant encore honorer ce
qu'il a eu le courage de fuir comme un danger pour sa faiblesse.

Cette circonstance ne fut pas la seule où Racine, à l'Académie, dut reconnaître qu'après tant d'années si glorieuse-
ment consacrées aux lettres, il n'avait pu cesser de les aimer,
de se préoccuper de leurs intérêts. On le vit prendre vivement
parti dans les querelles qui, de son temps, comme il est arrivé à toutes les époques, divisèrent leur république. Lorsque
la guerre des anciens et des modernes fut allumée par Perrault,
Boileau se mit en campagne, et communiqua, tant qu'il put,
son ardeur belliqueuse à Racine, naturellement défenseur,
comme lui, des anciens. Aussi les représailles que le satirique
s'attira n'épargnèrent-elles pas son ami. Nous avons rencontré dans un Recueil manuscrit[1] cette épigramme :

> Perrault, tu t'es fait une affaire
> Contre deux fâcheux ennemis :
> L'un est satirique et colère ;
> L'autre est dévot, c'est encor pis.

Deux autres épigrammes contre les deux poëtes, composées
également au temps des *Parallèles* de Perrault, se trouvent
dans le *Chansonnier Maurepas*[2]. Dans l'une d'elles, faisant
allusion à l'obscurité de leur naissance, qui aux yeux de l'envie les faisait paraître déplacés à la cour, on les appelle
« gens soi-disant de Versailles. » Il n'y a pas beaucoup à citer
dans ces plates invectives.

La querelle entre les détracteurs et les champions de l'antiquité était encore dans toute sa force, lorsqu'au milieu
d'esprits déjà si émus, la réception de la Bruyère à l'Académie, le 15 juin 1693, excita un autre orage. La Bruyère
était très-estimé de Racine et de Boileau, qui avaient beaucoup contribué à son élection. Il insinua dans son remercî-
ment que « si l'on attendoit la fin de quelques vieillards, »
Racine pourrait bien être non-seulement égalé à Corneille,
mais préféré. Les vieux corbeaux, suivant l'expression dont
il se servit dans la préface de ce discours, se mirent à
croasser. Leur parti dans l'Académie demanda que la Com-

---

1. C'est un volume in-4° de mélanges, qui est à la bibliothèque de
l'Arsenal, *Belles-Lettres*, n° 362. L'épigramme est à la page 102.
2. Tome VII, fol. 349 et 357.

pagnie ne permît pas l'impression du discours, à moins que
le criminel passage ne fût retranché. On prétend que Racine
fit dire à ses confrères par Bossuet que, si on lui faisait cette
injure, il ne remettrait pas les pieds à l'Académie et se
plaindrait au Roi[1]. Telle est la version des ennemis, exa-
gérée sans doute et envenimée, sinon tout à fait mensongère.
Une seule chose est certaine, c'est que la cabale ameutée
contre la Bruyère, Racine et Boileau fit pleuvoir sur eux les
chansons et les épigrammes :

> Les quarante beaux esprits
>   Grâce à Racine ont pris
> L'excellent et beau la Bruyère,
> Dont le discours n'étoit pas bon.
> Du dernier je vous en réponds,
>   Mais de l'autre, non, non.

> Avec d'assez brillants traits
>   Il fit de faux portraits.
> Racine au-dessus de Corneille
> Pensa faire siffler, dit-on.
> Du dernier, etc.

> Racine, ce franc dévot,
>   En a fait dire un mot
> Par un grand et modeste évêque,
> Qui vint menacer en son nom.
> Du dernier, etc.

Le Recueil de Maurepas, qui donne cette chanson[2], en a
plusieurs autres sur le même sujet, où le point de mire de ces
violentes attaques est toujours la dévotion de Racine, qu'on
voulait faire passer pour grimace et hypocrisie, par exemple
encore dans ce couplet :

> Ta vanité me chagrine :
> Loin d'être friand d'honneur,

---

1. C'est ce qu'affirment des notes du *Chansonnier Maurepas* (t. VII,
fol. 431 et 445) sur des épigrammes faites à l'occasion de la réception
de la Bruyère.

2. Tome VII, fol. 431.

> La dévotion, Racine,
> Veut qu'on soit humble de cœur. —
> Je ne saurois. —
> Fais-en du moins quelque mine. —
> J'en mourrois[1].

Ces ennemis de notre poëte, qui prétendaient faire de lui un tartuffe, n'étaient guère moins sots que méchants. Ils donnaient leur mesure, et montraient assez combien ils étaient bons juges de la piété sincère, lorsque dans une de ces épigrammes où Racine est le plus maltraité, ils faisaient un crime à la Bruyère d'avoir osé louer Bossuet en face d'un évêque tel que M. de Harlay :

> Quand il parle de Bossuet
> En présence de Harlay même,
> C'est le prélat le plus parfait :
> Tant il flatte ceux qu'il aime[2] !

Esther, *Athalie* et les *Cantiques* étant autre chose pour Racine que des œuvres purement littéraires, les occasions qu'il eut de se retrouver encore homme de lettres furent, on le voit, assez rares; et rien après tout, dans ces inévitables occasions, pas même son grand discours académique, ni son *Idylle de la Paix*, n'autorise à dire qu'il n'ait pas fidèlement gardé rigueur à son ancienne gloire.

Nous refuserions d'expliquer par cet austère renoncement le peu de place qu'à l'étonnement de bien des personnes tiennent les choses de l'esprit dans sa correspondance avec Boileau. Eh quoi ? dit-on, ces deux poëtes, une fois hors de leur œuvre, vont ainsi terre à terre! Ils s'écrivent sans échanger une idée sur leur art, sans être jamais curieux de s'interroger et de s'éclairer mutuellement sur les secrets du génie! Leur besogne faite, ils avaient donc hâte, semblables à des ouvriers

---

1. Tome VII, fol. 453.
2. *Ibidem*, fol. 445. — Les mêmes réclamations en faveur des vertus épiscopales de l'archevêque de Paris se retrouvent dans une autre pièce du même recueil écrite aussi contre Racine et Despréaux, tome VII, fol. 437.

qui ont déposé leurs outils, d'oublier leur métier, et ne s'en
souciaient plus ? Car se consulter sur quelque expression, sur
quelque épithète d'une ode ou d'un cantique, cela ne compte
pas. Ainsi sommes-nous faits, nous, hommes du dix-neu-
vième siècle, grands théoriciens de l'art, habitués à disser-
ter. Nous attendrions de Racine et de Boileau un peu d'*es-
thétique*, et nous sommes tout prêts à dire qu'ils avaient bien
peu de vues. Mais il est sage de comprendre et d'accepter la
différence des temps. Deux grands poëtes trouvaient alors
tout simple de s'entretenir sans prétention des choses les
plus ordinaires, et de s'en tenir là. Louis Racine a très-bien
dit : « Mon père écrivoit à la hâte à Boileau, et Boileau lui
répondoit de même. Ces lettres dans lesquelles ils ne cher-
choient point l'esprit, font connoître leur cœur. » Il faut
dire toutefois que celles de Racine surtout, bien qu'écrites
d'une plume rapide et tout simplement, sont toujours d'un
excellent style, et qu'il y a mis, comme sans y prendre
garde, bien des traits fins et délicats. Nous croyons qu'à cet
âge où il ne courait plus, comme dans sa jeunesse, après le
bel esprit, il les eût faites à peu près telles qu'elles sont,
même s'il n'eût pas été dévot et janséniste, s'il n'eût pas été
si fort en garde contre ses penchants littéraires.

Qu'on ne s'imagine pas du reste que depuis sa conversion
il exagérât ses scrupules au point qu'on l'a dit quelquefois. S'il
évitait de parler de ses pièces, s'il n'assistait plus aux représentations qu'on en donnait, si même, comme le dit Louis
Racine, il fit, lorsqu'il vit la mort approcher, et dans une inquiétude suprême, brûler sous ses yeux l'exemplaire chargé
de corrections qu'il avait préparé pour une édition nouvelle,
il n'en est pas moins impossible d'admettre qu'il n'ait donné
aucun soin aux éditions de 1687 et de 1697, où se trouvent
des changements assez nombreux. Sans doute il en surveilla
très-peu l'impression ; mais il donna quelques variantes aux
libraires. « Il n'y a nulle apparence, dit cependant son fils,
que l'auteur, tant d'années après avoir renoncé au théâtre et
même à la poésie, ait fait un nouveau travail sur ses tragédies[1]. » Mais le fait qu'il juge improbable ne peut être nié.

1. *Œuvres de Louis Racine* (édition de 1808), tome V, p. 261.

Racine n'avait pas l'esprit assez étroit pour croire très-criminel d'effacer çà et là des taches dans des ouvrages depuis longtemps publiés, et dont il n'aggravait pas le danger en y introduisant quelques corrections.

Une infidélité à ses pieuses résolutions, qui eût dû lui paraître moins permise, et dont on a droit de s'étonner davantage, c'était de n'avoir pas renoncé à faire des épigrammes. Passe encore pour celles qui lui échappaient en prose, comme ce jour où l'on voulait savoir ce qu'il disait du livre de Perrault contre Homère, et où il répondait : « Je dis que Perrault n'entend pas le latin[1]; » ou bien encore lorsqu'à l'Académie il allait faire son compliment à ce même Perrault sur son poëme du *Siècle de Louis le Grand*, le louant d'un jeu d'esprit « qui cachait si bien ses vrais sentiments[2]. » De ces traits piquants, que Racine ne savait pas refuser à l'à-propos, on aurait pu sans doute faire un gros recueil, au temps surtout de la querelle des anciens et des modernes. On comprend bien qu'il devait lui être difficile de se guérir entièrement de la malice, son péché d'habitude; ce n'était pas pour rien qu'il avait, selon la remarque de Valincour, ce nez pointu auquel on reconnaît les railleurs. Avec les dispositions si moqueuses qu'on lui avait toujours connues, que de peine il devait avoir à retenir un bon mot! Mais dans des épigrammes que l'on rime il y a nécessairement plus de préméditation; et Racine en a fait quelques-unes de très-mordantes, dont la date fait, au temps de sa vie pénitente, l'effet d'un anachronisme. Celle sur l'*Aspar* de Fontenelle est de 1680 ou de 1681. Ce fut plus tard encore, en 1694 et 1695, qu'il décocha des traits si malins contre le *Germanicus* de Pradon, le *Sésostris* de Longepierre, la *Judith* de Boyer. Sans doute il ne publiait pas ces épigrammes; cependant les composer et les laisser courir semble déjà beaucoup trop. Et qu'auraient dû lui importer ces pauvres tragédies, quand il avait renoncé à toutes les vanités poétiques? Le vieil homme a bien de la peine à mourir! A propos de cette humeur satirique de Racine,

1. *Les Dépêches du Parnasse ou la Gazette des savants*, 1 vol. in-12, seconde dépêche, du 15 septembre 1693, p. 20 et 21.
2. *Mémoires de Charles Perrault*, p. 202.

Valincour dit que « dans les dernières années de sa vie, la piété dont il faisoit profession l'avoit porté à se modérer[1]. » Il se peut; mais il ne remporta du moins sur lui-même qu'une victoire très-imparfaite, et l'on était en droit d'attendre plus. Racine a porté la peine de ces manquements à la charité, assez étranges pour un converti. D'abord c'était rentrer dans la mêlée, et provoquer, comme nous l'avons vu, les grossières ripostes des haines toujours vivantes. Elles pouvaient sans doute être méprisées; mais il y a une guerre plus dangereuse qu'on fait toujours facilement aux satiriques; Boileau en sut quelque chose : c'est la guerre déloyale des suppositions d'écrits. S'il est vrai qu'on prête volontiers aux riches, c'est surtout en matière d'épigrammes. On grossirait bien le nombre de celles de Racine, si on laissait à sa charge toutes celles qui lui ont été attribuées. Il y en a d'odieuses. François de Neufchâteau en cite une dans *le Conservateur*[2], où Mme de

1. L'abbé Irailh, au tome I, p. 339 des *Querelles littéraires* (4 vol. in-12, Paris, chez Durand, M.DCC.LXI), dit exactement le contraire : « Sa dévotion ne réforma pas son caractère caustique.... Ce poëte, dont tous les ouvrages respirent la douceur et la mollesse, renfermoit dans son cœur le fiel le plus amer. Indépendamment des épigrammes sur l'*Aspar* de Fontenelle, sur l'*Iphigénie* de le Clerc, et sur la *Judith* de Boyer,... il en avoit fait près de trois cents autres qui ne nous sont point parvenues, et qu'on a brûlées à sa mort. » Il se peut que Racine ait composé un peu plus d'épigrammes qu'on ne lui en reconnaît; et cependant, très-supérieur à tous en ce genre, comme il l'était, ses épigrammes ne pouvaient facilement être ignorées, ou laisser méconnaître leur véritable auteur. On dut lui en attribuer qu'il n'avait pas faites, plus souvent qu'on ne le dépouilla de celles qui étaient de lui. Quant à ce nombre très-invraisemblable de *près de trois cents*, où l'abbé Irailh l'a-t-il pris? Il n'en dit rien, et il était déjà bien loin du temps de Racine. Quoique abbé, Irailh avait de telles opinions qu'il ne lui déplaisait pas trop de trouver *le fiel le plus amer* dans le cœur d'un dévot. Nous n'approuvons pas, dans ces années de dévotion, la malice incurable de Racine; mais pourquoi de ce malin railleur faire un atrabilaire?

2. *Le Conservateur ou recueil de morceaux inédits,... tiré des porte-feuilles de M. François de Neufchâteau* (Paris, an VIII, 2 vol. in-8°), tome I, p. 380. — La même épigramme, nous l'avons dit, est attribuée à Racine dans l'*Acanthologie* de Fayolle, p. 183.

Maintenon est nommée d'un nom qu'on ne donne qu'aux femmes perdues ; et il la croit de Racine ! On en a quelquefois imputé une autre à notre poëte, où n'est pas outragée moins bassement cette même femme pour qui Racine professa toujours tant de respect, et avec elle le Roi lui-même[1].

Est-il besoin de dire que de ces vilenies nous ne souillerons pas notre édition en les mettant, sous prétexte d'être complets, au nombre des *pièces attribuées ?* On nous fera peut-être un reproche d'en avoir seulement parlé. Nous n'avons pas dû feindre cependant de ne pas les avoir aperçues dans plusieurs recueils imprimés ou manuscrits du siècle dernier, puisque d'autres que nous les y trouveront, hardiment signées du nom de Racine, et qu'il se rencontre encore des personnes qui ne savent trop qu'en penser. Mais qu'on y songe bien, si Racine, dans l'ombre, distillait un tel venin contre Louis XIV et Mme de Maintenon, si, dans le temps qu'on lui voyait tous les dehors de la piété, il composait en secret des vers satiriques, où il raillait en esprit fort la crainte de l'enfer, son nom n'est pas difficile à chercher, c'est le plus lâche des ingrats, et le dernier des hypocrites. Et voilà ce que l'équitable postérité pourrait admettre encore ! La calomnie a-t-elle donc la vie si dure, même quand elle est inepte et absurde ? Non, ne commettons jamais ce sacrilége de prêter la main à la diffamation de nos plus beaux génies.

Saint-Simon, clairvoyant jusqu'à la malveillance, et qui savait si bien percer les masques des courtisans, n'a pas mis en doute l'honnêteté de Racine. « Tout en lui, sur la fin, dit-il, étoit de l'homme de bien. » C'était l'opinion de toute la cour ; et Racine eût été le contraire de l'homme de bien, s'il eût secrètement déchiré ceux à qui il se montrait si dévoué. Loin de là, son attachement pour le Roi et pour Mme de Maintenon était des plus sincères ; il ne se trouva que trop profond.

La familiarité dans laquelle il était admis avec une distinction très-particulière était bien faite pour gagner son cœur. Il était de tous les Marly. A Versailles, on lui avait donné un apparte-

---

1. Elle finit par ce vers :

Il eut peur de l'enfer, le lâche ! et je fus reine.

ment qui, après sa mort, ne fut pas jugé indigne d'une jeune princesse du sang, Mademoiselle de Charollais[1]. Il entrait, quand il le voulait, au lever du Roi, à la grande surprise, ce semble, du désagréable huissier de la chambre, qui avait toujours envie de lui fermer la porte au nez[2]. C'était pour lui seulement et pour M. de Chamlay, maréchal des armées, lequel était, dit Saint-Simon[3], « de tout avec le Roi, » que s'ouvrait ainsi cette porte, comme nous l'apprend l'État de la France (année 1697[4]).

Le Roi, en 1696, pendant une maladie qui lui ôtait le sommeil, avait voulu que Racine couchât dans sa chambre, et se faisait lire par lui les Vies de Plutarque[5]. Les contemporains de notre poëte sont unanimes à vanter le charme avec lequel il lisait; il en est resté bien des souvenirs, entre autres celui d'une admirable récitation de l'OEdipe roi, que Valincour ne pouvait se rappeler sans émotion. Un tel lecteur, soit qu'il charmât les souffrances du malade, en accommodant à son goût le français d'Amyot, soit qu'il vînt réciter à huis clos ses beaux cantiques, n'avait pas de peine à enchanter son royal auditeur, et à être préféré par lui aux lecteurs en charge. Tout en lui plaisait à Louis XIV, jusqu'à son agréable et noble physionomie, qui lui paraissait une des plus belles de sa cour. Un passage d'une lettre de Racine pourrait faire croire qu'intimidé par la majesté du grand roi, il ne déployait pas toujours librement, en sa présence, toutes les ressources de son esprit : « Il m'a fait l'honneur plusieurs fois de me parler, écrivait-il en 1687, et j'en suis sorti comme à mon ordinaire, c'est-à-dire fort charmé de lui, et au désespoir contre moi; car je ne me trouve jamais si peu d'esprit que dans ces moments où j'aurois le plus d'envie d'en avoir[6]. » Mais un peu de trouble respectueux ne pouvait lui

---

1. *Journal de Dangeau*, 27 octobre 1699.
2. Voyez la lettre de Racine à son fils Jean-Baptiste, du 25 avril [1698].
3. *Mémoires*, tome XII, p. 421.
4. Tome I, p. 261.
5. *Journal de Dangeau*, 3 septembre 1696.
6. *Lettre à Boileau*, 24 août 1687.

nuire. Des bontés toujours croissantes et un plus long usage
de la cour durent le rassurer de plus en plus ; et il est certain
que Louis XIV goûtait extrêmement sa conversation. Mme de
Maintenon avait tout l'esprit qu'il fallait pour n'y être pas non
plus insensible. Souvent, raconte Saint-Simon, lorsque le Roi
n'avait pas ses ministres chez Mme de Maintenon, et que le
temps leur semblait long à tous deux, ils envoyaient chercher
Racine pour être amusés par son entretien[1]. C'est ainsi qu'à
Chantilly ce même entretien avait longtemps charmé le grand
Condé, et plus tard Monsieur le Duc, son petit-fils, qui avait
souvent Racine à sa table, et tenait alors près de lui des
tablettes, où il recueillait les plus piquantes paroles de son
spirituel convive[2].

Esther et *Athalie* n'avaient pu qu'augmenter le goût que le
Roi et Mme de Maintenon avaient pour Racine. On a cru quelquefois que les généreuses hardiesses d'*Athalie* avaient déplu,
et que les beaux vers où les dangers et les excès du pouvoir
absolu étaient peints énergiquement, en face du plus absolu
des princes, avaient secrètement blessé Louis XIV ; mais le
mécontentement n'eût pas été si long à éclater. Ce temps des
tragédies saintes paraît au contraire avoir été l'apogée de la
fortune de Racine à la cour. Lorsqu'au mois de décembre 1690
le poëte, au moment où il achevait *Athalie*, fut nommé gentilhomme ordinaire du Roi, le bruit public, comme les chansons
du temps le constatent, fut qu'il recevait la récompense des
deux pièces qu'il avait composées pour la maison de Saint-
Louis. « Ta famille en est anoblie, » lui disaient ces chansons[3] ;
ce qui ne semble pas exact, puisque cet anoblissement qui
excitait l'envie, il y avait longtemps déjà, nous l'avons vu, que
la charge de trésorier de France le lui avait conféré. Toutefois en le nommant un de ses gentilshommes, le Roi lui donnait un incontestable témoignage de faveur. Saint-Simon,
qui suppose qu'avant cette époque Port-Royal avait déjà
commencé à altérer cette faveur, dit que Racine « se raccro-
cha » (c'est son expression) par les pièces composées pour

---

1. *Mémoires de Saint-Simon*, tome II, p. 271.
2. *Préface* des *Œuvres* de la Grange-Chancel (1735), p. XXXIII.
3. *Recueil des chansons historiques*, tome VII, fol. 113.

Saint-Cyr. C'est que rien n'était mieux fait pour lui mériter les bonnes grâces de la fondatrice de cette maison. Dans la tragédie d'*Esther*, Mme de Maintenon était facile à reconnaître sous le voile des plus claires et des plus délicates allusions, et le nom charmant de la « nouvelle Esther » lui en était resté. Elle n'avait pu savoir mauvais gré au poëte des traits plus ou moins certains qu'on avait cru saisir contre Mme de Montespan et contre Louvois. Tout cela devait faire passer des maximes un peu dures à faire entendre dans une cour despotique, mais après tout assez chrétienne pour ne pas les trouver inouïes.

Comment à une faveur si bien établie la disgrâce succéda-t-elle un jour ? Y eut-il d'ailleurs vraiment disgrâce ou simple refroidissement ? Ces questions sont jusqu'ici demeurées difficiles, et nous ne prétendons pas les trancher sans réplique. Il doit nous suffire d'exposer sincèrement les faits avérés. Si le coup qui frappa Racine fut aussi rude qu'on le dit, on s'étonne que dans ses lettres de 1698 à son fils pas un mot de plainte n'avoue son chagrin ni ses inquiétudes. A peine découvrirait-on quelque indice de découragement dans ces paroles : « Je ne négligerai point les occasions (*de vous proposer pour quelque chose*) lorsqu'elles arriveront, n'y ayant plus rien qui me retienne à la cour que la pensée de vous mettre en état de n'y avoir plus besoin de moi.... Je sens bien que le temps approche où il faut un peu songer à la retraite[1]. » A part ce passage, qu'on peut interpréter de bien des manières, rien dans ces lettres ne ferait soupçonner une disgrâce. On peut supposer sans doute qu'en les écrivant le père de famille dissimulait généreusement ses chagrins ; mais ce qui a frappé bien des personnes et leur a paru démentir la tradition très-répandue, c'est le fait, bien constaté par cette même correspondance, que Racine jusqu'à la fin a pu être de tous les voyages de Marly et de Fontainebleau. Au mois d'août 1698 il devait suivre la cour à ce camp de Compiègne devenu si célèbre ; et ce fut volontairement qu'il se priva d'un honneur qui ne lui était pas refusé[2]. Il y a même une lettre écrite par lui presque à la veille

---

1. *Lettre de Racine à son fils*, 24 juillet 1698.
2. *Lettre de Racine au même*, 1er août 1698. — C'est un argument

de sa mort, le 30 janvier 1699, dans laquelle nous apprenons qu'il se préparait alors à aller à Marly, où la cour, qui partit le 4 février suivant, ne demeura que trois jours.

Tout cela a déjà été fort remarqué, mais ou ne prouve rien, ou prouverait beaucoup trop. Que faire en effet de cette opinion générale des contemporains, si difficile à traiter de pure chimère, que Racine s'était perdu dans l'esprit du Roi, et qu'il en avait été désespéré? Que faire surtout de la lettre écrite par lui à Mme de Maintenon en 1698, et datée de ce Marly même, où les devoirs de sa charge de gentilhomme pouvaient donc l'appeler encore, sans que ce fût un signe de la continuation des bonnes grâces royales? Il n'est pas douteux pour nous que sans qu'il y eût rien de changé en apparence dans sa situation à la cour, il y était sous le coup de quelque grave mécontentement. Évidemment il était au plus gênant des supplices, sentant sur lui le poids d'une colère qui n'allait pas jusqu'au dernier éclat, et banni du cœur de son roi, sans l'être tout à fait de sa présence. C'était une disgrâce sournoise, et, si l'on peut dire, une disgrâce à huis clos, qui gardait en public des ménagements, mais, tout en évitant de frapper un grand coup, se laissait au moins deviner par de très-sévères froideurs. « Je vous assure, Madame, disait Racine à Mme de Maintenon, que l'état où je me trouve est très-digne de la compassion que je vous ai toujours vue pour les malheureux.... (*Le Roi*) me regarde peut-être comme un homme plus digne de sa colère que de ses bontés. » Il lui disait aussi : « Je suis privé de l'honneur de vous voir.. » Voilà ce qui ne permet guère d'incertitudes, ce qui ne repose pas sur des conjectures, sur une légende suspecte.

Racine mettait encore quelque espérance en Mme de Maintenon, puisqu'il s'adressait à elle pour sa justification. Cependant il ne la voyait plus; il devait sentir qu'elle l'abandonnait, comme elle avait abandonné Fénelon. En mêlant ces deux noms, comme ceux de deux hommes dangereux, dans une

que n'a pas omis l'auteur d'un article inséré dans l'*Athenæum français*, nº du 6 août 1853, tome II (2ᵉ année), p. 751, et qui a pour titre : « UNE VIEILLE FABLE, *Racine mourant dans la disgrâce de Louis XIV*. » Cet article est signé JAMES GORDON.

lettre qu'elle écrivait plus tard (11 avril 1704) à Mme de
Glapion[1], elle a déclaré ses véritables dispositions.

Tout le monde a lu le conte qu'a fait Saint-Simon, dans ses
notes sur le *Journal* de Dangeau, et qu'il a répété dans ses
Mémoires[2], sur les causes du malheur de Racine. Il est certain
que la sortie inopportune et étourdie contre Scarron, en présence de Mme de Maintenon, est le fait, non pas, comme il l'a
dit, de Racine, mais de Boileau[3], que cette singulière distraction ne ruina nullement. Ce fut sans doute une maladresse
embarrassante pour le Roi et pour la veuve du pauvre poëte
burlesque. Avec de pareilles inadvertances on se fait moins
rechercher, et c'est tout. Un manque de présence d'esprit
n'est pas un crime d'État.

Le crime (car cette fois c'en était un) dont Racine cherche
à se purger aux yeux de Mme de Maintenon, c'est le jansénisme. Il s'étend longuement dans sa lettre sur tout ce qui
explique ses relations bien naturelles avec Port-Royal, et
s'efforce de les mettre au-dessus de tout soupçon de cabale.
C'est à ces relations qu'il semble attribuer, tout au moins

1. « Vous auriez eu, lui disait-elle, plus de plaisir dans le monde ;
mais, selon toutes les apparences, vous vous y seriez perdue ; Racine vous auroit divertie et vous auroit entraînée dans la cabale
des jansénistes ; M. de Cambrai auroit contenté et renchéri même
sur votre délicatesse, et vous seriez quiétiste. » Louis Racine, qui
a donné en partie cette lettre dans son *Recueil des lettres de Jean
Racine*, aux pages 395-397, s'est trompé en la croyant écrite à
Mme de la Maisonfort. Son témoignage a induit dans la même
erreur M. le cardinal de Beausset (voyez son *Histoire de Fénelon*,
tome I, p. 361), et nous aussi à la page 152 de notre première
édition de cette *Notice*. M. Théophile Lavallée, au tome II, p. 123,
des *Lettres historiques et édifiantes, adressées aux Dames de Saint-Cyr*,
nous apprend que la lettre était écrite à Mme de Glapion.

2. Voyez le *Journal* de Dangeau, 15 mars 1699, et les *Mémoires* de
Saint-Simon, tome II, p. 272.

3. On le sait non seulement par les *Mémoires* de Louis Racine et
par le *Bolæana*, p. 79 et 80, mais par le témoignage de Boileau lui-
même, dans cette conversation du 12 décembre 1703 qui fut recueillie
par Mathieu Marais, et dont nous avons déjà cité quelque chose à
la page 78 de cette *Notice*.

comme à la cause la plus sérieuse, le déplaisir auquel il s'est
exposé.

Y eut-il cependant une autre cause de ce déplaisir? Lui
reprochait-on un autre crime? Si Louis Racine n'avait pas
parlé du mémoire sur les moyens de soulager la misère du
peuple, on ferait moins d'attention au commencement de la
lettre à Mme de Maintenon, lettre qui est notre seul guide certain dans l'histoire de cette disgrâce. Là aussi il est question
d'un mémoire, qui était évidemment un des griefs allégués
contre Racine. Après en avoir dit quelques mots, Racine
ajoute : « J'apprends que j'ai une autre affaire bien plus terrible sur les bras. » Le mémoire avait donc été lui-même *une
affaire*, un sujet de mécontentement. Mais comment, et en
quoi? Ce mémoire dont Racine parle n'était autre chose qu'une
demande de dégrèvement de la taxe extraordinaire imposée
sur les charges des secrétaires du Roi : Racine en possédait
une, qu'il avait achetée au mois de février de l'année 1696[1].
Tout ce que donnerait à croire le passage où il excuse sa conduite en cette circonstance, c'est qu'il aurait été blâmé d'avoir
fait remettre son placet par l'archevêque de Paris, puis d'avoir
chargé la comtesse de Gramont d'en demander des nouvelles;
et il semble qu'en cela il avait déplu, soit pour s'être servi de
l'entremise de personnes suspectes de jansénisme, soit pour
s'être donné les apparences de vouloir, en mettant en jeu ces
influences, forcer la main au Roi. S'il n'y a pas autre chose,
le mémoire ne fut tout au plus qu'une occasion de lui chercher querelle, et il n'y a pas à s'y arrêter plus longtemps qu'il
ne le fait lui-même.

Pensant d'abord, comme nous en avions vu ailleurs la supposition[2], que ce mémoire sur la taxe pouvait bien être celui
que Louis Racine aurait transformé en mémoire sur les souf-

---

1. Voyez aux *Pièces justificatives*, n⁰ XXXIV.
2. *Histoire de Mme de Maintenon*, par M. le duc de Noailles (Paris,
1858), tome IV, p. 638. — M. de Noailles est de ceux qui, tout en
reconnaissant un léger mécontentement de Louis XIV, affirment expressément que « Racine n'a jamais été disgracié. » M. Avenel, dans
un article du *Journal des savants* (décembre 1861), sur le livre de
M. de Noailles, adopte complétement cette opinion.

frances du peuple, nous nous étions demandé si le réclamant
n'y avait pas fait quelque excursion imprudente et généreuse
contre le fléau de la fiscalité. Mais, outre qu'une taxe sur une
charge de cour a bien peu de rapport avec les impôts sous
lesquels gémissaient les pauvres gens, le reproche que Racine
s'était attiré par son placet semble beaucoup plus simple dans
la lettre à Mme de Maintenon. Il resterait encore à dire cependant que, si Racine avait fait entrer dans cette supplique quelques hardis conseils, on a pu s'en irriter, vouloir le dissimuler,
et se rejeter, pour exhaler son ressentiment, sur l'importunité
des démarches; et que de son côté Racine a dû feindre de
prendre le change.

Si l'on trouvait quelque vraisemblance à cette dernière
conjecture sur un grief que de part et d'autre on se serait
entendu pour tenir dans l'ombre, cela pourrait conduire
plus loin. Qui empêcherait de distinguer les deux mémoires,
comme le fait expressément Louis Racine, qui parle de l'un
aussi bien que de l'autre, d'adopter même son récit tout
entier, et de faire encore à peu près le même raisonnement,
c'est-à-dire de regarder comme très-peu significatif le silence gardé entre Mme de Maintenon et Racine, silence en
quelque sorte convenu, sur un sujet qu'on ne voulait pas ou
qu'on ne voulait plus aborder? Plusieurs des plus grandes
difficultés qu'on a soulevées s'évanouiraient alors; et quant
à l'accusation de jansénisme, la seule sur laquelle insiste la
lettre, on s'expliquerait que Racine, laissé libre jusque-là dans
ses amitiés de Port-Royal, fût devenu un janséniste cabaleur
du jour où il avait commis le crime irrémissible qui, peu
d'années après, perdit aussi Vauban.

Les preuves absolues de tout cela manquent certainement; mais nous croirions téméraire l'affirmation d'impos-
sibilité. Il serait étonnant que ceux qui ont donné des informations à Louis Racine (et ce fut presque toujours son
frère aîné) eussent pu inventer non-seulement l'histoire du
mémoire, mais tous les détails si précis qui l'accompa-
gnent, les paroles si vraisemblables du Roi : « Croit-il tout
savoir? et parce qu'il est grand poëte, veut-il être ministre? »
et la scène des jardins de Versailles, où Mme de Maintenon promet au disgracié tous ses efforts pour rétablir sa

fortune qu'elle avait elle-même imprudemment compromise,
et, à l'approche du Roi, le fait cacher dans un bosquet. On
objecte beaucoup d'inexactitudes des *Mémoires ;* mais celle-ci
ne serait pas de même nature que les autres. A quelle autorité
plus que légère Louis Racine s'en serait-il donc rapporté, pour
admettre, en un sujet si grave, un conte forgé à plaisir, le
mensonge le plus ingénieusement circonstancié ? Il ne faut pas
être si hardi à nier un fait, qui, par sa nature même, devait
peut-être rester mystérieux, et dont on conçoit très-bien que
Racine, à l'époque où il écrivit la lettre à Mme de Maintenon,
se crût tenu de ne plus parler, sous peine d'aggraver sa faute.
Cette lettre se tait sur le fameux mémoire; mais songeons que,
si elle ne nous avait pas été conservée, le silence complet des
lettres de Racine à son fils sur ce qu'elle nous apprend, pourrait paraître démontrer victorieusement qu'il n'y a pas même
eu un seul nuage dans la paisible faveur dont il jouissait.

Ce que nous venons de dire laisse assez voir que nous penchons pour la vieille tradition de famille. Cependant il nous
faut accepter le rôle désagréable d'un narrateur qui n'établit
rien avec une entière certitude. Après tout, il n'y a d'hésita-
tion qu'entre deux causes de disgrâce qui sont l'une et l'autre
à la gloire de Racine. S'il a voulu plaider la cause du pauvre
peuple, son courage a été digne ce jour-là du poëte qui a fait
entendre à la cour ces nobles vers :

> Bientôt ils vous diront que les plus saintes lois,
> Maîtresses du vil peuple, obéissent aux rois....
> Entre le pauvre et vous vous prendrez Dieu pour juge.

S'il n'a, au contraire, commis d'autre offense que d'aimer et
de secourir la maison opprimée où sa sainte tante était abbesse,
où son enfance avait appris à connaître et à servir Dieu, cette
offense-là aussi avait bien sa générosité, digne de nos respects,
et suffit pour honorer sa mémoire.

On s'accorde à dire que le chagrin s'empara de Racine, et
que sa santé reçut d'un tel coup une atteinte mortelle. Blessé
au cœur, « il ne vécut pas deux ans depuis, » dit Saint-Simon,
dont le calcul semble à peu près exact, quelque peu sûres
qu'aient été d'ailleurs ses informations sur toute cette triste

affaire. La lettre à Mme de Maintenon est du 4 mars 1698. Il faut nécessairement faire remonter un peu plus haut le changement du Roi pour Racine, qui sans doute attendit d'abord en silence la fin de l'orage. Il s'écoula donc plus d'un an entre la perte de la faveur royale et la mort de Racine. Au mois d'avril 1698, date bien voisine de la lettre du 4 mars, Racine avait été retenu chez lui pendant quelques semaines par une indisposition qu'il nommait « une espèce de petit érésipèle; » et il écrivait le 2 mai à son fils ces lignes qui révèlent sa disposition d'esprit : « Vous ne sauriez croire combien je me plais dans cette espèce de retraite, et avec quelle ardeur je demande au bon Dieu que vous soyez en état de vous passer de mes petits secours, afin que je commence un peu à me reposer, et à mener une vie conforme à mon âge et même à mon inclination. » Pendant quelque temps il parut assez bien rétabli; mais en septembre et en octobre de la même année, il fut de nouveau malade, et plus sérieusement. On commençait à parler d'une douleur au côté droit[1]. C'étaient les premiers symptômes d'une maladie hépatique, qui se caractérisa bientôt par une dureté de ce même côté, puis par une tumeur. Tel est le mal, hélas! trop bien connu, qu'engendrent fréquemment les tourments de l'esprit et les chagrins qui dévorent. Depuis, avec quelques intermittences dans la maladie, Racine ne fit que languir et souffrir. Au mois de mars 1699, Dangeau disait dans son *Journal*, sous la date du 15 : « Racine est à l'extrémité; on n'en espère plus rien[2]; il est regretté par les courtisans, le Roi même paroît affligé de l'état où il est, et s'en informe avec beaucoup de bonté. » Il y avait, dix jours après, un temps d'arrêt dans le mal, quoique le danger parût encore fort grand[3]. Pendant cette longue maladie, dont les souffrances furent cruelles, Mme Racine, est-il besoin de le dire? donna à son mari les plus tendres soins. Les amis de Racine étaient là aussi pour adoucir ses

1. *Lettre de Mme Racine à son fils*, 3 octobre 1698.
2. M. de Pompone, le lendemain, 16 mars, s'exprimait de même dans une lettre à son fils. Voyez *Port-Royal*, par Sainte-Beuve, tome VI, p. 159, à la note.
3. *Lettre de Boileau à Brossette*, 25 mars 1699.

J. RACINE. I

maux par les preuves de leur attachement. Il avait toujours lui-même assez fidèlement rempli de semblables devoirs auprès des malades qui lui étaient chers, pour mériter d'être payé de retour. On n'a pas oublié comme il était accouru au lit de mort de Nicole. Il avait également assisté dans sa dernière maladie la Fontaine[1], son ami de jeunesse, ramené par lui aux sentiments religieux. C'était son tour alors de recevoir les consolants offices. Dodart, médecin des solitaires en même temps que de la cour, était souvent à son chevet; ce fut à lui que le malade, deux jours avant sa mort, remit le manuscrit de son histoire de Port-Royal[2]. Valincour et l'abbé Renaudot ne bougeaient presque de sa chambre[3]. Boileau, « le meilleur ami et le meilleur homme qu'il y eût au monde, » comme l'écrivait alors Racine[4], ne le quitta quelque temps, pour aller respirer l'air à Auteuil, que dans un moment où il le crut hors de péril, et dut bientôt revenir. Louis Racine nous a conservé les touchantes paroles de son père mourant à celui qu'il regardait comme un second lui-même : « C'est un bonheur pour moi de mourir avant vous. »

Parmi ceux qui, durant cette dernière maladie, le visitèrent fidèlement, une lettre de Willard compte nombre de grands, et cite particulièrement la célèbre comtesse de Gramont (Élisabeth Hamilton), la courageuse amie que Port-Royal avait à la cour. Mais n'est-il pas juste de le nommer lui-même, ce bon voisin de la rue des Maçons, cet excellent Willard[5]? Il ne s'éloignait guère de la chambre du mourant, et nous devons à ce témoin ému des bulletins circonstan-

1. Voyez la *Lettre de Maucroix à la Fontaine*, 14 février 1695.
2. *Lettre de Jean-Baptiste Racine à son frère*, 3 septembre [1742].
3. *Lettre de Racine à son fils*, 24 octobre 1698.
4. *Ibidem*.
5. Lorsque nous avons déjà parlé de lui, à la page 138, il n'eût pas fallu seulement dire qu'il avait été un des témoins du mariage de la fille aînée de Racine, mais que ce mariage avait été proposé et conseillé par lui. Voyez au tome VII ses trois lettres à M. de Préfontaine (31 décembre 1698, 10 janvier 1699, et même mois sans indication de date).

ciés de la maladie de Racine, avec les alternatives d'espoir
et de trop justes alarmes[1].

Les deux fils de Racine étaient auprès de lui pour recevoir
ses derniers adieux. Un prêtre de Saint-André-des-Arcs lui
donna les secours de la religion, qu'il reçut avec toute la piété
dont son âme était depuis longtemps nourrie. On a souvent
cité ce passage d'une lettre de Mme de Maintenon[2] : « Il vous
auroit édifié, le pauvre homme, si vous aviez vu son humilité
dans sa maladie, et son repentir sur cette recherche de l'esprit. Il ne demanda point dans ce temps-là un directeur à la
mode; il ne vit qu'un bon prêtre de sa paroisse. » Sa religion
lui donna, au moment suprême, cette fermeté d'âme dont il
ne se fût jamais cru capable en face de la mort. Nous nous
privons de répéter ici les belles paroles qu'il adressa alors
à son fils aîné, on les lira dans les *Mémoires* de Louis Racine.
Elles attestent que toute faiblesse avait disparu. Ce fut ainsi
qu'il expira le 21 avril 1699, entre trois et quatre heures du

1. **Voyez** au même tome VII ces lettres de Willard (mars et
avril 1699). C'est M. Sainte-Beuve qui les a fait connaître dans
deux articles insérés au *Constitutionnel* (16 et 23 avril 1866), sous
ce titre : « Les cinq derniers mois de la vie de Racine. » Il
les a réimprimés dans l'*Appendice* du tome VI de *Port-Royal*
(1867), p. 247-267, et au tome X de ses *Nouveaux lundis* (1874),
p. 256-392.

2. **Voyez** aux pages 397-400 du *Recueil des lettres de Jean Racine*,
où l'éditeur, Louis Racine, donne la lettre comme adressée à
Mme de la Maisonfort. Le passage que nous citons est à la
page 399. On le trouve aussi dans les Lettres publiées par la Beaumelle, à la page 181 du tome II (troisième édition, Glascow, 1756);
mais non dans les *Lettres historiques et édifiantes*, citées ci-dessus à
la note 1 de la page 157. M. Lavallée, à la page xix de la *Préface*
qu'il a mise en tête du tome I de ces *Lettres*, avertit d'être en garde
contre toutes celles que la Beaumelle a données comme écrites par
Mme de Maintenon à Mme de la Maisonfort, et qu'il a en partie
fabriquées. Aussi n'est-ce point à la Beaumelle que nous voulons
emprunter aucun texte. On ne peut pas avoir la même défiance de
Louis Racine, qui sans doute ne transcrivait pas toujours exactement, faisait des suppressions, modifiait un peu la rédaction,
mais n'était pas homme à jamais inventer à la façon du trop in-
génieux faussaire.

matin[1], dans sa maison de la rue des Marais[2]. Il était âgé de cinquante-neuf ans. Dans son testament, par un codicille daté du 10 octobre 1698, il avait demandé à être inhumé dans le cimetière de Port-Royal des Champs, au pied de la fosse de M. Hamon. « Cela, dit Saint-Simon, ne fit pas sa cour ; mais un mort ne s'en soucie guère[3]. »

Frappé à mort par un regard un peu sévère du Roi ! Le faible courage ! dit-on souvent. Et pour un tel homme, qui devait être si fort au-dessus d'une vaine faveur, la triste fin de courtisan ! Mais non, un vrai courtisan ne meurt pas ainsi : il ne se perd pas pour les malheureux et pour les persécutés. Et si quelque imprudence le fait tomber dans la disgrâce, il se peut sans doute que l'ambition trompée le tue ; mais plus souvent sa douleur égoïste et sèche, qui n'est que dépit et rage, a des suites

1. Voyez l'acte de décès aux *Pièces justificatives*, n° XXXV. — Dangeau, dans son *Journal*, annonce la mort de Racine sous la date du 20 avril. C'est incontestablement une erreur.

2. Nous avons, dans une note précédente (p. 29), parlé des divers logements de Racine jusqu'à son mariage. Depuis cette époque il en changea souvent encore. Lorsqu'il se maria, il demeurait dans la Cité, sur la paroisse Saint-Landry ; l'année suivante, dans l'île Saint-Louis, comme on le voit dans l'acte de baptême de son fils aîné ; de 1630 à 1684, sur la paroisse Saint-André-des-Arcs, où furent baptisées trois de ses filles, Marie-Catherine, Anne et Élisabeth : il était alors rue du Cimetière-Saint-André-des-Arcs. Au mois de novembre 1686, il logeait déjà rue des Maçons (voyez l'acte de baptême de sa fille Jeanne) ; et la lettre à Boileau du 21 mai 1692 nous apprend qu'à cette dernière date il y était encore. Mais le 2 novembre de la même année (l'acte de baptême de Louis Racine le constate), il était établi dans cette maison de la rue des Marais, où il devait mourir. Mlle Clairon dit dans ses *Mémoires* (1 vol. in-8°, Paris, chez Buisson, an VII), p. 12 : « On me parla d'une petite maison, rue des Marais, du prix de douze cents livres. On me dit que Racine y avait demeuré quarante ans avec toute sa famille, que c'était là qu'il avait composé ses immortels ouvrages ; là qu'il était mort ; qu'ensuite la touchante le Couvreur l'avait occupée, ornée, et qu'elle y était morte aussi.... On me l'accorda. » Dans ces souvenirs, dont son imagination était émue, tout, on le voit, était bien loin d'une parfaite exactitude.

3. *Note* sur le *Journal* de Dangeau, 15 mars 1699.

moins funestes : il continue, comme un Bussy, à flatter, à espérer, à mendier. Le dévouement de Racine à Louis XIV était
sincère ; son attachement était un culte. C'est ce qui excuse et
ennoblit la dernière de ses faiblesses mondaines. Elle doit surtout lui être pardonnée parce qu'il en a su faire le sacrifice.
On peut encore, pour s'en armer contre lui, recueillir dans
l'histoire anecdotique quelques traits de sa flatterie : ce sera
Boileau abandonné par lui dans sa discussion grammaticale
avec Louis XIV sur le verbe *rebrousser*[1] ; ce seront des louanges
de Louvois supprimées par ses conseils dans une pièce de vers
de Mme Deshoulières lue devant le Roi ; toutes ces misères ont
été plus qu'effacées le jour où Racine s'est exposé à déplaire
pour réclamer le soulagement du pauvre, ou pour demeurer
fidèle à ses convictions et à ses amitiés les plus chères. Et
qu'après cela il n'ait pas reçu le coup en stoïcien, et sans
le sentir, ne faut-il pas tenir compte de l'exquise sensibilité
de cette imagination du poëte ? Ne faut-il pas se souvenir que
pour servir ce roi, qui tout à coup se détournait de lui, il
s'était voué depuis de longues années à un travail qui n'était
pas le plus conforme à ses goûts, et s'était souvent, à son
grand regret, privé du doux bonheur de la famille ? Que dire
d'ailleurs lorsqu'on voit le même chagrin accabler la grande
âme de Vauban ? Se servira-t-on pour lui aussi de cette expression qu'un de nos contemporains, un de nos plus grands
poëtes, a si durement appliquée à Racine, qu'il était *mort de
l'adulation ?*

La première fois que Boileau, après la mort de son ami,
reparut à Versailles, pour demander au Roi que Valincour
devînt, à la place du grand poëte, son associé dans le travail
d'historiographe, Louis XIV lui cria, du plus loin qu'il l'aper-
çut : « Despréaux, nous avons beaucoup perdu, vous et moi,
à la mort de Racine. — Tout ce qui me console, Sire, répondit
Despréaux, c'est que mon ami a fait une fin très-chrétienne,
quoiqu'il craignît extrêmement la mort. — Je le sais, répliqua le Roi, et cela m'a étonné ; car je me souviens qu'au siége
de Gand vous étiez le brave des deux[2]. » Il semble qu'on

1. *Bolæana*, p. 66.
2. *Bolæana*, p. 20 et 21. — Ce récit est confirmé par la lettre de

entend ces dernières paroles prononcées en souriant plutôt qu'avec l'accent d'un souvenir très-ému. Mais ne chicanons pas Louis XIV sur ses condoléances. Sachons-lui gré de ses regrets, quoiqu'il les ait exprimés, comme on l'a dit de lui dans une autre occasion, « en prince accoutumé aux pertes. » Il est clair que Racine mort, et même Racine mourant, était rentré en grâce : le Roi avait, pendant sa maladie, demandé de ses nouvelles ; il accorda pour sa veuve et ses enfants une pension de deux mille livres.

Tels quels, les regrets de Louis XIV ont été consignés par Boileau dans l'épitaphe de son ami. Il écrivait à Brossette, après l'audience royale, le 9 mai 1699 : « Sa Majesté m'a parlé de M. Racine d'une manière à donner envie aux courtisans de mourir, s'ils croyoient qu'Elle parlât d'eux de la sorte après leur mort. Cependant cela m'a très-peu consolé de la perte de cet illustre ami, qui n'en est pas moins mort, quoique regretté du plus grand roi de l'univers. » Il était sans doute d'autant moins consolé que la sensibilité témoignée par le grand prince avait pu lui paraître un peu moins digne d'envie qu'il ne se croyait obligé de le dire à Brossette. Depuis ce temps, au témoignage de Louis Racine, Boileau ne retourna plus à la cour. Quand ses amis l'engageaient à y aller : « Qu'irai-je y faire? leur répondait-il ; je ne sais plus louer. » On est touché de l'à-propos de cette retraite. Le vieil ami de Racine y persévéra jusqu'à sa mort en 1711. Ayant toujours gardé sa fermeté d'âme, mais devenu assez morose, les douze années qu'il survécut à Racine furent tristes ; il était accablé d'infirmités, et il pensait qu'il avait vu descendre dans la tombe le grand siècle littéraire : « O la triste chose que soixante et douze ans! » écrivait-il dans les derniers temps de sa vie. La triste chose surtout pour le vieillard qui eut le cruel spectacle des dernières ruines de son cher Port-Royal! Quelques mois de vie de plus, et il eût même vu arracher à sa tombe les restes de son meilleur ami, et briser la pierre qu'il avait ornée lui-même d'une touchante épitaphe.

La permission de transporter le corps de Racine à Port-

Willard à M. de Préfontaine, datée du 6 mai [1699], et par celle de Jean-Baptiste Racine à son frère, en date du 6 novembre [1742].

Royal, suivant son dernier vœu, avait été donnée, dès le premier jour, sans difficulté, par l'archevêque de Paris[1]. L'inhumation se fit non au-dessous de M. Hamon, mais au-dessus, parce qu'il ne se trouva pas de place au-dessous[2]. Deux épitaphes furent composées, et, si le *Nécrologe* de Port-Royal n'est pas dans l'erreur, gravées l'une et l'autre sur le tombeau[3]. Louis Racine n'en rapporte qu'une ; c'est la seule aussi que nous lisions sur la pierre tumulaire conservée aujourd'hui encore dans l'église Saint-Étienne du Mont. Elle est en latin ; mais il paraît bien que Boileau, qui en est l'auteur, l'avait composée en français, et que la traduction latine, qui est fort belle, est de M. Dodard[4]. Jamais la main émue, mais ferme, d'un ami n'a tracé sur une tombe de plus nobles lignes, ni plus simplement touchantes. Tout y est dit, comme il convenait qu'il le fût, et la parfaite convenance atteint à la grandeur. L'autre épitaphe est de M. Tronchai[5]. Elle est plus rigoureusement peut-être selon le véritable esprit de Port-Royal ; mais Racine n'y est plus qu'un pénitent, flagellé dans les œuvres de son génie, et dans sa gloire, cette vanité mondaine. N'eût-il pas dès lors mieux valu écrire, sans épitaphe, ce grand nom sous une croix ?

1. Il y a quelque contrariété entre les divers témoignages sur la date du transport des restes de Racine à Port-Royal. Dans l'acte de décès on lit que ce transport fut fait le jour même de la mort. D'après Louis Racine, le corps fut mis en dépôt « pendant la nuit » dans le chœur de l'église Saint-Sulpice, et porté le jour suivant à Port-Royal. Ce ne pourrait être plus tôt que le 22. Le *Supplément au Nécrologe*, p. 576, dit que « le 22, lendemain de la mort de Racine, son corps fut mis en dépôt dans le chœur de Saint-Sulpice, et la nuit suivante porté à Port-Royal, où il fut enterré le 23. » Les registres de Saint-Sulpice devraient avant tout faire foi et ont cependant contre eux la vraisemblance. Peut-être dans la rédaction négligée de l'acte d'inhumation n'ont-ils exactement donné que le jour où le corps fut apporté à Saint-Sulpice.

2. *Supplément au Nécrologe de Port-Royal*, p. 576.

3. *Nécrologe de Port-Royal*, p. 167.

4. C'est ce qu'atteste L. Racine, vers la fin de ses *Mémoires*, dans un passage que nous rétablissons d'après les corrections manuscrites que l'auteur a faites sur un exemplaire de son ouvrage.

5. Nous donnons aux *Pièces justificatives*, n° XXXVI, cette épitaphe

Quelques années après, la sacrilége persécution alla troubler Racine dans le dernier asile de son repos. Après la destruction de Port-Royal en 1709, les familles qui avaient des parents dans les sépultures de l'abbaye eurent ordre de les exhumer et de leur chercher ailleurs un tombeau. Le 2 décembre 1711, comme l'attestent les registres de Saint-Étienne du Mont, les restes du grand poëte furent transportés dans cette église, après avoir été arrachés à la terre choisie par lui comme la plus sainte où il pût attendre la miséricorde de Dieu. Il eut du moins pour l'accompagner dans cet exil de la tombe deux autres grands morts de Port-Royal, MM. de Saci et Antoine le Maître, auxquels les caveaux funèbres de Saint-Étienne ouvrirent leur refuge le même jour[1].

Les profanateurs, dont les ordres avaient déplacé la tombe doublement sacrée d'un grand homme, ne pensèrent même pas qu'il fallût dans cette église, où ils lui accordaient encore une

de M. Tronchai. Nous y joignons une première épitaphe, que, d'après M. de la Rochefoucauld-Liancourt (*Études littéraires et morales de Racine*), Boileau aurait composée. Cette épitaphe, nous dit-il, a été écrite en latin et en français ; mais il ne cite que le texte français. M. de la Rochefoucauld-Liancourt a négligé là, comme ailleurs, de nous faire connaître ses sources. Nous croyons contraire à toute vraisemblance que Boileau ait jamais rien écrit de si peu digne de lui-même comme de son ami, disons le mot, de si misérable. A Port-Royal « on ne voulut pas, dit M. de la Rochefoucauld, adopter une épitaphe qui exprimait des sentiments aussi modérés sur le théâtre. » Nous voyons cependant qu'on en accepta du même auteur une autre qui méritait plus encore ce reproche de modération.

1. Voyez aux *Pièces justificatives*, n° XXXVII, l'acte de translation et d'inhumation des restes de Racine. — La place où Racine fut inhumé à Saint-Étienne du Mont est indiquée avec précision dans le testament de sa femme, qui dut, suivant son désir, y être mise près de lui. C'est « derrière le chœur, sous la tombe de M. de Boisroger et de M. Thomas du Fossé, à côté gauche de la tombe de M. Pascal, en regardant l'autel de la Vierge. » M. l'abbé de la Roque (*Lettres inédites de Jean Racine*, p. 185) a donné ce testament. Nous en avons nous-même vu la minute à l'étude de M. Defresne, où elle est déposée. — L'abbé Irailh (*Querelles littéraires*, tome II, p. 314 et 315) dit que « les corps de le Maître et de Racine sont dans l'église de Saint-Étienne du Mont, *à la cave de saint Jean-Baptiste.* »

sépulture chrétienne, faire suivre sa dépouille de la pierre
tumulaire sur laquelle avait été gravée son épitaphe. Ce monument, si digne d'un immortel respect, fut laissé parmi les ruines
de l'abbaye dévastée, puis, on ne sait à quel moment ni par
qui, transporté dans l'église de Magny-Lessart, voisine de
Port-Royal des Champs. C'est là qu'un heureux hasard la fit
retrouver, en 1808, dans le chœur, au-devant du maître-autel,
près du premier pilier de droite, où elle servait de dallage, au
milieu de beaucoup d'autres débris semblables, qui couvraient
toute la surface du sol. Elle fut aisément reconnue, quoique
les mots *Joannes Racine* n'y fussent plus. Plusieurs lettres
avaient été usées par le frottement des pieds. Mais ce n'était
pas l'injure involontaire du temps et des pas des hommes qui
avait fait disparaître le nom du poëte. On constata que le ciseau
avait été employé pour cette destruction, et que les traces qu'il
avait laissées devaient être fort anciennes.

Ce fut seulement dix ans après cette découverte, le 21 avril
1818, que la pierre tumulaire fut portée à Saint-Étienne du
Mont, en même temps que celle de Pascal, tirée du musée des
Petits-Augustins. On avait choisi pour cet acte de réparation
le jour anniversaire de la mort de Racine. Un service funèbre
fut célébré, auquel assistèrent les parents de Racine, une dépu-
tation de l'Académie française, et un grand nombre d'hommes
de lettres. L'abbé Sicard officia. L'épitaphe fut placée derrière le chœur, dans la chapelle de la Vierge. Il avait fallu
rapprocher les morceaux disjoints de la pierre et les fixer
dans un encadrement de pierre dure, après les avoir réparés
en rétablissant quelques lettres[1].

A cette tombe, dont nous venons de faire la triste histoire,
s'arrête tout ce que nous avions à raconter de Racine. Mais
il laissait après lui des personnes aimées, dont il a été parlé

---

1. Nous avons tiré ces détails les uns du *Moniteur* (22 avril 1818)
et du *Journal des Débats* (17 avril 1818), les autres d'une pièce intitulée : *Monument retrouvé, Épitaphe de Jean Racine*, Paris, de l'imprimerie d'Everat (4 pages in-8°). Cette même pièce, imprimée d'abord à
part, a été ensuite insérée dans le *Magasin encyclopédique*, année 1810,
tome VI, p. 219-221, et dans le *Mercure de France* de septembre 1810,
p. 50 et 51.

dans cette biographie. Quelques mots sur chacune d'elles paraissent nécessaires.

La pieuse tante de Racine, la mère Agnès de Sainte-Thècle, le suivit de près dans la tombe. Elle mourut à Port-Royal le 19 mai 1700, dans sa soixante-quinzième année. Elle était encore abbesse. M. Tronchai composa pour elle aussi une épitaphe, qui se trouve dans le *Nécrologe*.

Les années de veuvage de Mme Racine furent longues. Elle vécut jusqu'à l'âge de quatre-vingts ans, étant née en 1652 et morte en 1732 (le 15 novembre)[1]. Elle avait eu le malheur de perdre dans quelques opérations du système de Law une partie de la succession de son mari, succession déjà fort médiocre, surtout étant à partager entre sept enfants[2]. Elle avait supporté ce désastre, dit Louis Racine, « avec sa tranquillité ordinaire. »

Sur Jean-Baptiste Racine laissons parler son frère Louis : « Tous les avis que mon père dans ses lettres donna à mon frère aîné, pour se faire à la cour des amis et des protecteurs, furent inutiles à un homme que dominoit l'amour de la solitude, et qui, sitôt qu'il fut devenu son maître, a fui le monde, quoiqu'il y fût fort aimable quand il étoit obligé d'y paroître. M. de Torcy, continuant ses bontés pour lui, après la mort de mon père, l'envoya à Rome avec l'ambassadeur de France. Il y resta peu, et ayant obtenu la permission de vendre sa charge de gentilhomme ordinaire, il s'enferma dans son cabinet avec ses livres, et y a vécu jusqu'à soixante-neuf ans[3] sans presque aucune liaison qu'avec un ami très-capable à la vérité de le dédommager du reste des hommes. On a bien pu dire de lui : *Bene qui latuit, bene vixit*. Sans aucune ambition, et même sans celle de devenir savant, son seul plaisir fut de parcourir toutes les sciences, s'attachant particulièrement aux belles-lettres, et s'étant toujours contenté de lire, sans avoir jamais

---

1. Voyez aux *Pièces justificatives*, n⁰ XXXVIII, l'acte de décès de Mme Racine.

2. *Lettre de Louis Racine à Jean-Baptiste Rousseau*, 29 novembre 1731.

3. Il mourut le 31 janvier 1747. Voyez aux *Pièces justificatives*, n⁰ XXXIX, l'acte de son décès.

rien écrit ni en vers ni en prose, quoiqu'il fût très-capable
d'écrire et par ses connoissances et par son style[1]. » Il avait en
effet des connaissances variées, une instruction solide. On a
conservé des livres latins et grecs, savamment annotés de sa
main, à la manière de son père, parmi lesquels on cite les
Lettres de Cicéron à Atticus, dont cet illustre père lui avait de
bonne heure donné le goût; les *Histoires de Salluste, Homère*,
des *Odes de Pindare*. Quelques-uns de ces exemplaires, qu'il
a enrichis de ses notes critiques et philologiques, rédigées
tantôt en français, tantôt en latin ou en grec, avaient appartenu à son père, qui en avait commencé l'annotation. On trouve
aussi des notes de Jean-Baptiste sur la grammaire hébraïque,
et dans une copie d'une *Anthologie grecque*, qui est de son
écriture, diverses dissertations historiques qu'il y a jointes[2].
Il n'y a donc pas à douter qu'il ne fût érudit. Mais quel eût
pu être au vrai son talent d'écrivain? Les lettres en si petit
nombre qui restent de lui n'en sauraient faire juger assez.
Toutefois elles ne sont pas écrites sans fermeté; elles don-
neraient surtout l'idée d'un esprit sévère, et un peu rude
dans son énergie. Avant d'avoir eu l'occasion de connaître le
fils aîné de Racine, Jean-Baptiste Rousseau s'était attendu à
trouver chez lui un tour d'esprit et quelques inclinations poétiques; mais il avait été détrompé. « Je l'ai connu à Paris,
écrivait-il en 1718; c'est un garçon sage et qui a du mérite, mais en tout autre genre qu'en celui de la poésie[3]. » On

---

1. Cette courte notice a été donnée par Louis Racine à la fin du
Recueil des lettres de Jean Racine, et au tome II de ses propres *Œuvres*
(édition de 1750), p. 272 et 273; elle y précède la lettre que son
frère lui écrivit au sujet du poëme de *la Religion*.

2. Ces indications nous sont fournies par un *Catalogue de livres
imprimés et manuscrits* de la bibliothèque de M. G. L. D. (Paris,
Merlin, 1834), p. 208 et 209. Nous lisons dans ce même catalogue,
à la page 209 : « Les notes de J. B. Racine, qui décèlent une vaste
érudition et un goût éclairé, doivent faire regretter que l'auteur n'ait
rien publié; mais on a su par Mlle des Radrets (*son arrière-petite-
nièce*), dans la succession de laquelle se sont trouvés ces livres, que,
peu jaloux de la gloire littéraire, son oncle était dans l'usage de brûler
le samedi ce qu'il avait composé dans la semaine. »

3. *Lettre de J. B. Rousseau à Brossette*, 24 décembre 1718. Voyez

saurait peut-être mieux à quoi s'en tenir sur la manière d'é-
crire de Jean-Baptiste Racine, si les papiers qu'il a laissés
avaient pu être publiés; mais il paraît que sa famille, qui
les possède, est liée par les volontés qu'il avait exprimées.
Ses écrits, croyons-nous, se rapportent principalement aux
affaires du jansénisme, dont il s'occupait beaucoup. Ce que
l'on doit regretter par-dessus tout, c'est qu'il n'ait pas donné
suite à son projet d'écrire la vie de son père. » Quand on
me donnera, écrivait-il à Louis Racine, un privilége pour
les *OEuvres* de mon père,... je m'y emploierai de toutes mes
forces, pour donner au public une édition digne de lui dont sa
Vie feroit une partie.... Pour ce qui regarde la Vie, je serois
plus en état qu'un autre de la donner, et elle est même bien
ébauchée; mais je veux y dire la vérité[1].... » Comme l'âge qu'il
avait à la mort de Racine lui avait permis de bien connaître ce
père, dont Louis Racine n'avait pu garder qu'un vague souvenir de première enfance, nous aurions eu un témoignage
plus direct et de première main. En bien des points moins de
doutes seraient permis; mais d'ailleurs il y aurait eu certainement beaucoup de réticences et de lacunes semblables à celles
des *Mémoires* de son frère. Le travail eût été fait dans le même
esprit; et peut-être, plus rigide encore, et moins poëte que
Louis Racine, eût-il moins bien et moins librement parlé de
tout ce qui touchait à la vie littéraire du grand poëte. Il semble
qu'il eût plus volontiers insisté sur d'autres souvenirs : « Je
n'aurois envie, disait-il, de parler de mon père que pour instruire le public de la piété dans laquelle il est mort et nous a
tous élevés[2]. » Les matériaux qu'il avait rassemblés n'ont pas
été entièrement perdus. Il est certain qu'ils sont entrés, nous
ne savons au juste dans quelle proportion, dans l'ouvrage de
Louis Racine, qui s'est beaucoup aidé des souvenirs et des
notes de son aîné. Quelques-unes de ces notes étaient encore
sous les yeux de Germain Garnier, lorsqu'il prépara l'édition de 1807. Nous n'avons pu en retrouver les originaux.

les *Lettres de Rousseau sur différents sujets*, M.DCC.XLIX, tome I,
2ᵉ partie, p. 269.
   1. *Lettre de Jean-Baptiste Racine à son frère*, 6 novembre [1742].
   2. *Ibidem.*

Louis Racine ne donna ses *Mémoires* qu'après la mort de Jean-Baptiste; mais probablement il les avait écrits avant, puisqu'ils étaient prêts à être publiés l'année même de cette mort. Il est donc à croire que son frère lui avait abandonné le soin et l'honneur d'un travail auquel il avait renoncé lui-même.

Lorsque Jean-Baptiste Racine n'avait encore que vingt ans, son père avait déjà songé à le marier : un parti avait été proposé. Le projet fut rompu sans regret par les parents. Jean-Baptiste était encore bien jeune, et on lui avait souvent entendu dire dans sa famille qu'il voulait travailler à sa fortune, avant de songer à se marier. Il ne travailla guère à sa fortune, et ne se maria pas.

La vie de Louis Racine est beaucoup plus connue; elle demande une biographie à part, dont ce n'est pas ici la place. On ne peut attendre de nous que quelques lignes.

Son père annonçait en 1698[1] l'intention de le confier l'année suivante à Rollin, qui avait pris avec lui quelques enfants, entre autres les jeunes de Noailles. Dans sa dernière maladie, il parla de ce désir à l'excellent maître, qui se chargea en effet de diriger les études de Louis Racine. Au sortir du collège, celui-ci d'abord se fit avocat; puis il prit l'habit ecclésiastique, et se retira chez les Pères de l'Oratoire. S'apercevant de son peu de vocation, il rentra bientôt après dans le monde. Des protecteurs, qui le protégeaient assez mal, l'engagèrent dans des emplois de finance, contraires à ses goûts, qui l'avaient toujours porté vers l'érudition et vers les lettres. Digne fils de Racine, il fut poëte, non pas très-grand poëte sans doute, non pas, il s'en faut bien, véritable héritier du génie de son père; mais dans ses chants pieux, consacrés à la religion, un écho, bien que très-affaibli, des derniers accents paternels se fait entendre avec quelque charme. S'il osa suivre de loin les pas d'un grand génie, dont l'exemple était pour un fils à la fois si séduisant et si redoutable, ce ne fut pas sans exprimer plus d'une fois une modeste défiance de ses forces[2].

1. *Lettre à Jean-Baptiste Racine*, 24 juillet 1698.
2. « Il s'était fait peindre par Aved, dit M. l'abbé de la Roque

Sa vie fut toute pure et toute chrétienne. Son éducation avait laissé dans son âme des traces ineffaçables. La marque de Port-Royal, transmise par son père, lui resta toujours, comme à son frère Jean-Baptiste. Il eut à en souffrir : l'Académie française lui fut fermée. Mais il put, grâce à ses fortes études, entrer dans l'Académie des inscriptions, où l'on s'inquiéta moins de son jansénisme. En 1728 (le 1er mai) il avait épousé Marie Presle de l'Écluse, fille d'un conseiller du Roi à la cour des monnaies de Lyon. De ce mariage naquirent un fils, Jean Racine, et deux filles. Un cruel malheur enleva à Louis Racine en 1755 son fils, âgé de vingt et un ans. Ce jeune homme, qui annonçait, dit-on, les plus heureuses dispositions poétiques, et en qui l'on se flat-

(*Lettres inédites de Jean Racine et de Louis Racine*, p. 206), les yeux arrêtés sur ce vers de *Phèdre :*

Et moi fils inconnu d'un si glorieux père. »

Il faut tout dire cependant. On est en droit de s'étonner que, dans une lettre du 26 mai 1744 (*Correspondance littéraire inédite de L. Racine avec Chevaye de Nantes*, 1 vol. in-8º, p. 22), il rapporte sans protester plusieurs inscriptions qui avaient été proposées pour être mises au bas d'une estampe faite d'après ce même portrait, et dont l'une, le plaçant au-dessus de l'auteur d'*Andromaque*, disait :

> *Ille est Racinius quo sese vindice jactat*
> *Relligio, cecinit qui dulci carmine qua vi*
> *Corda, volente Deo, mortales effera ponant.*
> *Surgere si possit superas redivivus ad auras*
> *Qui mire expressit furiasque et Orestis amores,*
> *Materia victus, vinci gauderet et arte.*

L. Racine, sans écarter aucune de ces inscriptions, s'en remit au choix de Titon du Tillet, qui donna la préférence au distique de Coffin, dont le second vers disait encore beaucoup trop :

> *En quem Relligio sibi vindicat unica vatem,*
> *Cujus scripta velit vel pater esse sua.*

Avouons donc qu'un poëte, même janséniste, a bien de la peine à se défendre des illusions de l'amour-propre, et à rappeler à plus de justice et de vérité des amis qui flattent cet amour-propre avec une regrettable exagération.

tait déjà de voir revivre une étincelle du génie de son aïeul, se
trouvait sur la chaussée de Cadix au moment du tremblement
de terre de Lisbonne ; les flots déchaînés l'entraînèrent et
l'engloutirent. Le pauvre père, depuis cette catastrophe, passa
le reste de ses jours dans le deuil et l'affliction. Il arriva au
terme d'une vie devenue si triste, le 29 janvier 1763. Il laissait deux filles : Anne Racine, mariée à Louis-Grégoire Mirleau
de Neuville de Saint-Héry des Radrets, et Marie-Anne Racine,
mariée à Jacques-Bernard d'Hariague.

La fille aînée de Racine, Marie-Catherine, mariée, nous
l'avons dit, du vivant de son père, à M. de Moramber, mourut le 6 décembre 1751.

On ne connaît pas la date de la mort d'Anne Racine,
la religieuse ursuline de Melun. « Elle a précédé dans la
tombe, dit l'abbé de la Roque, tous les autres enfants de
Racine[1]. »

Nous avons vu qu'Élisabeth Racine avait été retenue dans le
monde par son père, qui voulait donner à sa vocation religieuse le temps d'être plus éprouvée. En 1700 elle fit profession au couvent des dames de Variville, et y vécut jusqu'en
1745 ou 1746.

Jeanne-Nicole-Françoise resta auprès de sa mère, sans se
marier. Willard, dans une lettre du 14 mai 1699, qu'il appelle ses *petits paralipomènes*, dit de cette quatrième fille de
Racine, alors dans sa treizième année : « Il y en a une à Port-
Royal, parmi les voiles blancs pour se préparer à sa première
communion. » Il est remarquable que, dans son testament,
Mme Racine non-seulement lui fait des avantages, mais la re-
recommande particulièrement aux soins de son frère aîné et
même de sa sœur Madeleine, plus jeune qu'elle, pour qu'ils
lui servent de père et de mère, « et que son bien ne soit pas
dissipé. » Il y avait donc en elle nous ne savons quoi de faible
qui demandait protection. Peu de temps après la mort de sa
mère, Jeanne entra comme pensionnaire à l'abbaye de Mal-
noue ; elle y mourut le 22 septembre 1739.

Madeleine Racine, qui resta fille comme elle, vécut, sans
quitter tout à fait le monde, d'une vie très-retirée et tout oc-

---

1. *Lettres inédites de Jean Racine et de Louis Racine*, p. 228.

cupée d'œuvres de piété. Elle mourut à cinquante-trois ans, le 7 janvier 1741.

Les descendants de Racine sont encore nombreux aujourd'hui. Il y a ceux qui sont issus de Louis Racine, dont les deux filles laissèrent plusieurs enfants; et ceux qui sont issus de Marie-Catherine Racine (Mme de Moramber), dont une des filles fut mariée à M. Jacobé de Naurois d'Ablancourt. De la sœur de Racine, Mme Rivière, qui mourut le 17 mai 1734, descend également une assez nombreuse postérité.

Mais dans cette *Notice*, dont la vie de Racine est le sujet, nous ne devons pas franchir les limites où nous sommes parvenu. On trouvera dans une Notice de M. Boulard, ancien notaire à Paris, la descendance de Racine jusqu'à nos jours[1]. Le livre de M. l'abbé de la Roque, déjà plusieurs fois cité ici, et qui nous a été souvent fort utile, en donne également le tableau, mais plus exact en plusieurs points et plus complet[2]. L'auteur y a joint une généalogie d'une partie des descendants de Mme Rivière[3].

Ces familles sont restées fidèles au culte de la mémoire du grand poëte. Aujourd'hui, comme en d'autres temps, elles se sont empressées d'aider les travaux historiques ou critiques qui ont pour objet les œuvres de leur immortel ancêtre[4].

---

1. *Notice sur les descendants de Jean Racine*, par A. M. H. Boulard (insérée au *Bulletin des sciences historiques*, juillet 1824, n° 79). — M. Boulard s'est aidé, pour ce travail, d'actes notariés, passés en l'étude de ses prédécesseurs.

2. *Lettres inédites de Jean Racine et de Louis Racine*, p. 239-251.

3. *Ibidem*, p. 253-256.

4. Nous devons de très-précieuses communications à M. Auguste de Naurois. Les lettres avaient déjà de grandes obligations à son grand-père, M. Jacobé de Naurois, petit-fils de Marie-Catherine Racine, lequel ouvrit libéralement son trésor de famille à Germain Garnier, pour l'édition de 1807, et à Geoffroy, pour l'édition de 1808. Nous tenons aussi à exprimer notre reconnaissance pour l'extrême obligeance de M. l'abbé Adrien de la Roque, descendant de Louis Racine, et bien connu de nos lecteurs; et pour celle de M. André-François Masson, descendant de la sœur de Racine.

En prêtant aux éditeurs de ces œuvres un concours, dont
nous ne devons pas moins les remercier, elles ont payé leur
dette à une gloire qui est leur patrimoine. Noblesse oblige ;
et c'est une belle noblesse que celle dont les titres impéris-
sables sont inscrits dans les monuments du génie.

FIN DE LA NOTICE BIOGRAPHIQUE.

PIÈCES JUSTIFICATIVES

DE LA NOTICE BIOGRAPHIQUE.

——————

I. — Page 2.

Acte de baptême de Nicolas Vitart.

« Le huitième septembre mil six cent vingt-quatre fut baptisé Nicolas, fils de Nicolas Vitart et de Claude des Moulins sa femme. Son parrain maître Daniel Vitart, sa marraine Dame Marie des Moulins[1]. » (*Registres de la paroisse Saint-Vaast à la Ferté-Milon.*) — *En marge :* Nicolas Vitart, greffier.

——————

II. — Page 4.

Acte de baptême d'Agnès Racine (de Sainte-Thècle).

« Le trentième d'août mil six cent vingt-six fut baptisée Agnès, fille de M. Racine et de Marie des Moulins. Son parrain M. Vitart, avocat, sa marraine Élisabeth Passart. » (*Registres de Saint-Vaast.*)

——————

III. — Page 8.

Acte de baptême du père de Racine.

« Le dimanche vingt-huitième jour de juin mil six cent quinze fut

———

1. *Des Molins* est l'orthographe de cet acte et de quelques autres. Dans plusieurs aussi on lit *des Moulins.*

baptisé Jean, fils de M. Jean Racine, contrôleur, et Marie des Moulins sa femme. Son parrain fut M. Auger[1] Pintrel, sa marraine Suzanne des Moulins. » (*Registres de Saint-Vaast.*)

IV. — Page 8.

Acte de mariage du père et de la mère de Racine.

« Le treizième septembre mil six cent trente-huit ont été épousés Jean Racine, procureur, et Jeanne Sconin. » (*Registres de Saint-Vaast.*)

V. — Page 10.

Acte de baptême du poëte Jean Racine.

« Le vingt-deuxième décembre mil six cent trente-neuf fut baptisé Jean Racine, fils de Jean Racine, procureur, et de Jeanne Sconin, levé sur les fonts par Mre Pierre Sconin, commissaire, et Marie des Moulins.

« *Signé :* F. N. (*Frère Nicolas*). COLLETET. »

(*Registres de Saint-Vaast.*)

VI. — Page 11.

Acte de baptême de la sœur de Racine.

« Le vingt-quatrième janvier mil six cent quarante-un a été baptisée Marie, fille de Jean Racine et de Jeanne Sconin, levée sur les fonts par Mre Pierre Sconin, grenetier, et Madeleine Sconin. » (*Registres de Saint-Vaast.*)

1. *Oger*, dans d'autres actes.

VII. — Page 11.

Acte de baptéme de la mère de Racine.

« Le deuxième jour de septembre mil six cent douze fut baptisée Jeanne, fille de M. Pierre Sconin et de Marguerite Chéron. » (*Registres de Saint-Vaast.*)

VIII. — Page 11.

Acte d'inhumation de la mère de Racine.

« Le vingt-neuvième janvier mil six cent quarante-un fut inhumée à l'église de la ville, à la chapelle Saint-Vaast, dame Jeanne Sconin, femme de M. Jean Racine. » (*Registres de Saint-Vaast.*)

IX. — Page 11.

Acte de baptéme de Madeleine Vol, seconde femme de Jean Racine.

« Le dix-septième décembre mil six cent dix-neuf fut baptisée Madeleine Vol, fille de Jean Vol et Marie Magdelain sa femme. » (*Registres de Saint-Vaast.*)

X. — Page 11.

Acte de mariage de Jean Racine et de Madeleine Vol.

« Le quatrième de novembre mil six cent quarante-deux furent épousés Mre Jean Racine, procureur, et Madeleine Vol. » (*Registres de Saint-Vaast.*)

XI. — Page 11.

Acte d'inhumation du père de Racine.

« Le septième février mil six cent quarante-trois a été inhumé en l'église de cette ville, en la chapelle Saint-Nicolas, M. Jean Racine, greffier. » (*Registres de Saint-Vaast.*)

XII. — Page 13.

Acte d'inhumation de Jean Racine, grand-père du poëte.

« Le vendredi vingt-deuxième septembre mil six cent quarante-neuf a été inhumé dans la chapelle de Saint-Nicolas, en entrant au chœur, Mre Jean Racine, vivant contrôleur au grenier à sel de la Ferté-Milon, en l'église Notre-Dame dudit lieu. » (*Registres de Saint-Vaast.*)

XIII. — Page 26.

Acte de baptême de la fille aînée de Nicolas Vitart.

« Le lundi dix-septième jour de mai 1660 fut baptisée en l'église de Saint-André-des-Arcs Marie-Charlotte, fille de Nicolas Vitart, avocat au Parlement, intendant de Mme la duchesse de Chevreuse et de Monseigneur le duc de Luynes, et de Marguerite le Mazier sa femme. Le parrain Mre Louis-Charles d'Albert, duc de Luynes, pair de France. La marraine très-haute, très-puissante et très-illustre dame Mme Marie de Rohan. » (*Registres de la paroisse Saint-André-des-Arcs.*)

XIV. — Page 26.

Acte de baptême de la seconde fille de Nicolas Vitart.

« Le vingt-troisième jour d'août 1661 a été baptisée Anne-Charlotte, fille de Nicolas Vitart, avocat en Parlement, intendant de Mme la duchesse de Chevreuse, et de Marguerite le Mazier sa femme. Le parrain Messire Charles-Honoré, marquis d'Albert, fils de Messire Louis-Charles d'Albert, duc de Luynes, pair de France. La marraine Mlle Anne de Rohan, fille de feu Messire Hercules de Rohan, duc de Montbazon, pair de France. » (*Registres de la paroisse Saint-Sulpice.*)

XV. — Page 27.

Acte de mariage de Nicolas Vitart et de Marguerite le Mazier.

« Le mardi huitième de janvier mil six cent cinquante-huit furent mariés enfants de la sainte Église, en présence de leurs parents et amis, noble homme M. Nicolas Vitart, avocat en Parlement, de la paroisse Saint-Sulpice, et Damoiselle Marguerite le Mazier, fille d'honorable et discrète personne M. François le Mazier, ci-devant procureur en Parlement, et de Marguerite Passart. Les père et mère présents audit mariage. » (*Registres de la paroisse Sainte-Marine.*)

***

XVI. — Page 29.

Convoi et inhumation de Nicolas Vitart.

« Le vendredi neuvième jour de juillet 1683 le corps de défunt M. Nicolas Vitart, seigneur de Passy, décédé en sa maison, rue Saint-André-des-Arcs, fut mis en dépôt dans l'église de Saint-André-des-Arcs, où a été fait un service solennel le matin, et le soir du même jour il fut porté en l'église Sainte-Marine, lieu de sa sépulture, pour y être inhumé. Présents : Claude-Auguste Vitart de Passy, fils du défunt, et Claude de Romanet, trésorier de France à Orléans. » (*Registres de la paroisse Saint-André-des-Arcs.*)

« Le huitième jour de juillet 1683 est décédé M. Nicolas Vitart, seigneur de Passy, demeurant en la paroisse de Saint-André-des-Arcs, et enterré le neuvième dudit mois et an en l'église de Sainte-Marine, lieu de sa sépulture et de ses parents ; et ont signé :

« VITART DE PASSY. VITART. DE ROMANET. »

(*Registres de la paroisse Sainte-Marine.*)

***

XVII. — Page 41.

Acte d'inhumation de Claude des Moulins.

« Le douzième jour du mois de mars mil six cent soixante-huit a été inhumée dans le chœur de l'église de Notre-Dame, Dame Claude des Moulins, veuve de feu Mre Nicolas Vitart vivant conseiller du Roi, contrôleur au grenier à sel de la Ferté-Milon, décédée le onzième du même mois. En présence de Mre Nicolas Vitart, avocat en

Parlement, intendant de Monseigneur le duc de Luynes, et de Mre Antoine Vitart, procureur du Roi des eaux et forêts de Valois, ses fils. » (*Registres de la paroisse Saint-Vaast.*)

XVIII. — Page 43.

Extrait du Gallia christiana (*tome VII, p.* 794-796)
sur Antoine Sconin.

« Antonius Sconin, natus apud Firmitatem Milonis diœcesis Suessionensis, die 27 septembr. anni 1608, vota religionis emisit 9 octobris 1628. Magnis a natura dotibus ornatus, brevi præluxit. Fuit prior sancti Quintini Bellovacencis.... Tantam tribus annis ante capitulum generale anni 1647 famam sibi conciliavit ut in eo Franciscus Blanchart ratus se non debere suffragari, pro præpositura generali, Francisco Boulart, qui graviter ægrotabat, suffragatus sit Antonio Sconin, cujus inde aucta est plurimum existimatio. Interim Franciscus Boulart, sanitate recuperata, fuit primus assistens et Antonius Sconin secundus, qui post expletum a Francisco Blanchart sexennium, ipsius loco delectus est abbas et præpositus generalis in octavo capitulo generali 14 septembris 1650; non tamen una voce, ut ceteri hactenus, aut fere una, sed pluralitate et quidem in altera duntaxat suffragiorum latione, quod inauspicatum judicatum est....
[*Anno*] 1652, 11 junii, in processione capsæ Sanctæ Genovefæ, Antonius primus abbatum triennalium se gessit more consueto, quem cum innovare voluisset decanus Ecclesiæ Parisiensis, ambiens incedere e regione abbatis, solo claudente clerum archiepiscopo Parisiensi tanquam huic præsidente, mox, auditis utrinque partibus, senatus secundum abbatem et consuetudinem pronunciavit....
Exacto demum triennio, Antonius Sconin prior evasit canonicorum reformatorum ecclesiæ cathedralis Ucetinensis et visitator alterius provinciarum congregationis, quem Episcopus omni exceptum urbanitate honorificentissimis rebus destinavit. Quapropter antistes rogavit superiores congregationis, ut illum ab officio visitatoris eximerent, ut pote sibi pernecessarium ad diœcesis utilitatem. Hinc, præter canonicatum aut etiam dignitatem in ecclesia cathedrali, possedit Antonius prioratum sancti Maximini suæ fortassis annexum præbendæ; fuit etiam officialis et major vicarius diœcesis : quæ munera sic illum Episcopo devinxerunt ut in concertationibus Epi-

scopum inter ex una parte et congregationem ex altera subortis de reformatis Ecclesiæ cathedralis canonicis, nimius Episcopi defensor exstiterit. Ut ab ejus abstraheretur studio, proposita illi est parœcia Montis-Argi, quam parvi fecit. Anno igitur 1653, Antonius in Occitaniam profectus, unde nunquam rediit, ut ad se veniret invitavit nepotem ex sorore Johannem RACINE, cujus postea tanta fuit celebritas. Huic, qua pollebat avunculus facilitate ditandi nepotem opimis beneficiis, suasit ut clero se addicens theologiæ studeret; imo parum abfuit quin occasione prioratus litigiosi ad habitum canonici regularis sumendum impelleret ad effectum beneficii. Stadium tamen gloriæ quod quique norunt decurrit Johannes Racine, singulari ejus fortunæ gratulante avunculo, qui tandem 10 januarii 1689 diem ultimum obiit Ucetiæ. »

XIX. — Page 51.

Acte de baptême de Constance-Eugénie Vitart, dans lequel Racine est qualifié prieur de Saint-Nicolas.

« Avec la permission de Monseigneur l'évêque de Soissons, a été baptisée dans sa maison Constance-Eugénie, fille de noble homme Antoine Vitart, procureur du Roi des eaux et forêts de Valois, et de Damoiselle Catherine Sconin. Et le 12 du mois de novembre de la même année (1673) ont été suppléées les cérémonies. Le parrain M. Jean Racine, prieur de Saint-Nicolas de Choisel [1], et [la marraine] Dame Marguerite le Mazier, femme de Mre Nicolas Vitart, seigneur de Passy, qui ont signé :

« RACINE.   MARGUERITE LE MAZIER.
« VITART.   CATHERINE SCONIN. »

(Registres de la paroisse Saint-Vaast.)

1. Dans la première édition de la *Notice* : « Saint-Nicolas de Choisis ». Nous avions lu ainsi, et cru, malgré l'inexactitude de l'orthographe, que ce pouvait être Saint-Nicolas de Chézy, prieuré du diocèse de Poitiers, dépendant du monastère de Saint-Florent-lez-Saumur, diocèse d'Angers. De plus experts dans le déchiffrement des anciens registres nous ont averti qu'il ne fallait pas lire *Choisis*, mais *Choisel*. Dans le diocèse de Paris, à une demi-lieue de Chevreuse, il y avait une paroisse de Choisel, à la collation

XX. — Page 57.

Acte d'inhumation de Pierre Sconin, grand-père de Racine.

« Le vingt-troisième avril mil six cent soixante-sept a été inhumé dans la chapelle Saint-Vaast de l'église Notre-Dame de cette ville, Mᵣᵉ Pierre Sconin, commissaire examinateur et président au grenier à sel, et jadis procureur du Roi des eaux et forêts de la forêt de Retz, décédé le vingtième dudit mois, âgé de quatre-vingt et onze ans. »

(Registres de la paroisse Saint-Vaast.)

XXI. — Page 76.

Acte d'inhumation de Mlle du Parc.

« Dudit jour (13ᵉ de décembre 1668), Marquise-Thérèse de Gorle, veuve de feu René Berthelot vivant sieur du Parc, l'une des comédiennes de la troupe royale, âgée d'environ trente-cinq ans, décédée le onzième du présent mois rue de Richelieu ; son corps porté et inhumé aux Religieux Carmes des Billettes de cette ville, à Paris.... » *(Registres de la paroisse Saint-Roch.)*

XXII. — Page 76.

Acte de baptême de Jeanne-Thérèse Olivier, tenue sur les fonts par Racine et par Marie-Anne du Parc[1].

« Le 22 mai 1668 fut baptisée Jeanne-Thérèse Olivier, fille de

de l'Archevêque. Existait-il au même lieu un prieuré de Saint-Nicolas de Choisel ? Ce ne pourrait être qu'une conjecture ? Dans les pouillés que nous avons consultés, nous n'avons pas trouvé de prieuré de ce nom.

1. Marie-Anne du Parc était fille de Thérèse du Parc, la comédienne.

Pierre Olivier et de Marie Couturier. Son parrain Jean Racine, et sa marraine Marie-Anne du Parc. Le parrain de la paroisse Saint-Eustache, la marraine de la paroisse Saint-Roch ; et ont signé Jean Racine de l'Espinay, Marie-A. du Parc.

« F. Loyseau. »

(*Registres de l'église Notre-Dame de Grâce de Passy, paroisse d'Auteuil.*)

XXIII. — Page 96.

Acte de mariage de Jean Racine et de Catherine de Romanet.

« Le premier jour de juin mil six cent soixante et dix-sept, après la publication d'un ban, dispense obtenue de Monseigneur l'Archevêque, le vingt-neuvième du mois précédent, de la publication des deux autres, et permission de fiancer et marier le même jour, furent fiancés et épousés avec les solennités requises M. Jean-Baptiste Racine, conseiller du Roi, trésorier de France en la généralité de Moulins, de la paroisse de Saint-Landry, et Dame Catherine de Romanet de cette paroisse, en présence, du côté dudit Racine, de Nicolas Vitart, seigneur de Passy, et de M. Nicolas Sʳ des Préaux ; et, du côté de ladite Romanet, en présence de Claude de Romanet, son frère, et de M. Louis le Mazier, conseiller et secrétaire du Roi et greffier en chef des requêtes de l'hôtel, son cousin, et autres.

« *Signé* : Racine.	Catherine de Romanet.
« Vitart.	Lemasier.
« De Romanet.	Élisabeth de Coulanges[1].
« N. Boileau.	Galloys.
« Lemazier.	A. Lemazier.
« Mazier.	Marguerite Lemazier.

« C. de Goussencourt. »

(*Registres de la paroisse Saint-Séverin.*)

---

1. *Élisabeth de Coulanges* était la femme de *Louis le Mazier ; A.* (André) *le Mazier* était son fils.

XXIV. — Page 123.

Acte de baptême de Jean-Baptiste Racine.

« Le onzième jour de novembre mil six cent soixante et dix-huit a été baptisé Jean-Baptiste Racine, fils de Jean-Baptiste Racine, conseiller du Roi, trésorier de France à Moulins, et de Dame Catherine de Romanet, son épouse, étant né le même jour desdits mois et an. Le parrain a été Jean-Baptiste de Romanet, conseiller du Roi, trésorier de France à Amiens ; la marraine Dame Marguerite le Mazier, épouse de Nicolas Vitart, seigneur de Passy, qui ont signé.

« RACINE. ROMANET. MARGUERITE LEMASIER DE PASSY. »

(Registres de l'église de Saint-Louis-en-l'Ile.)

XXV. — Page 125.

Acte de baptême de Marie-Catherine Racine.

« Le vendredi dix-septième de mai mil six cent quatre-vingt fut baptisée en l'église Saint-André-des-Arcs, environ sept heures du soir, Marie-Catherine, fille de Me Jean Racine, trésorier de France en la généralité de Moulins, et de Dame Catherine de Romanet. Le parrain Me Claude de Romanet, trésorier de France en la généralité d'Orléans ; la marraine Dlle Marie Racine, femme de M. Rivière, docteur en médecine. L'enfant né le jour précédent. » *(Registres de la paroisse Saint-André-des-Arcs.)*

XXVI. — Page 127.

Acte de mariage de Marie-Catherine Racine.

« Le septième de janvier mil six cent quatre-vingt-dix-neuf a été fait et solennisé le mariage de Me Claude-Pierre Collin de Moramber, seigneur de Riberpré, avocat en Parlement, âgé de vingt-cinq ans, fils de Me Claude-Collin de Moramber, ancien avocat en la cour, et de Dame Catherine Durand de la paroisse Saint-Séverin, présents et consentants, avec Dlle Marie-Catherine Racine, âgée de dix-huit ans, fille de Mre Jean Racine, conseiller secrétaire du Roi et gentilhomme ordinaire de sa chambre, aussi présents et consentants, demeurant rue des Marais en cette paroisse ; les trois bans publiés auparavant de part et d'autre, les bans contrôlés le cinquième du courant ; les fiançailles faites le jour précédent, ledit mariage célébré, du consentement et en présence de M. le curé de Saint-Sulpice, par Messire Jean Lizot, archiprêtre, curé de Saint-Séverin, et en présence de Dlle Dorothée-Marguerite Collin de Moramber, sœur de l'époux, de Mre Louis de Thériat d'Espagne, prêtre-chanoine et chancelier de l'église royale de Saint-Quentin, prieur à Senonches, de Mre Jean-Baptiste Racine, gentilhomme ordinaire de Sa Majesté, frère de la Dlle épouse, et de plusieurs autres parents et amis communs qui nous ont certifié la liberté desdites parties pour le mariage et ont signé.

« COLLIN DE MORAMBER.	COLLIN DE MORAMBER.
« MARIE RACINE.	RACINE.
« JEAN-BAPTISTE RACINE.	DURANT.
« D. M. DE MORAMBER.	CATHERINE DE ROMANET.
« M. DE POUSSEMOTHE.	DE THIERIAT D'ESPAGNE.
« SCONIN.	GALLOYS.
« N. BOILEAU.	J. LEPORCHER.
	VUILLARD.
	CHABOUREAU.

« LIZOT. »

(Registres de la paroisse Saint-Sulpice.)

XXVII. — Page 127.

Acte de baptème d'Anne Racine.

« Le mercredi vingt-neuvième jour de juillet mil six cent quatre-vingt-deux, par permission de Monseigneur l'Archevêque, fut ondoyée par moi, prêtre, curé de la paroisse Saint-André-des-Arcs, la petite fille de M. Racine, trésorier de France, née le même jour.

« MATHIEU, *curé.* »

« Le huitième jour de mai 1683 les cérémonies du baptême furent administrées dans l'église Saint-André-des-Arcs à Anne, fille de M. Jean Racine, conseiller du Roi, trésorier de France en la généralité de Moulins, et de Dame Catherine de Romanet, son épouse, par moi, curé de ladite église, lequel nom lui a été donné par Nicolas Vitart, seigneur de Passy, et Dame Anne Buquet, femme de Jean-Baptiste de Romanet, écuyer, trésorier de France à Amiens ; laquelle Anne avoit été ondoyée le vingt-neuvième juillet 1682 par moi, curé susdit, en date dudit 29 juillet au susdit an.

« VITART.   ANNE BUCQUET.
« RACINE.   CATHERINE DE ROMANET. »

(Registres de la paroisse Saint-André-des-Arcs.)

XXVIII. — Page 129.

Acte de baptème d'Élisabeth Racine.

« Le mercredi deuxième jour d'août mil six cent quatre-vingt-quatre fut baptisée en l'église de Saint-André-des-Arcs par moi, prêtre, curé de ladite église, soussigné, Élisabeth, née le dernier juillet dernier, fille de M. Jean Racine, conseiller du Roi, trésorier de France en la généralité de Moulins, et de Dame Catherine Romanet, sa femme. Le parrain M. René Pintrel, président de la cour des Monnoyes ; la marraine Dame Élisabeth de Coulanges, veuve de

M. Mazier, secrétaire du Roi, greffier en chef des requêtes de l'hôtel.

« Pinterel.   Racine.   E. de Coulanges.
« Mathieu. »

(Registres de la paroisse Saint-André-des-Arcs.)

XXIX. — Page 129.

Acte de baptême de Jeanne-Nicole-Françoise Racine.

« Le vendredi vingt-neuvième jour de novembre (*mil six cent quatre-vingt-six*) fut baptisée Jeanne-Nicole-Françoise, née ce jour-d'hui, fille de Jean Racine, conseiller du Roi, trésorier de France à la généralité de Moulins, et de Dame Catherine de Romanet, son épouse. Le parrain Mre Nicolas Laugeois de Saint-Quentin; la marraine Dame Françoise Collier, veuve de Mre Jacques le Challier, conseiller du Roi et auditeur en sa Chambre des comptes à Paris.

« Racine.   Françoise Collier.
« Laugeois de Saint-Quentin. »

(Registres de la paroisse Saint-Séverin.)

XXX. — Page 129.

Acte de baptême de Madeleine Racine.

« Le jeudi dix-huitième jour dudit mois (*mars 1688*) fut baptisée Magdeleine, née le 14, fille de M. Jean Racine, conseiller du Roi, trésorier de France en la généralité de Moulins, et de Dame Catherine de Romanet, son épouse. Le parrain Jean-Baptiste, fils dudit sieur Racine; la marraine Marie-Catherine, aussi fille dudit sieur Racine.

« Racine.   Racine.
« Lizot.

« La marraine ne sait signer[1]. »

(Registres de la paroisse Saint-Séverin.)

1. Elle avait huit ans, moins deux mois.

XXXI. — Page 130.

Acte de baptême de Louis Racine.

« Du 2 novembre mil six cent quatre-vingt-douze a été baptisé Louis, né ledit jour, fils de Messire Jean Racine, gentilhomme ordinaire de la chambre du Roi, et de Dame Catherine de Romanet, sa femme, demeurant rue des Marais. Le parrain Messire Louis-Ellies du Pin, prêtre et docteur de Sorbonne; la marraine Marie-Charlotte Vitart, femme de Glaude de Romanet, trésorier de France en la généralité d'Orléans.

« L. ELLIES DU PIN.
« MARIE-CHARLOTTE VITART.   RACINE. »

(Registres de la paroisse Saint-Sulpice.)

XXXII. — Page 131.

Acte de mariage de Marie Racine (Mme Rivière).

« Ce trentième et dernier jour de juin mil six cent soixante et seize, après les fiançailles et publication des bans, a été fait le mariage entre Anthoine Rivière et Marie Racine, en présence de Mr Anthoine Rivière, père dudit Rivière, dom Robert Rivière, religieux de Saint-Benoît, Mrs Philippe Chrétien, Philippe Rivière, Mrs Martin Logeois, Claude Lirot, Pierre Lange, Damoiselle Élisabeth Sconin, Catherine Sconin, Claude Sconin et Anthoinette Racine, leurs parents et amis; et les ai moi soussigné, prieur-curé de Saint-Vaast, Notre-Dame, mariés, et baillé la bénédiction nuptiale.

« ANTHOINE RIVIÈRE.   MARIE RACINE.
« RIVIÈRE.   LAUGEOIS.
« RIVIÈRE.   LIROT.
« CHRESTIEN.   LANGE.
« F. P. OUDIN. »

(Registres de la paroisse Saint-Vaast.)

XXXIII. — Page 131.

Acte de baptême de Marie-Catherine Rivière.

« Ce 21 novembre 1682, avec permission de M. du Tour, official de Soissons, après les exorcismes, a été ondoyée et baptisée dans l'église une fille de M. Anthoine Rivière, médecin en cette ville, et de Damoiselle Marie Racine, sa femme, laquelle fille est venue au monde ce même jour. »

« Ce cinquième octobre mil six cent quatre-vingt-trois une fille de M. Anthoine Rivière, docteur en médecine, et de Damoiselle Marie Racine, sa femme, ayant été baptisée avec toutes les cérémonies accoutumées, à l'exception de l'imposition du nom, par la permission de M. l'official de Soissons, le 21 novembre 1682, a été nommée Marie-Catherine. Son parrain M. Jean Racine, conseiller du Roi, trésorier de France en la généralité de Moulins; sa marraine Damoiselle Catherine Sconin, femme de M. Anthoine (*Vitart*), procureur du Roi aux eaux et forests.

« RACINE.   CATHERINE SCONIN.   RIVIÈRE.

« DAUVILLIERS. »

(*Registres de la paroisse Saint-Vaast.*)

XXXIV. — Page 158.

Pièces relatives à la réception de Racine en l'office de conseiller secrétaire du Roi[1].

I.

« *A Messieurs les conseillers secrétaires du Roi, maison et couronne de France et de ses finances, procureurs syndics de la compagnie.*

« Supplie humblement Jean Racine, gentilhomme ordinaire de la

1. Ces pièces, qui se trouvent aux Archives, section judiciaire, ont été pu-

chambre du Roi, président trésorier de France en la généralité de
Moulins, disant qu'ayant acquis de la compagnie, avec l'agrément
de Monseigneur le Chancelier, une des cinquante charges de conseillers secrétaires du Roi, maison, couronne de France et de ses finances,
créées par édit du mois de février 1694, il en auroit fait présenter
les provisions à mondit Seigneur, qui auroit mis sur le repli son
ordonnance de *Soit montré à vous, Messieurs :* ce considéré, il vous
plaise de commettre tels de Messieurs de la compagnie qu'il vous
plaira pour procéder aux informations des vie, mœurs et religion du
suppliant, et de sa fidélité et affection au service de Sa Majesté, et
vous ferez bien.

« RACINE. »

« Messieurs Divry et Cousin sont commis aux fins de la présente
requête; fait le treizième de février 1696.

« GOURDON. DE LAMET. LANGLOIS. DAVID. »

II.

« Information faite par nous, Jean Divry et Pierre Cousin, écuyers,
conseillers secrétaires du Roi, maison, couronne de France et de ses
finances, commissaires, députés par ordonnance de la compagnie du
treizième jour de février mil six cent quatre-vingt-seize, des vie,
mœurs, conversation, religion catholique, apostolique et romaine,
fidélité et affection au service de Sa Majesté, de Jean Racine, conseiller du Roi, trésorier de France en la généralité de Moulins, et
gentilhomme ordinaire de la maison de Sa Majesté, poursuivant

bliées par M. G. Servois dans la *Correspondance littéraire*, année 1862, nº du
25 juin, p. 239-243. Dans les explications dont il les a fait précéder, M. Servois nous avertit que Racine fut reçu dans la compagnie des secrétaires du
Roi le samedi 18 février 1696, et non le 19, comme il est dit dans l'*Histoire chronologique de la grande chancellerie de France* par Abraham Tesse-
reau (2 vol. in-fol., M.DCC.VI), tome II, p. 307. Là en effet on lit : « Le
19 février (1696), Jean Racine, conseiller du Roi, trésorier de France à Moulins, fut reçu en un des cinquante offices de conseillers secrétaires du Roi....
créés par édit du mois de février 1694. » Sur une phrase de la lettre de Racine
à son fils, du 13 février 1698 : « Nous avons remboursé Mme Quinault, »
les éditeurs de 1807 ont cette note : « Veuve du poëte Quinault, qui étoit
auditeur des comptes et secrétaire du Roi. Racine avait acheté cette dernière
charge. » Mais la charge donnée à Racine était de nouvelle création; et Quinault était mort depuis huit ans. Dans l'acte de son décès (28 novembre 1688.
Registres de la paroisse Saint-Louis-en-l'Ile) il est qualifié « conseiller du Roi,
auditeur ordinaire en sa Chambre des comptes, » et non secrétaire. Il n'est pa
nommé dans l'*Histoire de la grande chancellerie.*

l'expédition et sceau des lettres de provision et sa réception en l'un des cinquante offices de conseillers secrétaires du Roi, maison, couronne de France et de ses finances, créés par édit du mois de février 1694, à laquelle information nous avons procédé ainsi qu'il ensuit :

« Du jeudi 16 février 1696.

« Messire François Dupuy, prêtre, curé de Sainte-Marine en la cité, y demeurant, âgé de trente-huit ans ou environ, lequel après avoir mis la main *ad pectus*, a promis de dire la vérité, a dit n'être parent ni allié dudit sieur Racine ; qu'il le connoît depuis vingt ans ou environ ; sait qu'il fait profession de la religion catholique, apostolique et romaine, pour l'avoir vu souvent assister au service divin et fréquenter les sacrements de pénitence et d'eucharistie ; qu'il est de très-bonne vie et mœurs, et fort affectionné au service du Roi. Lecture à lui faite de sa déposition, y a persisté et signé.

« Dupuy. »

« Charles de Cartigny, écuyer, conseiller secrétaire du Roi, maison, couronne de France et de ses finances, demeurant à Paris, rue Sainte-Croix-de-la-Bretonnerie, paroisse Saint-Paul, âgé de soixante-quatre à cinq ans, lequel, après serment par lui fait de dire la vérité, a dit n'être parent ni allié dudit sieur Racine ; qu'il le connoît depuis très-longtemps ; qu'il est de très-bonnes mœurs ; qu'il fait profession de la religion catholique, apostolique et romaine, pour l'avoir vu souvent assister au service divin ; qu'il est de très-bonne et ancienne famille, distinguée sous les règnes de Henri trois et Henri quatre, comme il se voit par les tombes de leur famille et autres monuments publics à la Ferté-Milon dont il est originaire[1] ; que son grand-père et son père ont passé dans les charges où ils ont vécu honorablement, même après avoir porté les armes ; qu'il a plusieurs parents, tant du côté paternel que maternel, à Soissons, à Château-Thierry, à la Ferté-Milon, même à Paris, dans les charges de secrétaires du Roi, trésoriers de France, présidents aux présidiaux, aux

---

1. M. Servois donne ici en note la première rédaction de ce passage, qui a été effacée : « Comme il se voit par la tombe de son bisaïeul Jean Racine, qui est dans la principale église de la Ferté-Milon, décédé l'an 1593 ; [*il*] étoit receveur général du Roi et de la Reine tant du domaine et duché de Valois que des greniers à sel de la Ferté-Milon et de Crespy en Valois. Est écrit autour de cette tombe : *Cy gisent honorables personnes Jean Racine et Anne Gosset sa femme.* » Nous trouvons donc là, pour attester l'existence de cette tombe, une autorité beaucoup plus ancienne que celle des *Mémoires* de Louis Racine.

élections et à la Monnoye [1]; qu'ayant été élevé dans les belles-lettres
par les plus habiles gens de ce siècle, il s'y est tellement distingué
que dès l'âge de vingt-un à vingt-deux ans, sur sa réputation, Sa
Majesté lui donna une pension, sans qu'il l'eût demandée [2]; il fut
ensuite trésorier de France, et gratifié par le Roi d'une partie de
la valeur de cette charge; que depuis Sa Majesté lui a donné celle de
gentilhomme ordinaire, et l'a choisi, il y a dix-huit ou vingt ans,
pour travailler à l'histoire de son règne; sait qu'il est fort affectionné
au service du Roi et très-capable d'exercer l'office de conseiller secrétaire de sa maison, dont il poursuit sa réception. Lecture à lui
faite de sa déposition y a persisté et signé.

« CARTIGNI. »

« Maître Nicolas Boileau, sieur Despréaux, avocat en Parlement,
demeurant à Paris, cloître Notre-Dame, paroisse Saint-Jean le Rond,
âgé de 58 ans, lequel, après serment par lui fait de dire vérité, a
dit n'être parent ni allié audit sieur Racine; qu'il le connoît depuis
vingt-cinq ans pour être homme de probité et de grand mérite;
qu'il est de très-bonne famille de la Ferté-Milon, ayant plusieurs
parents distingués par leurs mérites et leurs emplois, comme Messieurs Pinterels [3], ses cousins germains, dont les uns sont présidents
au présidial et élection de Château-Thierry, les autres en la cour des
Monnoyes, secrétaires du Roi et trésoriers de France; Messieurs Ro-
manez, ses beaux-frères, trésoriers de France ès généralités d'Amiens
et d'Orléans; Monsieur Vitart, seigneur de Passy sur Marne, son
cousin germain; Monsieur Prevost, maître des comptes; Monsieur
de la Grange, conseiller au Parlement, aussi ses parents; le père de
Madame Racine étoit trésorier de France à Amiens, et son grand-
père président en l'élection de Montdidier; sait qu'il fait profession
de la religion catholique, apostolique et romaine, dans laquelle il
s'est fort distingué pour sa grande piété et ses ouvrages, et fort af-

1. Il y avait d'abord à la suite de ceci : « Qu'un de ses oncles étoit abbé
de Sainte-Geneviève, lorsqu'on descendit la châsse pendant les guerres civiles ;
qu'il a été élevé à Port-Royal des Champs, où sa tante est maintenant abbesse,
avec plusieurs enfants de grande qualité, et instruit dans les belles-lettres par
le célèbre Monsieur Nicolle, et Monsieur Lancelot, auteur des fameuses Méthodes grecque et latine; qu'à l'âge de vingt-un à vingt-deux ans, etc. »

2. Première rédaction : « le prévint par une pension qu'il lui envoya chez
lui, sans qu'il l'eût demandée. »

3. Dans la *Correspondance littéraire* on a imprimé *Puiterelles;* mais le
nom n'a pu être ainsi écrit sous la dictée de Boileau. Du reste, on rencontre
également l'orthographe *Pintrel* et *Pinterel* (voyez p. 193 et 194).

fectionné au service du Roi. Lecture à lui faite de sa déposition, y a persisté et signé.

« N. BOILEAU. »

« Fait et arrêté par nous commissaires susdits, les jour et an que dessus.

« DIVRY, COUSIN. »

III.

« *Du samedi* 13 *février* 1696, *de relevée, au Palais, pour juger l'information des vie et mœurs de MM. Racine et Asselin*[1].

« Vu par la compagnie l'ordonnance de *Soit montré à Messieurs les procureurs syndics*, apposée par Monseigneur le Chancelier sur le repli des lettres présentées au sceau par Jean Racine et Jacques Asselin, le premier ayant acquis un des cinquante offices de nouvelle création, et le second au lieu et place de défunt M. le Noir ; les requêtes par eux présentées en conséquence, sur lesquelles deux de Messieurs les conseillers secrétaires du Roi ont été commis pour informer de leurs vie, mœurs, religion catholique, apostolique et romaine ; informations par eux faites et ouï le rapport de Messieurs de Lamet et Langlois, procureurs syndics, rapporteurs :

« La compagnie a consenti, sous le bon plaisir du Roi, et de Monseigneur le chancelier, que lesdits sieurs Racine et Asselin seront pourvus desdits offices, et arrêté que le consentement sera mis sur le repli des lettres par Monsieur le greffier, suivant le règlement, en faisant par eux les soumissions requises et accoutumées ; et à l'instant lesdits sieurs Racine et Asselin, ayant été mandés par M. Maissat, doyen et président, en ladite assemblée, leur a prononcé la présente délibération, dont ils ont remercié la compagnie.

« MAISSAT, GOURDON, DAVID, DE LAMET,
« LANGLOIS, NOBLET, DE ROSSET. »

---

1. « Le même jour (*que Racine*) Jacques Asselin, ancien échevin de la ville de Rouen, fut reçu en l'office de conseiller secrétaire du Roi, maison, couronne de France et de ses finances, au lieu de feu Guillaume le Noir. » (*Histoire chronologique de la grande chancellerie*, tome II, p. 307.)

IV

« Du samedi 10 mars 1696, du matin, au Palais.

« *Présents : Maissat, doyen; Gourdon, de Lamet, Langlois, David, Noblet, Chuberé, Soufflot, Lenormant, Hubert, Desvieux, Dutillet, Gamard, Paraire, de Rosset.*

« M. Gourdon a dit que M. Racine notre confrère, se trouvant obligé de suivre Sa Majesté tant à Versailles qu'à Marly, à cause de la charge de gentilhomme ordinaire qu'il exerce à la cour, et parce qu'il travaille à l'histoire du règne du Roi, ce qui l'empêchera d'assister aussi assidûment qu'il le souhaiteroit au service du grand et petit sceau, et aux services et réceptions des confrères qui arrivent journellement, c'est pourquoi il supplie la compagnie de vouloir bien l'excuser lorsqu'il ne pourra se trouver aux assemblées.

« La compagnie, par considération des emplois dudit sieur Racine auprès de Sa Majesté, l'a dispensé du service du grand et du petit sceau, et le tiendra présent aux services et réceptions des confrères, comme elle fait ceux de nos confrères qui sont attachés auprès de Messieurs les Ministres.... »

XXXV. — Page 164.

Acte de décès de Racine.

« Le vingt-unième jour d'avril 1699 a été fait le convoi et transport [à][1] l'église de Port-Royal des Champs de Messire Jean-Baptiste Racine, conseiller secrétaire du Roi et gentilhomme ordinaire de sa chambre, âgé de cinquante-neuf ans, décédé le jour même, entre trois et quatre du matin, en sa maison, rue des Marets ; et ont assisté audit convoi et transport maître Claude-Pierre Colin de Moramber, seigneur de Riberpré, avocat en Parlement, gendre dudit sieur défunt, et maître Germain Willard, bourgeois de Paris, ami dudit défunt, qui ont signé. » (*Registres de la paroisse Saint-Sulpice.*)

1. Au lieu de *à*, on lit *de* sur les registres.

XXXVI. — Page 167.

Épitaphe de Racine par M. Tronchai[1]. (Le texte latin et la traduction française sont tirés du *Nécrologe de Port-Royal*, p. 168 et 169.)

« Hic jacet JOHANNES RACINE, Franciæ quæstor, Regi a secretis atque a cubiculo, unusque e 40 Gallicanæ Academiæ viris. Sancte pieque educatus, citius heu! charitatem primam reliquit. Fascinatio enim nugacitatis seculi hujusce juvenis obscuravit bona, et inconstantia concupiscentiæ transvertit sensum illius. Inter tragicos poetas mox facile, sed misere, princeps, varia tragœdiarum argumenta plaudentibus theatris diu tractavit. At memor tandem unde exciderat, egit pœnitentiam et prima opera fecit; tot annos, uni Deo debitos, uni seculo ejusque insumptos voluptatibus exhorruit; profanos quos male meruit plausus amare flevit, publicaque repulisset detestatione, si licuisset. Aulæ jam non cupiditate addictus, sed vitæ negotiorumque ratione, inde omnia pietatis et religionis officia eo studiosius coluit, quo non semper coluisse magis eum pœnituit. A Ludovico magno selectus qui res eo regnante præclare ac mirabiliter gestas prescriberet, huic intentus operi diem clausit extremum XI kal. Maii, anno Domini 1699, ætat. 59, magnumque amicis, nonnullis regni primoribus, ipsi etiam Regi reliquit sui desiderium. Fecit modestia ejus et præcipua in hanc Portus Regii domum benevolentia ut in isto cœmeterio pie magis quam magnifice sepeliri vellet.

« Tu lacrymas pœnitentiæ illius precibus tuis, viator, juva. »

« Ci-gît messire Jean Racine, trésorier de France, secrétaire du Roi, gentilhomme ordinaire de Sa Majesté et l'un des 40 académiciens de l'Académie françoise. Ayant reçu une éducation toute sainte, il se relâcha trop tôt, hélas! de sa première charité. L'ensorcellement des niaiseries du monde obscurcit le bien qui se trouvoit en ce jeune homme; et les passions volages de la concupiscence lui renversèrent l'esprit. Bientôt devenu sans peine, mais malheureusement pour lui, le prince des poëtes tragiques, il fit longtemps retentir les théâtres des applaudissements que l'on y donnoit à ses pièces. Mais enfin se ressouvenant de l'état d'où il étoit

---

[1]. Secrétaire et collaborateur de Le Nain de Tillemont. — Il a composé aussi l'épitaphe de la mère Agnès de Sainte-Thècle, tante de Racine : voyez ci-dessus, p. 170.

déchu, il en fit pénitence, et rentra dans la pratique de ses premières œuvres. Il frémit d'horreur au souvenir de tant d'années qu'il
ne devoit employer que pour Dieu, et qu'il avoit perdues en suivant
le monde et ses plaisirs. Détestant dans l'amertume de son cœur les
applaudissements profanes qu'il ne s'étoit attirés qu'en offensant
Dieu, il en auroit fait une pénitence publique, s'il lui eût été permis. N'étant plus retenu à la cour que par l'engagement de ses
charges, et non par aucune passion, il s'appliqua aux devoirs de la
religion avec d'autant plus de soin qu'il avoit plus de douleur de n'y
avoir pas été toujours fidèle. Comme il travailloit à l'histoire du
règne de Louis le Grand, qui l'avoit choisi pour l'écrire, il mourut
le 21 avril 1699, âgé de 59 ans, et fut extrêmement regretté de ses
amis, de quelques seigneurs du royaume et du Roi même. Sa modestie et son affection particulière envers cette maison de Port-Royal
lui firent souhaiter d'être inhumé dans ce cimetière plutôt avec les
marques d'une humble piété qu'avec pompe.

« Passant, joignez vos prières aux larmes de sa pénitence. »

Premier projet d'une épitaphe de Racine, attribué à Boileau par M. de la
Rochefoucauld-Liancourt. (*Études littéraires et morales de Racine*,
deuxième partie, p. 277 et 278.)

« En 1699 mourut noble homme Jean Racine, trésorier de
France, secrétaire du Roi, gentilhomme ordinaire de la chambre de
Sa Majesté, et l'un des quarante de l'Académie françoise, lequel
ayant été élevé dans cette retraite avec d'autres jeunes gens qui y
étudioient, oublia pendant quelque temps la sainte éducation qu'il
avoit reçue et suivit les voies du siècle. Il s'appliqua imprudemment
à composer des tragédies auxquelles le théâtre françois donna toutes
sortes d'applaudissements ; mais se souvenant enfin de son relâche-
ment, il reprit ses premiers sentiments et rentra dans la pratique des
bonnes œuvres. Sa pénitence et son affection pour ce monastère lui
ont fait choisir une sépulture honorable dans le cimetière du dehors, auprès des gens de bien dont la modestie lui avoit donné cet
exemple. Il est mort le 21 avril, âgé de 59 ans. »

XXXVII. — Page 168.

Acte de translation et d'inhumation du corps de Racine dans l'église Saint-Étienne du Mont.

« Le mercredi deuxième du présent mois de décembre (1711) ont été transportés de l'abbaye de Port-Royal des Champs pour ensuite être enterrés dans cette église, aussi avec la permission de Monseigneur le cardinal de Noailles, archevêque de Paris, en date du sixième du mois de novembre dernier mil sept cent onze, signée par Son Éminence, puis *Chevalier*, les corps de défunts Isaac-Louis le Maître, prêtre, mort le quatrième janvier mil six cent quatre-vingt-quatre, le corps de M^{tre} Antoine le Maître, avocat en Parlement, conseiller du Roi en ses conseils, mort le quatre novembre mil six cent cinquante-huit, le corps de Messire Jean Racine, secrétaire du Roi, gentilhomme ordinaire de sa chambre, un des quarante de l'Académie françoise, mort le vingt-deux avril mil six cent quatre-vingt-dix-neuf, lesquels nous ont été présentés par Me Nicolas Vion, diacre de l'église de Rouen, qui a assisté au transport et inhumation desdits corps en présence des soussignés.

« Racine.	Racine.	Catherine de Romanet.
« J. Issaly.	Issaly.	Françoise-Marguerite de Soncoux.
« Racine.	Garbe.	J. C. Garbe.
« Racine.	Targe.	N. Vion, *ind. diacre.*
« Demonmorel.	Desalleurs.	F. Sabri.

« Brulart, *prêtre.* »

(*Registres de la paroisse Saint-Étienne du Mont.*)

XXXVIII. — Page 170.

Acte de décès de Madame Racine.

(Catherine de Romanet. — 20 prêtres.)

« Le lundi dix-septième (*novembre* 1732) fut inhumée dans le tour du chœur de cette église Dame Catherine de Romanet, veuve de Messire Jean Racine, conseiller secrétaire du Roi, maison, couronne de France et de ses finances, gentilhomme ordinaire de la chambre, un des quarante de l'Académie françoise, morte le samedi précédent à une heure du matin, âgée de soixante-dix-neuf ans environ, prise carré de Sainte-Geneviève en présence des soussignés.

« RACINE. ROMANET. GOUSSENCOURT. »

(Registres de la paroisse Saint-Étienne du Mont.)

XXXIX. — Page 170.

Acte de décès de Jean-Baptiste Racine, fils aîné du poëte.

« Ce même jour *(mercredi 1ᵉʳ février 1747)* fut inhumé dans le petit cimetière Mʳᵉ Jean-Baptiste Racine, ancien gentilhomme ordi- naire du Roi, mort le jour précédent, âgé de soixante-huit ans, pris rue des Sept-Voyes, en présence de Mʳᵉ Louis Racine de l'Aca- démie royale des belles-lettres, son frère, de Jean Racine et de Claude-François de Moramber, ses neveux.

« LEROY, *prêtre.* RACINE.
« RACINE. DE MORAMBER. »